Devenir une vraie entreprise apprenante

Éditions d'Organisation
1, rue Thénard
75240 Paris Cedex 05
Consultez notre site :
www. editions-organisation.com

Daniel BELET

Devenir une vraie entreprise apprenante

LES MEILLEURES PRATIQUES

Éditions
d'Organisation

Remerciements

Cet ouvrage n'aurait pu naître sans diverses rencontres, faites au début des années 90. Des collègues et amis anglo-saxons m'ont fait découvrir le concept émergent de *learning organization*, je leur exprime ici toute ma gratitude.

Mon intérêt croissant pour ce nouveau courant de la pensée managériale, m'a conduit à rejoindre l'association européenne Eclo (*European consortium for the learning organization*) en 1993, peu de temps après sa création. Ce fut alors dix années fructueuses d'échanges, de conférences, de témoignages, d'expériences d'entreprises... J'ai côtoyé des personnalités remarquables et enrichi, grâce à elles, ma vision de l'entreprise apprenante. Que toutes soient ici remerciées. Je salue particulièrement le Dr Mike Kelleher, ancien secrétaire général d'Eclo, qui, par la qualité de ses réflexions, son ouverture culturelle et ses points de vue toujours pertinents, a permis à mes travaux sur le management de l'apprenance d'avancer.

Que mes amis hollandais de l'université de Twente soient également associés à ces remerciements. À la fin des années 90, j'ai eu le plaisir de collaborer avec eux sur un vaste programme de recherche – auprès de grandes entreprises européennes – sur l'émergence de la démarche d'apprenance. Les résultats de ce programme ont contribué au modèle managérial présenté dans cet ouvrage.

Ma reconnaissance se porte naturellement vers tous les interlocuteurs croisés, lors de communications sur le thème de l'entreprise apprenante. Ils m'ont aidé à mesurer l'intérêt pratique, mais également l'immense défi des changements managériaux, dont nos sociétés auront besoin dans les années à venir...

J'adresse à Peter Senge et ses confrères, qui opèrent au sein du réseau international Sol (*Society for organizational learning*), comme aux nombreux auteurs de l'école anglo-saxonne du management de l'apprenance, ma gratitude. Car, il est clair que j'ai une dette intellectuelle envers eux.

Ayant rejoint Sol-France il y a quelques années, j'y ai découvert de nombreux amis, consultants et responsables d'entreprise. Que tous soient sincèrement remerciés. Leurs témoignages, leur passion mais également leurs réflexions, m'ont fait progresser dans l'élaboration de cet ouvrage.

Enfin, cela serait incomplet si je ne mentionnais pas mon épouse Nicole. Elle m'a encouragé dans l'élaboration de cet ouvrage et a accepté qu'il absorbe de nombreuses heures sur le temps dévolu à la famille. Son aide fut précieuse et efficace, dans les travaux ingrats de frappe du manuscrit, de relecture et de mise en forme. Je remercie enfin David, Laure et Philippe, nos grands enfants, pour leur compréhension et leurs questions.

Table des matières

Introduction

L'évolution du contexte économique mondial, la volatilité des marchés et l'intensité croissante de la concurrence internationale obligent les entreprises à rechercher de nouvelles solutions, pour améliorer leurs performances et leur compétitivité. On observe – depuis une vingtaine d'années – que dans le domaine du management, les sociétés ont surtout mis l'accent sur la modernisation de leurs systèmes et de leurs techniques de gestion, avec notamment l'acquisition de nouveaux outils liés aux NTIC. Certes, ceux-ci ont permis des gains de productivité et d'efficacité opérationnelle, mais on constate que les modes de management des hommes et des organisations ont finalement peu changé, et ont même été relativement négligés par nombre d'entreprises. Cela, alors même qu'émerge une nouvelle économie du savoir, où le rôle de l'homme apparaît comme prépondérant – voire stratégique. Mais surtout, alors que presque toutes les organisations (notamment les plus grandes) souffrent de dysfonctionnements managériaux et organisationnels, qui représentent des coûts cachés substantiels et les empêchent de bénéficier de la richesse de leurs ressources humaines.

Paradoxalement, les entreprises éprouvent de grandes difficultés à maîtriser les évolutions managériales et organisationnelles, pour remédier à ces dysfonctionnements de plus en plus visibles (tel le classique malaise des cadres régulièrement évoqué dans les enquêtes). Toutes les études faites ces dernières années, auprès des dirigeants de petites, moyennes et grandes entreprises, montrent que la question du management des hommes leur semble comme la plus difficile et la moins bien résolue.

Le désarroi de l'encadrement et des directions des ressources humaines, face aux nouveaux comportements des jeunes générations de salariés vis-à-vis du travail, en est une illustration.

La pensée managériale de la fin du XXe siècle reflète une prise de conscience croissante de l'enjeu des modes de management des hommes, et des contextes de travail, pour les performances des entreprises. Le

> Toutes les études faites ces dernières années, auprès des dirigeants d'entreprise, montrent que la question du management des hommes est la plus difficile et la moins bien résolue.

1

courant dit de l'excellence, dans les années 80, ou encore celui de la qualité totale, illustrait déjà ce phénomène. L'inertie des schémas mentaux traditionnels, relatifs au management des hommes, apparaît clairement comme un obstacle à des changements, tout comme l'absence de nouveaux modèles susceptibles de remplacer les vieux schémas tayloriens, qui se révèlent aujourd'hui épuisés et obsolètes, même habillés par un jargon à la mode.

En effet, l'inadéquation croissante des valeurs, des représentations et des principes de management des hommes (et des organisations) issus du taylorisme constitue un défi majeur que les entreprises doivent impérativement relever, dans le contexte évolutif de la société actuelle.

Il est clair, que les solutions à ce problème de gestion des hommes et des organisations passent par un nouveau modèle de management. Or, celui-ci existe depuis une dizaine d'années, même s'il est encore peu connu – voire reconnu – et surtout mal compris, notamment en France. C'est le concept d'organisation ou d'entreprise apprenante. Il traduit une nouvelle philosophie managériale de l'entreprise, et implique d'autres processus de management des hommes et des organisations pour, d'une part, développer considérablement leurs capacités et performances globales, et d'autre part, répondre de façon plus pertinente aux défis managériaux et sociaux des entreprises d'aujourd'hui.

L'entreprise apprenante représente un autre paradigme de management et implique, en réalité, une révolution managériale. Elle constitue également une alternative intéressante aux schémas néotayloriens de management des hommes. Une vaste littérature a vu le jour, depuis une dizaine d'années, sur le thème des organisations apprenantes (*learning organizations*), notamment dans le monde anglo-saxon où ce concept rencontre un grand succès. En revanche, beaucoup moins de réflexions et d'écrits ont été consacrés, jusqu'à présent, aux aspects managériaux de ce concept d'entreprise ou d'organisation apprenante. Peu de modèles de management ont été proposés pour aider à construire un tel type d'entreprise (ou d'organisation), et pour orienter les processus de transformation du management des hommes (et des organisations) que réclame cette autre philosophie managériale.

Les travaux de Senge et de son équipe constituent naturellement une référence incontournable dans ce domaine. Mais ils présentent un schéma global (les cinq disciplines), conceptuellement intéressant et innovant, mais pas toujours très facile à comprendre et surtout à mettre en pratique dans une entreprise. D'autre part, ces travaux demeurent plus orientés sur le développement de l'apprentissage organisationnel que sur les aspects de management et *leadership* des hommes, résultant du modèle de l'entreprise apprenante.

Cet ouvrage veut offrir une perspective différente, puisqu'il est centré sur le management ou *leadership* de l'apprenance et inspiré par ce nouveau paradigme. L'accent est mis sur cette autre philosophie de management des hommes et sur le type de *leadership* qu'elle réclame.

Pour ne pas rester dans des concepts trop théoriques et abstraits, il présente un modèle général pour développer une telle dynamique managériale d'apprenance.

Ses principales composantes sont détaillées, et illustrées, afin de bien faire comprendre son sens général et ses aspects pratiques. Ce schéma a une portée opérationnelle, et permet d'orienter la démarche d'une entreprise ou d'une organisation qui souhaite s'engager sur la voie de ce management de l'apprenance différent. Il propose un cadre conceptuel et méthodologique clair, cohérent et global qui s'inscrit dans une perspective systémique.

Ce livre n'a cependant pas pour objet d'être un manuel opérationnel (*fieldbook*) ou un quelconque guide exhaustif de la voie à suivre pour construire la parfaite entreprise apprenante.

Son objectif est de soumettre à la réflexion des responsables d'entreprises (managers et formateurs) un paradigme de management des hommes et des organisations plus pertinent et mieux adapté au contexte de la nouvelle économie du savoir, que les avatars du vieux modèle de management taylorien. Il a également pour but d'esquisser les caractéristiques du nouveau métier de manager-leader que requiert l'exercice de ce type de management.

> Chercher à devenir une entreprise apprenante relève d'une véritable obligation stratégique pour survivre et prospérer dans le monde d'aujourd'hui et de demain.

Chercher à devenir une entreprise apprenante (ou du moins plus apprenante) ne relève pas d'une mode managériale éphémère parmi d'autres (comme certains l'ont cru, n'ayant visiblement pas compris le sens profond de ce concept), mais d'une véritable obligation stratégique pour survivre et prospérer dans le monde économique d'aujourd'hui et de demain. C'est pourquoi, il est fort probable que le management de l'apprenance constitue, tôt ou tard, une révolution managériale profonde et durable, que nombre d'acteurs du monde des entreprises n'ont pas encore perçue.

Cet ouvrage a pour ambition de contribuer à en éclairer la signification et à en montrer l'intérêt. Il en souligne les principales implications en termes de processus de management des hommes et des organisations. Il s'articule autour de dix chapitres.

Les deux premiers sont consacrés à une réflexion sur l'enjeu stratégique croissant du management des hommes pour les entreprises, et à la difficile problématique managériale du changement humain dans les organisations. Ils mettent en évidence le besoin d'un nouveau paradigme de management des hommes et des organisations, pour faire face aux défis auxquels les entreprises sont et seront de plus en plus confrontées dans la nouvelle économie du savoir. Le troisième chapitre traite de façon approfondie le concept d'entreprise apprenante. Il montre qu'il s'agit non seulement d'une nouvelle philosophie managériale, mais d'un paradigme de management des hommes inédit, qui offre une alternative pertinente aux conceptions et aux principes d'action hérités du taylorisme. Le chapitre 4 propose un modèle de développement d'une dynamique managériale permettant d'évoluer vers une entreprise apprenante. Il en précise le sens, la logique et présente ses principales phases et composantes. Le chapitre 5 définit les caractéristiques du *leadership* de l'apprenance et celles du métier de manager-leader que requiert ce type de management. Il décrit les pratiques managériales cohérentes avec une telle démarche d'apprenance. Le chapitre 6 donne une autre vision et conception de la gestion des ressources humaines, inspirée par cette philosophie managériale. Celles-ci sont appréhendées comme un potentiel humain que l'on peut valoriser et développer par un management et une gestion des hommes différents. Le septième chapitre met l'accent sur les aspects organisationnels cohérents avec une démarche managériale d'apprenance. C'est-à-dire sur les schémas organisationnels capables de créer des contextes de travail propices, aux processus d'apprentissage individuels et collectifs de l'ensemble des acteurs, tout en générant une excellence opérationnelle. Le chapitre 8 aborde la gestion des savoirs dans une perspective managériale d'apprenance, et montre qu'elle permet d'éviter les écueils courants des approches du *knowledge management*. Le chapitre 9 révèle qu'un management de l'apprenance permet, non seulement de concevoir de nouvelles stratégies d'entreprise mais, de transformer et enrichir les processus stratégiques par une meilleure mobilisation des intelligences, des compétences, des talents et des apprentissages des hommes. Enfin, le dixième chapitre est dédié à quelques commentaires sur l'esprit et l'utilisation pratique du modèle proposé, pour piloter de façon opérationnelle une démarche d'apprenance dans une organisation. Il évoque les écueils à éviter dans la démarche de changement, induite par ce nouveau paradigme de management des hommes et des organisations.

Chapitre 1

Reconnaître l'enjeu stratégique du management des hommes

LA LENTE ÉVOLUTION DE LA PENSÉE MANAGÉRIALE

L'observation attentive du monde de l'entreprise montre combien les représentations des hommes, et du travail des acteurs économiques, sont marquées par la pensée économique et sociale du XIXᵉ siècle. Le travail humain est souvent considéré comme un facteur de production parmi d'autres (comme le traduit d'ailleurs le terme de ressources humaines), dont la logique de fonctionnement serait essentiellement régie par la recherche d'une rémunération financière. Cette conception économique simpliste, et même caricaturale, a largement inspiré la naissance de la pensée managériale depuis le début du XXᵉ siècle, et en particulier le courant dit, du taylorisme. Cette vision bien connue du management se caractérise par la division des tâches, entre une hiérarchie pensante et des exécutants, une structure organisationnelle pyramidale et un fonctionnement hiérarchique à l'image de l'armée, une organisation verticale par fonction, une rationalisation du travail découpé en tâches spécialisées, etc.

Comme l'ont souligné de nombreux sociologues et penseurs du management, le taylorisme et ses avatars se traduisent par une organisation hiérarchique et bureaucratique où le facteur humain est considéré comme un simple apporteur de travail.

Les représentations, les valeurs, les principes d'action de très nombreux responsables d'entreprises sont d'ailleurs, encore aujourd'hui, influencés par ces principes du taylorisme. Même s'ils se cachent sous les habits neufs des nouvelles technologies et s'appuient sur un vocabulaire à la mode... On observe, par exemple, que la mise en place d'outils relevant des nouvelles technologies de la communication, comme les réseaux intranet censés faciliter la communication interne, ont souvent eu pour conséquence des effets pervers, tels que le renforcement de modes de management hiérarchiques *top down* – parfaitement tayloriens – ou la réduction des contacts humains, entre voisins de bureaux qui communiquent *via* l'intranet au lieu de se parler ! Un cadre d'une moyenne entreprise nous a ainsi fait part de « l'angoisse du lundi matin » – partagée avec plusieurs de ses collègues – qui l'étreignait devant son ordinateur avant de l'allumer. Quelles demandes impératives et stressantes du patron allait-il encore trouver ?

■ Complicité du système éducatif

Ce phénomène n'est pas étonnant, quand on voit la façon dont le système éducatif supérieur spécialisé (universités, grandes écoles de gestion) a tendance à pérenniser des représentations et des conceptions obsolètes, du management des hommes et des organisations.

Si on en doute, il suffit d'examiner le contenu des programmes d'enseignement et les méthodes pédagogiques utilisées (y compris celles d'institutions prestigieuses), ou d'observer attentivement comment sont structurées et fonctionnent la plupart des organisations et des entreprises françaises.

Les cours d'organisation des entreprises s'appuient encore très largement sur des représentations hiérarchiques, en termes d'organigrammes, de postes, de fonctions spécialisées, de chaînes de commandement et de division des tâches, directement inspirées par le taylorisme. Très peu d'analyses critiques portent sur les dysfonctionnements managériaux qu'induisent ce modèle obsolète.

Les schémas organisationnels matriciels sont présentés comme le *summum* de la modernité alors qu'ils présentent aussi de sérieuses limites…

■ Taylorisme mental

La survivance de ce que nous qualifierons de taylorisme mental, parmi nombre de dirigeants et de responsables hiérarchiques, est remarquable, surtout en France, où les schémas bureaucratiques et la centralisation du pouvoir ont toujours été prégnants. Elle explique, en grande partie, le retard et la très lente évolution des représentations concernant le facteur travail mais, également, l'inertie des pratiques de management des hommes.

Le récent débat sur la loi imposant les 35 heures de travail hebdomadaires en est une parfaite illustration. Il a révélé la représentation taylorienne et l'approche quantitative, et étroite, du travail qu'ont la plupart des élites et dirigeants de notre pays, tant du côté gouvernemental que de celui des partenaires sociaux.

Certes, la pensée managériale a connu d'intéressantes évolutions, depuis la période de l'après-guerre, liées à la transformation rapide de la société et du contexte économique. Bien que notre propos ne soit pas ici, de traiter de la pensée managériale, il semble néanmoins utile de donner quelques points de repère dans l'évolution des idées et des représentations, concernant le travail et les doctrines de management des hommes et des organisations. Ils permettront de mieux comprendre les freins et les origines de concepts managériaux – parmi les plus avancés – qui sont le thème essentiel de cet ouvrage. Ceux-ci vont certainement transformer les modes de management des hommes et des organisations dans les années à venir.

■ *Évolution de la pensée managériale*

C'est dans les années 50 – avec le courant dit, des relations humaines, représenté par des auteurs tels que Mac Gregor, Lewin, Maslow, Likert, Herzberg, etc. – que la pensée managériale a commencé à exprimer une autre conception de l'homme au travail, que les avatars du taylorisme. Selon cette vision, l'homme n'était plus considéré comme une simple force de travail motivée par la seule rémunération financière. D'autres facteurs, de nature psychologique, sont reconnus comme des variables importantes de ses motivations et de ses comportements au travail.

Mais c'est surtout dans les années 70 et 80 que la pensée managériale voit évoluer de façon décisive sa conception de l'homme au travail, sous l'impulsion d'auteurs tels que Drucker, Peters, Waterman, Maccoby, Argyris, Handy, et bien d'autres encore…, en montrant la complexité des déterminants des attitudes et des comportements humains vis-à-vis du travail.

Cette période est celle du miracle japonais, qui a vu le monde occidental fasciné par les méthodes employées. Les Japonais, en effet, portèrent une attention particulière à l'impact des modes de management des hommes, sous l'angle de l'amélioration de la qualité des produits et services et donc de la compétitivité des entreprises. Un lien clair était établi entre la performance économique des entreprises japonaises et de nouveaux types d'organisation du travail et du management des hommes, tels que des approches collectives en équipes plus autonomes, des modes de décision plus participatifs et consensuels, un moindre poids hiérarchique, une meilleure communication interne, etc.

On observe pendant cette période, dans la plupart des grandes entreprises françaises, une professionnalisation progressive de la fonction ressources humaines qui remplace le service du personnel, et le développement de la fonction formation avec les contraintes de la loi de 1971 sur la formation professionnelle.

Mais c'est sans doute l'accélération des mutations économiques (mondialisation, concentrations, restructurations…) et technologiques (dans les domaines de l'information et de la communication, des nouveaux matériaux et procédés de production, etc.), conjuguées à une période de crise économique, à la suite de la guerre du Golfe, qui auront – au cours des années 90 – l'impact le plus décisif sur l'évolution de la pensée managériale.

Elles provoqueront une remise en cause profonde des représentations traditionnelles de l'homme au travail et la prise de conscience de l'importance de l'adaptation continue des compétences des hommes. Elles vont conduire à une autre approche de la gestion des hommes, vus sous l'angle de leurs compétences professionnelles et de leur potentiel de développement.

■ Émergence de l'organisation apprenante

On assiste à l'émergence d'un nouveau courant dans la pensée managériale, dont un des principaux représentants est sans doute P. Senge, et son équipe du MIT, avec son célèbre ouvrage, *La cinquième discipline*, paru au début des années 90, puis enrichi par d'autres publications. Ce courant met l'accent sur l'importance des processus d'apprentissage organisationnels, pour le développement et l'amélioration des capacités des entreprises à faire face au changement. Il est parmi les premiers à conceptualiser l'idée d'entreprise apprenante et à en décrire les principaux processus.

Cette évolution de la pensée managériale constitue les prémices d'une révolution annoncée des modes de management des organisations et des entreprises. Cette révolution managériale est précisément l'objet de cet ouvrage.

L'ENJEU STRATÉGIQUE DE L'HOMME

Les profondes évolutions du contexte économique mondial à la fin du XXᵉ siècle ont bouleversé les marchés, la concurrence et les conditions de compétitivité des entreprises. Elles se sont souvent traduites par des chocs brutaux tant sur le plan social, qu'organisationnel et managérial (opérations de fusions, d'acquisitions, de cessions, de restructurations…). Les approches exclusivement technico-économiques, qui ont guidé les stratégies industrielles, se sont heurtées à de graves problèmes humains, managériaux et sociaux. En effet, le facteur travail est souvent trop considéré, par les états-majors de nombreuses grandes entreprises, comme une variable devant s'adapter et faire preuve de flexibilité, face d'une part, aux exigences économiques de compétitivité sur les marchés et d'autre part, aux contraintes prioritaires de rentabilité financière exigées par l'actionnariat.

Remarquons que ce schéma traduit bien les représentations dominantes du management des hommes, que possèdent encore de très nombreux responsables d'entreprises.

Les enquêtes réalisées régulièrement par différents organismes montrent qu'environ deux opérations de fusion/acquisition sur trois peuvent être considérées comme des échecs quelques années plus tard, avec des coûts et gaspillages humains parfois considérables.

La première raison à ces échecs est qu'elles ont été mal préparées et surtout mal gérées en ce qui concerne les hommes (1).

Aussi, apparaît parmi les observateurs les plus lucides, une prise de conscience du caractère stratégique du management des hommes. Ces derniers ne peuvent plus être considérés, ni gérés comme une simple ressource parmi d'autres.

La réussite des opérations de transformation industrielle – certes souvent indispensables pour s'adapter à la nouvelle situation économique – nécessite une autre vision du facteur travail et exige des principes de management différents.

Le management moderne doit être capable de prendre en compte toutes les dimensions des hommes : leurs capacités d'apprentissage et de développement professionnel et personnel.

Il devient évident que le management moderne doit être capable de prendre en compte toutes les dimensions des hommes (psychologiques, comportementales et affectives), mais aussi leurs capacités d'apprentissage et de développement professionnel et personnel.

Les travaux récents de Goleman sur l'intelligence émotionnelle représentent, à cet égard, un enrichissement particulièrement intéressant pour les approches les plus modernes du management des hommes (2).

Par ailleurs, la nouvelle donne économique et technologique, le progrès accéléré des connaissances dans tous les domaines, l'élévation du niveau d'information et de formation de l'ensemble des salariés obligent à revoir en profondeur les principes de management des hommes, toujours inspirés par une vision obsolète de l'entreprise datant de plus d'un siècle.

L'impact des nouvelles technologies de l'information et de la communication, et notamment celui de la révolution internet est à cet égard considérable. Ce nouvel outil de communication tend à remettre en cause le concept traditionnel de l'entreprise, son organisation, son fonctionnement, ses modes de travail, ses processus de production, ses relations avec les clients, les fournisseurs et les partenaires, etc.

Non seulement, il permet d'autres modes de distribution de l'information dans l'entreprise (et donc du pouvoir), mais il conduit facilement à court-circuiter la hiérarchie traditionnelle, avec des schémas opérationnels et des modes de fonctionnement de plus en plus décentralisés et proches des clients ou des fournisseurs (3). Mais si les possibilités de ces technologies ne sont pas au service d'une nouvelle vision managériale et organisationnelle de l'entreprise, elles risquent fort de renforcer les effets pervers des schémas néotayloriens dominants, comme nous l'avons déjà souligné.

■ Le management des hommes, clé de l'innovation

L'accélération du progrès technique mais surtout le développement d'une concurrence accrue sur le plan mondial donnent une importance déterminante à la créativité et à l'innovation. Les facteurs de succès dans cette course à l'innovation reposent autant, si ce n'est davantage, sur les talents des hommes et sur les performances des équipes que sur une quelconque supériorité technico-commerciale. La mise en valeur des talents, par d'autres modes de management des hommes et des organisations, devient un facteur-clé de succès dont les directions de certaines entreprises commencent à comprendre l'enjeu stratégique. Il est clair, que le développement optimal des capacités d'innovation des entreprises repose largement sur des modes de management des personnes et des équipes plus susceptibles de valoriser leur potentiel créatif et de favoriser des apprentissages collectifs.

On voit se multiplier des équipes projets autonomes ou de réseaux dédiés – plus ou moins officiels – dans de nombreuses grandes entreprises, afin de faciliter et d'accélérer la mise au point de produits, rendue très difficile, longue et coûteuse dans le cadre d'organisations hiérarchiques néotayloriennes, où chaque décision doit obtenir l'aval d'une quantité de responsables et de comités. Ce qui est à l'évidence la meilleure façon d'étouffer la prise d'initiative, la créativité et l'innovation…

Une autre illustration de la prise de conscience de la nécessité de changer le mode de management des hommes, pour favoriser l'innovation est la mode de l'intrapreneuriat dans de nombreuses grandes entreprises. Il s'agit de retrouver les vertus créatrices d'organisation légères, au sein de structures importantes dont les pesanteurs et la complexité inhibent l'innovation. Une plus grande autonomie et des possibilités d'initiatives sont laissées, à des responsables et à leurs équipes de R et D, pour travailler sur des projets d'innovation mais avec… un assez strict contrôle budgétaire.

On peut citer le cas, d'une grande entreprise du secteur de la chimie, ayant réorganisé sur ce modèle managérial une grande partie de ses équipes de R et D avec, à la clé, de nombreuses réussites en termes de lancement de nouveaux produits et de mise au point de procédés de fabrication inédits.

De nombreuses *success stories* de jeunes entreprises s'expliquent souvent moins par des avancées technologiques et/ou commerciales que par les talents managériaux remarquables de leurs dirigeants, qui ont su créer des contextes organisationnels et des climats de travail favorables à la libération des énergies et du potentiel créatif de leurs employés.

On évoquera ici, le cas d'une entreprise dans le domaine très concurrentiel des prestations de services en informatique, liée au développement de l'outil internet, dont la réussite et l'atout concurrentiel majeur ont été clairement associés au mode de management des hommes et des équipes, avec notamment une forte décentralisation des responsabilités et une grande autonomie des animateurs, fondée sur un réel contexte de confiance et de responsabilisation des hommes.

■ *Valeur ajoutée du management*

La prise de conscience de la valeur ajoutée du management des hommes conduit à une profonde remise en cause des schémas managériaux et organisationnels classiques des entreprises, qui sont en général loin de libérer tout le potentiel créatif et toutes les énergies des hommes qui y travaillent (4).

Une illustration est fournie par la façon dont est abordé, en général, le recrutement des ressources humaines. On est toujours dans une démarche fondée sur une logique de poste, de description de fonction et de recherche du candidat idéal, qui doit le mieux possible répondre au profil déterminé *a priori*. Ce qui est typique d'une démarche taylorienne dont on peut observer qu'elle imprègne encore la façon de travailler de nombreuses DRH et des cabinets de recrutement.

Un nombre croissant d'observateurs du monde des entreprises se rend compte qu'une révolution managériale est nécessaire pour accompagner la révolution économique et technologique en cours.

On peut illustrer un aspect de cette révolution managériale, par l'engouement – depuis quelques années – de la gestion des connaissances ou *knowledge management* des Anglo-Saxons (5).

La nouvelle économie (qui est d'ailleurs plus celle du savoir que des NTIC) se caractérise par la prise de conscience de l'importance stratégique des connaissances, des compétences et des savoir-faire des hommes, qui deviennent les véritables et principaux actifs des entreprises. L'avènement de cette économie du savoir donne une place centrale aux hommes, et oblige à revoir profondément les conceptions et les principes du management traditionnel des ressources humaines, comme nous le verrons ultérieurement.

La campagne que mène le Medef auprès des entreprises sur le thème du management par les compétences, à l'issue de sa manifestation de Deauville en 1998, s'inscrit directement dans cette vision managériale de l'entreprise, dont il a la conviction qu'elle va représenter une révolution majeure dans les années à venir (6).

Depuis environ une quinzaine d'années, la pensée managériale occidentale a été marquée par une prise de conscience de l'importance de plus en plus stratégique du management des hommes. En réalité, il tend à devenir le facteur-clé du succès durable des entreprises, dans un contexte économique et technologique rapidement évolutif et largement imprévisible.

Un nombre croissant d'observateurs, d'auteurs, de consultants, mais également de responsables d'entreprises sont aujourd'hui convaincus de la nécessité d'un renouveau des approches managériales et organisationnelles, même si les modèles de management devant inspirer l'action ne leur semblent pas encore très clairs.

Cela s'explique par le contexte actuel de foisonnement, où les approches les plus novatrices et intéressantes sont mêlées aux gadgets les plus fantaisistes, voire à des théories fumeuses ou irréalistes. À titre d'exemple, nous citerons quelques concepts relatifs à la gestion des actifs immatériels et humains des entreprises et des organisations – tels que ceux de capital intellectuel, de capital humain, de gestion des connaissances (*knowledge management*), d'apprentissage organisationnel (*organizational learning*), d'apprentissage tout au long de la vie professionnelle (*long-life learning*), d'entreprise apprenante (*learning company*), de compétitivité organisationnelle, de qualité du management, de développement durable, etc. –, qui montrent l'importance croissante donnée à ces aspects du management des entreprises.

Nous reviendrons ultérieurement sur un certain nombre d'entre eux qui sont d'ailleurs au cœur de la révolution managériale émergente à laquelle cet ouvrage a l'ambition de contribuer.

De grandes entreprises, notamment dans le monde anglo-saxon (traditionnellement plus en avance, dans ce domaine du management, pour des raisons historiques et culturelles), comme General Electric, Shell USA, Hanover Insurance Covenant, Visteon Automotive, etc., ont repensé leurs modes de management et d'organisation à la lumière de nouvelles visions stratégiques du management des hommes comme le montre bien P. Senge dans un de ses derniers ouvrages (7).

■ *Éthique et qualité managériales*

Remarquons enfin, que cette évolution de la philosophie managériale des entreprises est liée à la montée de considérations éthiques et sociétales. La demande d'une nouvelle éthique managériale, prenant en compte le respect des individus et l'ensemble des dimensions psychologiques de l'homme au travail, se fait aujourd'hui de plus en plus pressante. Elle interpelle vigoureusement les pratiques de management courantes de nombreuses entreprises.

La récente loi française sur le harcèlement moral au travail est une illustration de cette exigence de nos sociétés vis-à-vis des conditions psychologiques de travail des salariés.

> La qualité du management des hommes ou, encore, de l'environnement managérial apparaissent comme des demandes croissantes des salariés.

La qualité du management des hommes ou, encore, de l'environnement managérial des entreprises apparaissent comme des demandes croissantes des salariés, dans une société dont les valeurs dominantes se trouvent de plus en plus en décalage avec celles inspirant les pratiques quotidiennes d'un grand nombre d'entreprises. Il s'agit là, d'un critère important pour l'image de l'entreprise, notamment auprès des jeunes générations de diplômés, plus exigeantes que leurs aînés dans ce domaine, comme le montrent toutes les enquêtes récentes sur ce sujet (8).

Le concept de qualité, qui a d'abord touché les processus de production dans les années 80, puis les commerciaux dans les années 90, est en train de s'élargir aux composantes managériales et organisationnelles pour atteindre un objectif d'excellence globale de l'entreprise.

Cette tendance est illustrée par l'évolution des approches du management de la qualité (TQM), ou encore par l'évolution du modèle européen de la qualité (défini et promu par l'EFQM), qui tend à intégrer de plus en plus ces dimensions managériales dans sa mesure de la performance de l'entreprise. Son volet *leadership* reflète l'évolution des critères dans ce domaine et l'importance croissante de la qualité du management des hommes dans les entreprises qui se manifestera sûrement dans les prochaines années (9).

LES DÉFIS MANAGÉRIAUX DE LA GRH

Les profondes mutations économiques et technologiques, auxquelles sont confrontées aujourd'hui la plupart des entreprises et des organisations, ont déjà un impact considérable sur la gestion des ressources humaines. Elles conduisent de plus en plus à une remise en cause de cette fonction et à une interrogation sur l'évolution de sa valeur ajoutée, comme le traduisent par exemple les thèmes des conférences et colloques organisés régulièrement par l'Association française de gestion des ressources humaines (10).

Les DRH vont avoir de nombreux défis de nature managériale à relever dans les années à venir, cela va les conduire à repenser leurs missions, leurs rôles et leurs tâches prioritaires. Il s'agira, notamment, de mieux prendre en compte les aspects de management des hommes souvent occultés par des approches administratives de la gestion des ressources humaines. C'est ce qu'a dévoilé une étude, auprès des grandes entreprises européennes, sur le thème du développement des ressources humaines à laquelle ont participé vingt-trois grandes entreprises françaises (11).

Nous évoquerons, brièvement, quelques-uns de ces défis managériaux, auxquels les responsables de la gestion des ressources humaines seront vraisemblablement confrontés dans les années à venir.

L'évolution nécessaire des représentations et des pratiques de GRH

Le terme ressources humaines apparaît de moins en moins approprié à la nouvelle vision de la place de l'homme dans l'entreprise. La nécessité de mieux intégrer sa psychologie et la complexité de ses comportements, dans un contexte organisationnel, fait qu'il ne peut pas être considéré comme une simple ressource parmi d'autres. C'est pourtant trop souvent la vision des sciences de gestion, comme le prônent de nombreux ouvrages et cours de GRH utilisés dans les universités et grandes écoles de commerce… C'est malheureusement comme cela que se perpétuent les concepts et représentations obsolètes des modes de gestion des hommes.

Une illustration, parmi d'autres, est fournie par la manière dont est abordé le recrutement des ressources humaines. On constate qu'on est toujours dans une logique d'organigramme, de description de postes et de recherches du candidat idéal, qui doit répondre au plus près à un profil déterminé *a priori*. Cette démarche typiquement taylorienne participe à la reproduction des schémas organisationnels et des modes de management des hommes obsolètes, dans le contexte économique actuel.

La reconnaissance de l'importance essentielle du facteur humain dans le processus de création de valeur de l'entreprise doit conduire à de nouvelles conceptions et, par conséquent, à de nouvelles pratiques de gestion et de management des hommes.

Ainsi, la prise de conscience des capacités d'apprentissage de l'homme permet une vision nouvelle en terme de potentiel humain au lieu de ressource humaine. Ce qui change considérablement les moyens de valorisation de ce potentiel et débouche sur de nouvelles stratégies de recrutement, d'intégration, de développement, d'évaluation et de promotion.

L'enjeu du repérage et du développement des talents des individus conduira, très probablement à l'avenir, à des approches plus personnalisées de la gestion des hommes. Ce qui implique un profond renouvellement conceptuel dans la gestion et dans les modes de management des hommes au sein des organisations, comme nous le verrons plus loin.

La prise de conscience du caractère stratégique des modes de management des hommes

Traditionnellement, la fonction RH est confinée dans des tâches de gestion administrative du personnel, d'exécution et de support opérationnel de la stratégie économique et technologique de l'entreprise.

Elle assure également un rôle de gestion des relations sociales avec les syndicats et de mise en conformité avec l'évolution de la réglementation du travail. En général, ses tâches essentielles ont une dominante de court terme et sont centrées sur des préoccupations de nature plus opérationnelle que stratégique.

Comme l'ont montré les enquêtes auprès de grandes entreprises européennes citées précédemment, on constate qu'en France les DRH demeurent, en général, peu impliquées par rapport à d'autres pays, dans les processus de décision à caractère stratégique touchant le management des hommes et de l'organisation (comme par exemple, des changements de structures organisationnelles, des nominations aux postes de direction les plus élevés, la définition des valeurs et principes de *leadership* de l'entreprise, etc.). Ceux-ci restent l'apanage des directions générales, et les directeurs des RH n'ont la plupart du temps qu'un rôle au mieux consultatif.

Les responsabilités managériales attribuées aux DRH sont très limitées dans la plupart des organisations et entreprises. La reconnaissance du caractère stratégique du management des hommes est peu répandu parmi nos élites dirigeantes, en dépit des discours convenus sur l'importance du capital humain.

L'évolution des outils de gestion des ressources humaines

Il est clair aujourd'hui que le développement des NTIC aura un impact important sur les DRH, en banalisant les tâches de gestion administrative, en permettant une gestion plus fine, en facilitant la communication interne ainsi que les possibilités de transparence et de réactivité.

L'avènement de ces nouvelles technologies va sans doute faire évoluer la nature de la valeur ajoutée des DRH, vers davantage de responsabilités et de tâches de nature relationnelle, managériale et organisationnelle.

À l'avenir, les responsables RH seront sans doute bien plus impliqués (au moins dans un rôle de conseil et d'appui technique) dans des opérations de réorganisation structurelle, dans des programmes de développement des RH, dans la lutte contre des dysfonctionnements managériaux (conflits individuels, inefficacités, etc.) ou sociaux (prévention des conflits, dialogue social, etc.), dans des opérations de fidélisation des talents, dans des programmes de *coaching* et de *mentoring*.

Enfin, ces nouveaux outils et technologies de l'information et de la communication permettent le développement d'une autre gestion des connaissances et des savoir-faire au sein de l'entreprise (le fameux *knowledge management* des Anglo-Saxons). Celle-ci sera liée à une gestion individuelle plus fine des compétences et des talents des hommes, mais aussi à des logiques d'apprentissage professionnel différentes.

> L'avènement des nouvelles technologies va faire évoluer la nature de la valeur ajoutée des DRH, vers davantage de responsabilités et de tâches de nature relationnelle, managériale et organisationnelle.

De nouvelles approches de la formation professionnelle

C'est sans doute dans le domaine du développement des ressources humaines que se situe le principal enjeu et le plus grand défi des DRH, pour les années à venir. Il est la clé de la compétitivité et des performances futures des entreprises, dans le nouveau contexte de l'économie du savoir.

Il s'agira de repenser en profondeur les approches classiques de la formation pour évoluer vers des logiques de développement des ressources humaines, globales et cohérentes avec les processus d'apprentissage réels des individus.

D'approches classiques de formation, on commence à passer, notamment sous l'impulsion du Medef, à une approche par les compétences. Ce changement radical de perspective aura un impact considérable sur la nature des tâches, sur l'organisation et les compétences des acteurs de la fonction GRH de l'entreprise et d'une façon générale sur ses modes de management des hommes. La valeur ajoutée de ses missions évoluera vers des visions et logiques plus tactiques du développement des hommes.

Prenons l'exemple du concept de formation continue tout au long de la vie professionnelle (le *long-life learning* cher aux Anglo-Saxons). Il commence à se répandre en France et va très vraisemblablement influencer les dispositions réglementaires, concernant la nouvelle législation sur la formation professionnelle. Cela devrait bouleverser profondément les pratiques courantes de la formation professionnelle et avoir le mérite de faire évoluer la philosophie du développement professionnel des hommes dans les organisations.

L'émergence progressive dans le vocabulaire managérial des concepts de capital humain, d'investissements humains, de potentiel humain, d'universités d'entreprise… vont également contribuer à amener les directions de sociétés à repenser leurs approches du développement des ressources humaines, avec une vision plus large, plus managériale et plus stratégique des hommes.

QUEL MANAGEMENT STRATÉGIQUE DES HOMMES ?

À partir du moment où l'on prend véritablement conscience que l'homme qualifié, compétent et surtout talentueux représente le facteur rare et la principale source potentielle de richesses de l'entreprise, l'on est conduit à remettre en cause les modes courants de gestion des hommes et beaucoup de pratiques habituelles du management des hommes.

> Il ne s'agit plus de commander et de contrôler, mais de faire adhérer à un projet, d'inspirer, de conseiller, de construire ensemble, d'interpréter, de responsabiliser…

Les dirigeants d'entreprises et l'ensemble de l'encadrement ont, en effet, des responsabilités de *leadership* qui deviennent stratégiques et constituent un facteur-clé de la performance de l'entreprise et de son développement durable. Comme l'a fait remarquer Drucker, on va vers une évolution sensible du domaine du management des hommes et de la valeur ajoutée du *leadership* : il ne s'agit plus de commander et de contrôler, mais de faire adhérer à un projet, d'inspirer, de conseiller, de construire ensemble, d'interpréter, de responsabiliser, etc.

Le management moderne devient essentiellement l'art de gérer des équipes, de coordonner des compétences individuelles, de valoriser les capacités d'apprentissage et les potentiels des individus et des équipes, en vue d'atteindre les objectifs stratégiques de l'entreprise ou de l'organisation.

■ *Valeur ajoutée managériale*

Comme l'observe, de façon très pertinente, Drucker, le rôle des nouveaux managers consistera à diriger l'action d'hommes sur lesquels ils auront de moins en moins d'autorité hiérarchique et de possibilité de coercition. Il est clair, qu'on assiste à un glissement important de la valeur ajoutée managériale et du *leadership* qui remet en cause la façon dont les dirigeants et l'encadrement exercent habituellement le pouvoir hiérarchique.

Cela est illustré par le malaise des cadres, souvent décrit (12) et qui reflète la situation de crise du management traditionnel. Comme le fait remarquer Le Goff (13), il a de plus en plus tendance à tourner dans le vide. Il y a, en réalité, inadéquation croissante entre la nouvelle problématique managériale des organisations et les solutions classiques de management des hommes – largement inspirées par des représentations et une idéologie néotaylorienne, en dépit d'un fréquent habillage par un jargon à la mode... On peut citer tout un discours sur la motivation des hommes et des équipes, en contradiction flagrante avec les savoirs de base modernes – de la psychologie et de la psychosociologie – sur les sources de la motivation des individus vis-à-vis de leur travail.

Ce phénomène explique les difficultés que rencontrent un grand nombre d'organisations et d'entreprises (notamment les plus grandes), en ce qui concerne le management des hommes. Il existe un besoin considérable de renouveau des théories de management et des pratiques managériales de terrain.

C'est en partie le sens du phénomène de la multiplication des universités d'entreprise dont une fonction majeure, telle que la communication interne, consiste à essayer de faire évoluer les pratiques de management des cadres et à développer des compétences managériales qui leur font défaut, en cohérence avec les orientations de la stratégie générale de l'entreprise.

■ *Qualité du management*

Le lien entre les caractéristiques du management des hommes, leurs motivations et surtout leurs performances opérationnelles apparaît de plus en plus clairement à tous les observateurs lucides du monde des organisations.

C'est le sens même du concept de compétitivité managériale qui représente l'avantage qu'une organisation peut se créer par rapport à d'autres du seul fait des caractéristiques du management des hommes. La qualité du management des hommes s'inscrit dans la perspective de nouveaux modèles de management, où les salariés seront considérés par les dirigeants comme aussi importants que les clients et les actionnaires. C'est par exemple le cas du *balanced scorecards* qui prend en compte des paramètres de développement des hommes dans la vision qu'il propose des performances des entreprises (14).

Remarquons que l'aspiration croissante de la société à une nouvelle qualité managériale des organisations exprime également le souhait d'une nouvelle éthique, de nouvelles valeurs et surtout de nouvelles pratiques de management des hommes.

■ *Développement durable des organisations*

Une autre demande de la société est celle du développement durable. En dehors des aspects externes liés à la protection de l'environnement, ces nouvelles aspirations touchent le champ des ressources humaines dans les organisations. Ce développement durable des organisations passe, en effet, par la prise de conscience de l'importance du développement des hommes dans toutes leurs dimensions (professionnelle, intellectuelle, spirituelle, affective…), et par la recherche de modes de vie et de travail centrés sur l'épanouissement complet de la personne.

La réflexion sur de nouveaux paradigmes de management, en phase avec l'évolution des stratégies des entreprises et avec les nouvelles demandes des salariés et de la société, conduit à une interrogation sur les modes d'organisation et les procédures de travail. Les schémas organisationnels classiques sont de plus en plus remis en cause. C'est le cas de la nouvelle logique de management par les compétences que prône le Medef. Il veut délibérément s'éloigner de la logique de poste des organisations classiques néotayloriennes.

■ *Compétitivité organisationnelle*

Le principe de management bien connu, selon lequel les structures organisationnelles devraient suivre la stratégie générale de l'entreprise, apparaît de plus en plus discutable. L'émergence de concepts comme celui de compétitivité organisationnelle vient bousculer sérieusement les approches traditionnelles dans ce domaine. En effet, on constate que des modes d'organisation, et de management innovants des hommes, peuvent constituer une composante déterminante de la compétitivité et donc des performances d'une entreprise. Aussi devront–ils être de plus en plus intégrés dans un nouveau management stratégique de l'entreprise.

Cela est illustré par des expériences positives de certaines organisations en matière de décentralisation. On peut citer, celle bien connue de l'usine de la société Usinor à Dunkerque, organisée selon un principe d'équipes autonomes, ou encore celle de la compagnie aérienne SAS qui a mis l'accent, avec succès, sur la responsabilisation des acteurs du *front office* (15).

On pourrait également évoquer diverses expériences en France et à l'étranger dans le domaine du TQM, du travail d'équipe, de politiques de formation professionnelle particulièrement développées, etc.

Celles-ci illustrent, à des degrés divers, une autre vision de l'homme considéré comme la ressource rare et la source essentielle de création de valeur de l'entreprise.

■ Management des personnes

Si l'on pousse quelque peu la réflexion dans ce domaine, on arrive vite à la notion de personne derrière l'homme au travail qui, seule, permet de prendre en compte la totalité des dimensions de chaque individu, notamment ses aspects psychologiques. Or, cette approche de la personne va constituer le grand défi du management des hommes dans les années à venir. Il exigera des paradigmes de gestion des salariés beaucoup plus individualisés et plus fins, seuls capables de valoriser la variété des talents des hommes.

> Les nouvelles approches managériales conduiront à une personnalisation accrue des structures organisationnelles conçues en fonction des talents des individus et des spécificités des équipes de travail.

Par exemple, ces approches managériales conduiront à une personnalisation accrue de l'organisation du travail, voire à des structures organisationnelles qui seront conçues en fonction des talents des individus et des spécificités des équipes de travail.

Mais c'est sans doute la problématique de changement profond, rencontrée par de très nombreuses organisations et entreprises, qui s'avère être le principal révélateur des limites et faiblesses des modes courants de management des hommes et de la nécessité d'un renouveau. Elle constitue une piste de réflexion féconde pour construire un nouveau paradigme de management stratégique des hommes, plus en phase avec l'ensemble des dimensions de la personne et surtout avec son potentiel de développement.

Ces modèles de gestion des hommes nécessiteront une nouvelle génération de managers-leaders, capables d'exercer leur métier selon d'autres principes de *leadership*, comme nous le montrerons ultérieurement.

L'EXIGENCE D'UN NOUVEAU PROFESSIONNALISME DES MANAGERS

L'émergence en cours de nouvelles approches du management des hommes conduit à la reconnaissance progressive du métier à part entière de manager. Il se caractérise par un ensemble de compétences managériales distinctes des compétences techniques professionnelles.

Beaucoup de grandes entreprises françaises, tant dans le monde des services que dans celui de l'industrie, prennent conscience de cette nécessaire professionnalisation du métier de manager et sont en train de repenser leurs approches traditionnelles de la formation au management pour l'encadrement. La multiplication des universités d'entreprise et des séminaires sur ce thème au cours de ces dernières années sont les signes de cette évolution.

En effet, la transformation de la culture managériale apparaît de plus en plus comme une dimension essentielle de la performance globale de l'organisation, et le grand défi des dirigeants et de l'encadrement. Remarquons qu'un objectif annoncé de nombreuses universités d'entreprise est de participer à la transformation de la culture managériale de l'organisation afin de mieux servir son projet stratégique. Encore faut-il pour qu'il soit crédible, que les dirigeants fassent preuve d'exemplarité dans ce domaine.

■ Compétences managériales

Une réflexion, en termes de compétences managériales, tend à définir une nouvelle approche du métier de cadre, très différente des conceptions classiques d'inspiration néotaylorienne qui ont prévalu depuis le début du XXᵉ siècle, pour nommer les responsables hiérarchiques. Le responsable hiérarchique devient d'abord le manager des hommes dont il a la responsabilité avant d'être, le cas échéant, également leur expert technique.

En France, une bonne illustration de ce phénomène est représentée par la culture dominante d'ingénieur qui existe dans nombre d'entreprises industrielles. Les responsables hiérarchiques étaient traditionnellement nommés en fonction de leurs compétences techniques et du prestige de leur diplôme d'ingénieur. Ils étaient ceux qui savaient et qui devaient dominer tous leurs subordonnés, par leur savoir théorique censé découler de leur diplôme initial (et ensuite de leur expérience professionnelle). Ils tenaient traditionnellement leur autorité et leur légitimité du fait qu'ils apparaissaient d'abord, comme le recours pour tous les problèmes techniques.

Remarquons que cette conception très taylorienne de l'encadrement est encore vivace dans beaucoup d'entreprises, en particulier dans celles à forte culture industrielle.

Or, il est clair qu'aujourd'hui, l'évolution rapide de l'environnement technologique et économique, mais aussi et surtout l'élévation des niveaux de compétence professionnelle, de spécialisation technique et d'information des salariés conduisent à remettre en cause la valeur ajoutée des responsables hiérarchiques qui devient beaucoup plus managériale.

En effet, on réalise de plus en plus l'importance stratégique dans une société du savoir et de la communication, des compétences managériales des responsables hiérarchiques à tous les niveaux. Celles-ci auront un impact considérable sur les performances des hommes de l'unité dont ils sont responsables. Ces compétences managériales, qui caractérisent le professionnalisme du métier de manager, sont beaucoup plus d'ordre relationnel et comportemental que d'ordre cognitif. Et cela contrairement à l'orientation dominante de la plupart des programmes de type MBA, qui ont en général une orientation plus technique et cognitive (au sens des techniques de gestion) que comportementale. C'est le sens de la critique bien connue de Mintzberg dans un célèbre article de la Harvard Business Review intitulé, *Formons des managers et pas des MBA.*

Ces compétences managériales concernent les capacités à entraîner les individus, à créer un contexte de travail favorable à la libération de leurs potentiels, à développer un esprit d'équipe solidaire et les compétences professionnelles des collaborateurs, à dialoguer, communiquer et échanger, à expliquer la stratégie de l'entreprise et le sens de l'action de chaque individu, à procéder aux arbitrages nécessaires en cas de conflit, à créer les conditions de la motivation du travail des subordonnés, à leur apporter le soutien nécessaire dans la réalisation de leurs tâches, etc.

Ces compétences managériales représentent la principale valeur ajoutée des fonctions d'encadrement et des responsabilités hiérarchiques, comme le remarque avec pertinence Drucker. Elles apparaissent plus importantes que leurs compétences techniques pour le succès de leur fonction de manager d'hommes. Il est fréquent de voir, aujourd'hui, des subordonnés aux connaissances et expériences techniques plus grandes que leur supérieur hiérarchique, dans leur domaine professionnel spécifique. Aussi, le bon manager sera précisément celui qui saura gérer ces savoirs et savoir-faire individuels et collectifs de ses collaborateurs en mettant au service du projet de l'organisation.

■ *Révolution culturelle pour l'encadrement*

La maîtrise de ce nouveau métier de manager représent une profonde révolution culturelle, pour l'encadrement de nombreuses entreprises habitué à fonctionner selon des logiques néotayloriennes de management. C'est notamment le cas pour l'encadrement intermédiaire ou de proximité, tel que la maîtrise.

Divers échanges avec des DRH, de grandes entreprises françaises conscientes de ce problème, montrent qu'il n'est pas sûr que cette évolution puisse avoir lieu avec des personnes en fin de carrière. C'est pourquoi, les efforts de professionnalisation de ces nouveaux profils de managers porteront surtout sur les jeunes cadres et sur ceux en milieu de carrière.

Une illustration de ce problème est représentée par l'évolution de la démographie de nombreuses grandes entreprises. Le départ massif à la retraite des cadres du baby-boom de l'après-guerre, et la nécessité de leur remplacement par de nouvelles générations de managers, va exiger un effort sans précédent de formation professionnelle.

Remarquons que ce défi représente une formidable opportunité de renouveau du management en France, à condition de mettre en place une réflexion prospective sur la politique de gestion et de formations des personnels d'encadrement, et ce à tous les niveaux hiérarchiques de l'organisation.

Il va falloir construire de nouveaux dispositifs de développement managérial, qui devront concerner en réalité toutes les composantes de la gestion de ces personnels d'encadrement, à savoir : le recrutement, la formation et l'accompagnement (*coaching/mentoring*), les parcours professionnels, l'évaluation, la rémunération, la promotion, les hauts potentiels… avec la nécessaire cohérence qui s'impose entre tous ces aspects.

■ *Professionnalisme managérial*

Il est clair que se dessine un nouveau métier de manager qui se caractérisera par un autre périmètre professionnel. Celui-ci ne pourra être défini, en termes de compétences managériales, de façon précise que par chaque organisation (en fonction de critères qui lui seront propres). Ces compétences pourront faire l'objet d'évaluations et de mesures précises avec des méthodes et des outils adéquats, qu'une fois défini le nouveau modèle managérial et organisationnel retenu.

Ce nouveau professionnalisme managérial a de très fortes chances de constituer une nouvelle norme pour les métiers d'encadrement dans les années à venir. Il permettra l'arrivée de nouvelles générations de managers, dont les entreprises auront besoin pour assurer le changement de culture managériale nécessaire pour leurs futures performances. Cette révolution managériale devrait constituer une étape capitale et un progrès décisif dans l'histoire de la pensée managériale, et surtout dans les pratiques de management des hommes et des organisations.

On observera la relative avance de certaines entreprises (et notamment des plus grandes) par rapport au système éducatif spécialisé (universités, écoles de gestion…) qui ne semble pas avoir bien perçu cette évolution managériale. Celui–ci reste, encore, trop centré sur l'enseignement de techniques et d'outils perfectionnés de gestion, et fait une place insuffisante aux approches avancées du management, notamment dans ses formations initiales. Il est paradoxal de constater, qu'en France le système éducatif constitue plutôt un frein qu'un accélérateur pour les évolutions managériales profondes, dont les entreprises vont avoir besoin dans les années à venir (16).

Il n'y a d'ailleurs pas qu'en France où le système de formation du management semble mal répondre aux besoins des entreprises. Ce constat, déjà fait il y a une dizaine d'années par Mintzberg à propos des *business schools,* semblait toujours d'actualité en 2001. J. Welch, l'ex-patron star de General Electric déclarait, dans une visite à la Kellogg School of Management de la Northwestern University, que si ces écoles veulent produire les meilleurs managers-leaders, il faudra qu'elles mettent plus l'accent sur leurs formations dans le domaine du management et de la gestion des hommes (*people management*) qu'elles ne le font actuellement...

La professionnalisation d'une nouvelle génération de managers représente donc un enjeu capital à l'avenir, pour la nécessaire modernisation managériale des entreprises qui conditionnera leurs futures performances mais aussi leur pérennité.

Un objectif majeur de cet ouvrage est précisément d'y contribuer en proposant un modèle de développement d'un nouveau management de l'apprenance.

Chapitre 2

Modifier l'approche du changement

QUEL CHANGEMENT ?

L'évolution rapide des marchés et de l'environnement des entreprises, depuis une vingtaine d'années, a eu pour conséquence d'accélérer le rythme du changement dans beaucoup d'entreprises et d'organisations. Aussi le thème du changement est devenu le *leitmotiv* des responsables d'entreprises, des consultants, des médias, des pouvoirs publics, etc.

La quasi-totalité des cabinets en conseils d'entreprises se présentent comme des experts en changement. Ce dernier apparaît comme la dernière tarte à la crème, voire la religion à la mode, et le mot fétiche du discours managérial (1).

Mais de quel changement parle-t-on ? Qu'entend-on par changement dans les entreprises et les organisations ? N'a-t-on pas tendance à confondre différents types de changements : technologique, commercial, organisationnel, managérial… ?

Quels sont les niveaux de changement ? Quelle est la finalité du changement recherché ? Quelle est la part de rhétorique et d'effet de mode dans le discours sur le changement des responsables d'entreprises et des consultants ? Parle-t-on du même changement dans les organisations ?

25

Autant de questions auxquelles peu de réponses claires et convaincantes sont données par les avocats du changement dans le monde des organisations et des entreprises.

■ Changements de premier ordre

Il est paradoxal de constater que dans de nombreuses grandes organisations, plus on parle de changement et plus on assiste à des séminaires, colloques et conférences sur la conduite du changement et moins elles ont, en réalité, tendance à changer, notamment dans leurs modes de management. Les apôtres du changement managérial pensent en général plus aux autres qu'à eux-mêmes, en la matière.

On observe beaucoup de faux changements, d'hypocrisie et même d'imposture à propos des actions de changement dans les organisations. Celles-ci restent, en effet, souvent de nature très superficielle ou cosmétique, comme disent les Anglo-Saxons.

Par exemple, on va modifier légèrement un organigramme, changer quelques têtes ou pratiquer un chassé-croisé des cadres dirigeants, mettre en place une autre structure organisationnelle (d'une organisation par produits à une organisation par clients, d'une organisation fonctionnelle à une organisation matricielle...), diffuser une nouvelle charte d'entreprise, etc.

Mais fondamentalement, on constate que les pratiques quotidiennes de management des hommes, les modes de fonctionnement réel de l'organisation (ainsi que les perceptions qu'en auront les acteurs) ne seront que très peu modifiées. C'est ce que dans une terminologie systémique on désigne par un changement qui reste de premier ordre (2).

Dans un tel changement, on est en présence de changements mineurs – à l'intérieur d'un système organisationnel donné – qui ne remettent pas en cause ses règles profondes de fonctionnement tant explicites qu'implicites.

> Le décalage entre les paroles et les actes, dans les pratiques managériales quotidiennes, explique le scepticisme du personnel et le malaise de l'encadrement.

Ce faux changement est d'ailleurs très bien perçu par le personnel, qui ressent parfaitement l'absence de crédibilité des discours convenus des dirigeants et/ou des consultants sur le changement.

Le décalage qui existe entre les paroles et les actes, dans les pratiques managériales quotidiennes, explique le fréquent scepticisme du personnel et le malaise de l'encadrement. Les enquêtes effectuées auprès des cadres, dans de grandes organisations empêtrées dans des modes de fonctionnement à caractère hiérarchique et bureaucratique, traduisent bien ces dysfonctionnements managériaux (3).

■ *Responsabilité des consultants*

Ce phénomène justifie, en grande partie, l'inefficacité fréquente des investissements des entreprises dans des actions censées contribuer au changement, telles que des formations, des séminaires, des interventions de consultants, des acquisitions onéreuses de nouveaux systèmes perfectionnés d'information, de nouveaux outils de gestion des ressources humaines.

Remarquons à ce sujet la complicité, et la vraie responsabilité, de nombreux consultants qui vendent du changement à l'aide d'outils miracles (de type progiciels et systèmes d'information), ou qui exploitent des modes de management, comme ce fut le cas il y a quelques années avec le *re-engineering*.

Si l'apparente rationalité de ce type de produits peut séduire de nombreux dirigeants d'entreprise, on constate que leur mise en œuvre sur le terrain se heurte fréquemment à des obstacles imprévus, ou à des résistances au changement qui en limitent très sérieusement l'efficacité opérationnelle. Ces méthodes à la mode se traduisent en réalité par des échecs fort coûteux, tant sur le plan financier que sur le plan psychologique pour le personnel (malaise, démotivation, stress). Ce que les responsables de ces prestations passent vite sous silence.

À titre d'illustration, on peut citer la mise en place, dans une grande entreprise publique, de logiciels de gestion intégrés qui étaient censés transformer l'organisation et les conditions du travail, améliorer l'efficacité des tâches et la rentabilité économique de l'entreprise. Or, cela s'est traduit par des conséquences désastreuses : incompréhension, méfiance, irritation, démotivation, effets boomerang, dégradation du climat social, etc.

■ *Carences managériales*

D'une façon générale, de nombreuses organisations et entreprises, (surtout celles de taille importante) connaissent de grandes difficultés pour préparer et gérer de manière performante le changement, humain, managérial et organisationnel.

Cette inadéquation du management des hommes et des organisations est bien illustrée par le taux élevé des échecs d'opérations de fusions/acquisitions et de restructurations, guidées essentiellement par des logiques technico-économiques, commerciales, financières, etc. Celles-ci achoppent, en général, sur des problèmes humains, sociaux, managériaux ou organisationnels mal appréhendés, et surtout mal préparés et gérés par les responsables.

Or, un mauvais climat social, la démotivation du personnel, le malaise de l'encadrement, la dégradation du climat de travail constituent des coûts cachés (4) importants pour une organisation, et surtout accélèrent son déclin, comme le montrent tous les jours des entreprises en difficultés. Le cas de la déconfiture de la compagnie aérienne AOM/Air Liberté qui a fait la une des journaux pendant plusieurs mois en 2000-2001, est à cet égard particulièrement édifiant.

Mais plus grave encore, de tels dysfonctionnements managériaux constituent souvent des handicaps sérieux pour l'avenir de l'organisation du fait des gaspillages d'énergies, de la démotivation des hommes, des pertes de capacités d'innovation, des blessures profondes laissées par des crises sociales, voire par le sentiment de mépris, ressentis par les salariés de la part des dirigeants et actionnaires.

Le cas de l'effondrement des compagnies Swissair et Sabena ou encore de Moulinex à l'automne 2001, à la suite de graves erreurs managériales et stratégiques des dirigeants, montre bien les effets catastrophiques d'un management déficient des hommes.

Aussi, paraît-il important de rechercher de nouveaux modèles de management, plus adaptés à la nécessaire évolution des entreprises, dans un environnement soumis à des aléas conjoncturels et à de profondes mutations. Mais il convient également de s'interroger, sur les principaux freins managériaux à une capacité de transformation du système humain et social de l'entreprise et, sur les responsabilités managériales des dirigeants et de la hiérarchie dans ce domaine.

LES FREINS LIÉS AUX MODES DE MANAGEMENT

La capacité de changement d'une organisation dépend d'un grand nombre de facteurs, notamment environnementaux, tels que le contexte juridique et réglementaire (droit du travail et droit social, droit économique et de la concurrence, etc.), le contexte économique, le contexte éducatif et culturel, le contexte politique et surtout de la volonté et des compétences managériales de ses équipes dirigeantes et de son encadrement. Compte tenu du thème de cet ouvrage, nous nous intéresserons ici seulement aux facteurs d'ordre managérial tels que les valeurs, les schémas mentaux, les styles de management de la hiérarchie… qui ont un impact direct sur les pratiques managériales. En effet, un certain nombre d'obstacles majeurs se situent à ce niveau. Il convient d'agir en priorité sur ces aspects « amonts » des pratiques de management des hommes, pour pouvoir ensuite accompagner judicieusement les nécessaires évolutions technico-économiques des entreprises, dans un environnement mouvant et imprévisible.

Nous évoquerons quelques freins majeurs à l'évolution des pratiques de management des hommes, et à celle de la culture managériale de l'organisation.

Les schémas mentaux courants de la démarche stratégique

C'est le phénomène que nous qualifierons de myopie managériale. L'essentiel de la démarche stratégique, pratiquée par un grand nombre d'entreprises et de cabinets de consultants en stratégie, est encore trop centrée sur les aspects technico-économiques. L'homme n'est considéré que comme une ressource qui doit d'abord s'adapter à la stratégie technico-économique prioritaire, définie par les dirigeants et avalisée par les actionnaires. La gestion des ressources humaines et les options organisationnelles sont, avant tout, conçues comme des moyens techniques au service de cette stratégie technico-économique.

Les modèles stratégiques simplistes du type matrice (qui ont fait la fortune de cabinets de consultants en stratégie) sont toujours enseignés, depuis une trentaine d'années, dans les grandes écoles de gestion et les universités, sans que leurs limites soient clairement mises en évidence. Ils contribuent à entretenir des schémas très réducteurs de la stratégie d'entreprise parmi les cadres et dirigeants.

Une autre illustration de ce constat est le très petit nombre de grandes entreprises dont le DRH fait partie du comité exécutif stratégique, c'est-à-dire qui ont la volonté d'intégrer véritablement la politique des ressources humaines à la définition de la stratégie globale de l'entreprise.

Il est clair, que cette conception courante, et néotaylorienne, de la place de l'homme dans la vision stratégique de l'organisation souffre d'une indiscutable faiblesse d'un point de vue managérial, et *a fortiori* dans une perspective de changement.

Les styles de management fréquents des élites dirigeantes

> Les dimensions humaines, sociales et organisationnelles de la gestion de l'entreprise sont traitées avec une légèreté, et parfois une improvisation surprenante.

Les dimensions humaines, sociales et organisationnelles de la gestion de l'entreprise sont souvent traitées avec une légèreté, et parfois une improvisation surprenante, par rapport aux approches économiques, commerciales, financières, logistiques qui font l'objet d'une laborieuse rationalisation et d'un luxe d'analyses. Il suffit d'examiner le contenu des *business plans*, des plans stratégiques ou des rapports aux actionnaires des grandes entreprises, et d'analyser la place relative faite aux rubriques ressources humaines, organisation, *leadership* pour s'en convaincre.

Les dimensions psychologiques et comportementales du management échappent malheureusement aux élites dirigeantes des entreprises françaises, dont les formations et les expériences initiales (administrative, scientifique, financière, etc.) ne les ont pas spécialement préparées à une fonction managériale.

Ainsi, de nombreux énarques et polytechniciens passés par les cabinets ministériels se retrouvent parachutés à la tête de très grandes entreprises, sans autre expérience managériale et organisationnelle que celle de l'administration française.

Les représentations dominantes de l'entreprise de ces élites administratives restent souvent d'inspiration néotaylorienne et bureaucratique, avec une vision du pouvoir fortement centralisée à l'image de la fonction publique. Cela constitue pour eux un mode de management rassurant car rationnel. Or, il est clair que ces styles de management s'avèrent aujourd'hui non seulement inadéquats mais dangereux, car ils sont de plus en plus la source de graves dysfonctionnements humains.

Nombre d'entreprises à culture administrative ou d'ingénieurs sont aujourd'hui conscientes de ce problème. Elles cherchent à mettre sur pied d'autres programmes de développement managérial, pour former une nouvelle génération de managers et faire évoluer leur culture managériale. Mais la tâche s'annonce longue et délicate tant les schémas mentaux sont difficiles à faire évoluer. Certaines ont, par exemple, créé des universités d'entreprise pour répondre à ce besoin capital de changement managérial.

Exemple

Université d'entreprise : outil ou alibi du changement ?

Les universités d'entreprise sont à la mode, depuis quelques années, notamment en France. Initialement centres de formation de grandes entreprises, elles ont, aussi, souvent une vocation de communication interne, de rencontres, d'échanges d'expériences, entre des responsables dispersés géographiquement, et de renforcement de la culture de l'entreprise.

Dans une perspective managériale, on peut s'interroger sur la contribution de telles structures à une réelle dynamique de changement de l'entreprise, notamment sur le plan managérial.

Celles-ci, s'inscrivent dans des logiques managériales centralisées, en général sous la responsabilité de la DRH. On citera pour illustrer ce propos deux exemples.

• L'université d'entreprise d'une grande société industrielle française à forte culture d'ingénieurs, dont la croissance externe avec le rachat de sociétés étrangères l'oblige à changer ses pratiques de management des hommes. Un programme est élaboré dans ce sens quand, brusquement, la DRH définit d'autres priorités qui conduisent à la mobiliser, en priorité, pour des tâches classiques de formation. La volonté de changement managérial de la direction, bien qu'ayant fait l'objet d'un début de prise de conscience, a vite été abandonnée pour revenir à des schémas classiques répondant à des préoccupations de court terme (et présentant moins de risques pour la hiérarchie).

• Un grand groupe industriel franco-allemand a eu le projet de créer une université d'entreprise. Ce projet est devenu un enjeu de pouvoir entre les principaux actionnaires nationaux du groupe qui ne pouvaient se mettre d'accord sur ses objectifs, sa direction, son contenu, son mode de fonctionnement, dans un contexte qui restait à l'évidence régi par des modes de management hiérarchiques et des relations de pouvoir. L'échec de ce projet avorté de création d'université d'entreprise s'est traduit par le départ de la personne qui en était responsable. Il est, à cet égard, très symptomatique du manque d'implication et de volonté des dirigeants, qui y ont vu une menace susceptible de remettre en cause les modes de management hiérarchiques du groupe, fondamentalement inspirés par un modèle de management néotaylorien.

(d'après des informations recueillies par l'auteur auprès de responsables des sociétés concernées). ■

Les schémas hiérarchiques de dévolution du pouvoir

L'intérêt personnel des responsables hiérarchiques va contre des changements trop importants, car ceux-ci risqueraient de fragiliser leurs positions professionnelles.

Les changements importants dans les organisations tendent à remettre en cause les positions de pouvoir de la hiérarchie et des dirigeants qui peuvent précisément en décider. C'est le paradoxe du changement lié aux phénomènes de pouvoir. L'intérêt personnel des responsables hiérarchiques va souvent – à court terme au moins – contre des changements trop importants, car ceux-ci risqueraient de fragiliser leurs positions professionnelles, voire leurs carrières... Cela explique les comportements ambigus, voire schizophrènes, de nombreux dirigeants en matière de changement. Il se traduit fréquemment par des discours incantatoires, plus que par un réel engagement personnel en faveur d'une transformation des modes de management qui les obligeraient à remettre en cause leurs propres valeurs, attitudes et comportements managériaux !

Comme l'ont montré de nombreux sociologues des organisations, les schémas organisationnels hiérarchiques, avec une forte concentration de pouvoir dans la partie supérieure, constituent un obstacle puissant à une réelle capacité de changement (5).

Il est d'ailleurs curieux de constater, que très peu de l'abondante littérature managériale et de la profusion de séminaires sur le thème du changement analysent et débattent de ce phénomène, d'une importance majeure pour l'évolution du management. Il est vrai qu'il s'agit d'un sujet sensible et assez dérangeant pour de nombreux dirigeants et managers plus à l'aise dans le confort d'organisations de type hiérarchique et bureaucratique et au pouvoir fortement centralisé.

Remarquons encore à ce sujet, l'ambiguïté, et surtout les limites, des interventions des consultants experts ès changement. En effet, la nature même des relations commerciales qui les lient à leurs clients (et surtout à leurs principaux interlocuteurs dirigeants d'entreprises) réduit considérablement leurs capacités réelles de changement. Il faut, en effet, que le changement préconisé convienne, voire plaise, au client pour qu'il l'accepte et qu'il le paie souvent très cher !

On comprend alors aisément les sérieuses faiblesses des interventions de consultants en matière de changement managérial et organisationnel... Aussi se contentent-ils de préconiser un ensemble de modifications à caractère cosmétique... Et ils se gardent bien d'aborder des sujets qui toucheraient directement les positions sensibles de leurs commettants payeurs. Et pour cause... ils prendraient le risque de se faire remercier. Il est, en effet, courant de voir des consultants, sans doute honnêtes et sérieux mais pas assez diplomates et hypocrites, se faire remercier à la suite d'un diagnostic managérial trop lucide, perçu comme dangereux pour la position professionnelle du client commettant.

L'insuffisante implication personnelle des dirigeants dans le management des hommes

Les actions de formation et de développement des ressources humaines sont couramment confiées à un responsable de formation au sein de la DRH, et donc sont déconnectées de la problématique managériale et organisationnelle globale de changement de l'organisation qui, elle, est du ressort de la direction de l'entreprise. Or, dans une nouvelle économie du savoir, le développement des compétences des hommes est un aspect essentiel du management qui devrait être une des priorités des dirigeants. C'est, d'ailleurs, le message qu'essaie de faire passer le Medef avec sa nouvelle doctrine du management par les compétences.

Les dirigeants croient aussi souvent, parfois même naïvement, que des outils modernes de gestion (tels que des logiciels spécialisés) peuvent suffire à induire une démarche de changement des pratiques de management dans l'organisation. Ce qui s'avère être une illusion, même s'il ne faut pas nier que la mise en place de nouveaux outils peut contribuer à créer une certaine dynamique de changement.

Beaucoup de dirigeants et équipes de direction générale d'entreprises ne semblent pas avoir encore compris, que les processus de changement humains relèvent de leurs responsabilités directes et exigent, non seulement, un très fort engagement personnel de leur part mais aussi une approche très professionnelle de leurs pratiques du *leadership*.

Par exemple, le succès de Jack Welch s'expliquait grâce à son implication personnelle directe dans tous les processus de changement managériaux et organisationnels du groupe General Electric, en particulier lors de l'acquisition de nouvelles entreprises, qu'il fallait intégrer rapidement au groupe. Il avait l'habitude de rencontrer, sur le terrain, les personnes concernées et d'animer des séminaires pour les préparer à intégrer la culture de son entreprise. Ce type de démarche est une parfaite illustration de la qualité managériale de ce grand dirigeant, qui avait parfaitement conscience de l'importance des enjeux humains dans toute manœuvre stratégique d'entreprise et qui savait les gérer comme il fallait, en s'y impliquant personnellement.

Dans le contexte de la nouvelle économie du savoir, il est clair que les performances des organisations seront davantage déterminées par la qualité du *leadership* des dirigeants et de celui de la hiérarchie que par des stratégies technico-économiques ou des outils de gestion ultramodernes.

Les stratégies managériales les plus pertinentes deviendront la clé de la réussite durable des entreprises.

Ce sont les stratégies managériales les plus pertinentes qui deviendront la clé de la réussite durable des entreprises. Elles constitueront de véritables atouts concurrentiels, comme nous le montrerons ultérieurement. Très peu de stratèges d'entreprise en ont encore pris conscience.

LES PRATIQUES COURANTES DU CHANGEMENT

Il est intéressant d'examiner les approches courantes des entreprises (et notamment des grandes organisations) en matière de changement et d'en comprendre les principales faiblesses.

Cela permet de mieux saisir l'intérêt de nouveaux modèles de management des hommes, pour faire face aux défis des évolutions imposées par les mutations de l'environnement économique et sociétal. Qu'il s'agisse de mouvements stratégiques (fusion, acquisition, restructuration) ou simplement de mesures d'ordre opérationnel (gains de productivité, réduction de capacités, introduction de nouvelles technologies, autres formes d'organisation du travail), la gestion des aspects humains de ces transformations est un problème récurrent et souvent mal maîtrisé par les entreprises.

Et pourtant elle représente un enjeu considérable en termes de coûts, de performances et surtout de capacités de création de valeur pour l'entreprise.

Une enquête européenne récente, effectuée auprès de grandes entreprises de plusieurs pays (6), a bien montré les spécificités des entreprises françaises en matière de stratégies de changement par rapport à celles d'autres pays. Elles se caractérisent par :
- Des choix stratégiques de nature essentiellement technico-économique, décidés au sommet de la hiérarchie par le dirigeant et son équipe de proches collaborateurs, selon un processus de décision très centralisé.
- Des changements de nature essentiellement organisationnelle se limitant à la structure officielle de l'organisation (par exemple des modifications d'organigrammes), avec la nomination de nouveaux

responsables aux postes hiérarchiques les plus élevés (par promotion interne ou recrutement extérieur).

- Des actions de formation, souvent lourdes, pour accompagner les changements décidés par les dirigeants, afin de convertir les différentes catégories de personnel subalterne à leurs nouvelles responsabilités.

Pour l'encadrement, ces actions de formation prennent souvent la forme de séminaires sur la conduite du changement et la communication interne.

- Des interventions fréquentes (surtout dans les grandes entreprises) de consultants chargés d'accompagner le changement, essentiellement par la mise en œuvre de méthodologies et d'outils de gestion (en particulier des systèmes de gestion intégrés, des progiciels de production, de logistique, commerciaux, financiers, de GRH…).

Ce type d'approche du changement à caractère essentiellement instrumental s'avère, en général, peu efficace pour la transformation en profondeur, des pratiques managériales de l'organisation. Certains consultants proposent des approches du changement plus réalistes et pertinentes, axées sur la maîtrise des processus humains et organisationnels. Mais ils ont, en général, plus de mal à convaincre les directions d'entreprises. Ces dernières raisonnant, encore beaucoup, selon des schémas néotayloriens et mécanistes. Elles sont plus facilement séduites par l'apparente rationalité et la technicité d'outils perfectionnés.

- Des DRH dont les responsabilités sont limitées à des attributions classiques (formation, rémunération, recrutement, évaluation, négociation sociale) de nature essentiellement technique, telles que de nouvelles classifications métiers, de nouvelles grilles d'évaluation, des systèmes de rémunération modifiés, des formations pour telle ou telle catégorie de personnel…

En revanche, on observe peu de responsabilités et un rôle limité des DRH dans les décisions de modifications des structures organisationnelles, et en matière de changement des pratiques de management des hommes, qui apparaissent encore en France – contrairement à certains autres pays européens – comme l'apanage des directions générales.

D'une façon générale, les stratégies de changement des grandes entreprises s'avèrent peu performantes, notamment aux plans humain et social, avec souvent des conséquences néfastes et durables sur leurs performances globales.

Quelles sont les causes managériales de ces phénomènes ? Comment améliorer de façon significative les chances de succès des opérations de changement en profondeur, auxquelles devront de plus en plus faire face les entreprises et les organisations ?

CRITIQUES DES STRATÉGIES MANAGÉRIALES DE CHANGEMENT

La conduite du changement est un des aspects les plus délicats du management.

L'observation des modes de management des entreprises et des organisations (en particulier des grandes) montre de façon surprenante des pratiques médiocres, et souvent peu performantes en matière de changement. La conduite du changement est, en effet, un des aspects les plus délicats du management.

Ce qui explique qu'il constitue un marché très porteur et récurrent pour beaucoup de consultants et de formateurs de toutes spécialités.

Une analyse critique des stratégies managériales de changement des entreprises, permet de mettre en évidence plusieurs raisons majeures des dysfonctionnements auxquels elles se heurtent.

Le flou et l'incompréhension des finalités du changement

Les objectifs des opérations de changement sont, trop souvent, exprimés dans une perspective économico-financière liée à la stratégie industrielle et commerciale. C'est particulièrement le cas des opérations telles que les restructurations, les fusions, les acquisitions, les cessions, les filialisations déjà évoquées.

Les problématiques humaine, sociale, culturelle sont seulement traitées comme des contraintes à gérer. De plus, elles sont laissées dans un certain flou, commode pour les dirigeants, mais très déstabilisant pour le personnel. Ces opérations se caractérisent par un manque d'information, de dialogue et de recherche de consensus, avec les acteurs internes concernés. On se limite à des justifications économiques et financières, le plus souvent *a posteriori*, qui ont un effet néfaste sur les perceptions du personnel et favorisent des situations conflictuelles.

La fermeture des magasins français de Marks & Spencer, les atermoiements d'AOM/Air Liberté, pendant de nombreux mois au cours de l'année 2000-2001, ou encore la saga de Moulinex sont des illustrations parmi d'autres, dans l'actualité économique récente, de ce type de processus.

Les directions d'entreprises ne se préoccupent sans doute pas assez en amont, de l'impact du changement sur le personnel avec une gestion adéquate des aspects psychologiques et psycho-sociologiques de ces situations. On a tendance à se limiter à une gestion collective *a posteriori*, au lieu de se livrer à une gestion individuelle *a priori*, ce qui faciliterait considérablement les choses comme certaines entreprises ont pu en faire l'expérience.

Par exemple, la fermeture réussie de deux unités de production de cognac de la société Hennessy par le groupe LVMH constitue un exemple intéressant d'un mode de gestion individuel et *a priori* d'une telle situation.

L'absence de clarté des finalités du changement envisagé et de sa compréhension, par les acteurs concernés, susciteront toujours de vives réactions pour des raisons évidentes, telles que la crainte de licenciements, de mutations, de pertes de responsabilités. Celles-ci viendront souvent détruire les synergies économiques et commerciales sur le papier de soi-disant opérations stratégiques. Mais elles viendront également compromettre de façon très durable le climat de travail et les performances de l'organisation, voire même ses possibilités de redressement futures.

> La gestion des dimensions émotionnelles du changement dans les grandes organisations est un aspect fondamental d'un management moderne et efficace.

La gestion des dimensions émotionnelles du changement dans les grandes organisations est un aspect fondamental d'un management moderne et efficace, comme l'a remarquablement montré Goleman. Elle est encore loin d'être intégrée dans les pratiques managériales courantes des entreprises, notamment en France, pour leurs opérations stratégiques de changement.

Des réponses partielles et hétérogènes à une problématique globale

L'observation de la situation de nombreuses grandes entreprises montre le caractère disparate et hétérogène des initiatives managériales et de gestion des ressources humaines, en vue d'accompagner le changement.

Par exemple, on va mettre en place une nouvelle procédure d'entretien d'évaluation, quelques mois plus tard un nouveau système de rémunération, puis un plan de formation pour les managers à potentiel, ensuite une évaluation de type 360 degrés de l'encadrement…

On reste malheureusement dans des schémas de type *patchwork* sans cohérence ni vision globale du changement organisationnel et managérial de l'entreprise qui, *in fine*, risquent d'avoir des effets pervers sur les objectifs de sa stratégie globale. De plus, ces politiques de mise en place ponctuelle d'outils de management souvent à la mode ne prennent pas en compte les phénomènes d'interdépendance qui caractérisent la vie réelle des entreprises et qui ont été bien mis en évidence par l'analyse systémique (7). On aboutit alors à des situations managériales confuses, voire contradictoires, que le personnel perçoit très bien dans ses tâches quotidiennes, avec tous les effets néfastes qui en résultent sur ses motivations au travail. Cela aboutit à des dysfonctionnements managériaux graves et, en contradiction avec la nouvelle économie du savoir, où les hommes doivent être reconnus comme la source essentielle de création de valeur de l'entreprise.

Des approches à caractère essentiellement technique et instrumental

La problématique du changement dans les entreprises est souvent abordée par les directions sous un angle rationnel et mécaniste, reflétant une vision technocratique et souvent autoritaire du management des hommes.

Ce qui explique les croyances répandues en des solutions miracles, s'appuyant sur les nouvelles technologies de l'information et de la communication, telles que des systèmes d'information ou logiciels de gestion proposés par de nombreux consultants (8). Cette offre, de nature essentiellement instrumentale séduit facilement des dirigeants fascinés par les NTIC, et qui font preuve d'une naïveté étonnante dans leurs croyances en des solutions technologiques pour résoudre les problèmes management des hommes. Or dans ce domaine les remèdes inadéquats vont souvent aggraver le mal…

On citera, ici, l'exemple d'une importante société du secteur pharmaceutique qui souffrait de dysfonctionnements sérieux de sa *supply chain*, occasionnant de graves retards pour la clientèle, et que le directeur général a cru pouvoir résoudre, en achetant à des consultants en systèmes d'information (au nom prestigieux) un logiciel miracle fort coûteux et long à mettre en œuvre. L'échec fut retentissant. Car, il était évident que le problème était dû à des déficiences d'ordre managérial de la hiérarchie, ce que la direction n'a pas vu ou voulu voir, puisque naturellement elles étaient plus délicates à gérer. Il est plus facile de signer un bon de commande pour un outil, même très onéreux, que de remettre en cause les modes de management de la hiérarchie !

Certes, ces outils modernes peuvent apporter un progrès en termes de productivité, de souplesse, de rapidité et de confort. Mais il est illusoire de penser qu'ils peuvent constituer une réponse adéquate, à la problématique humaine et sociale complexe du changement managérial et organisationnel. Et ce ne sont pas quelques efforts de formation, pour adapter les hommes aux nouveaux outils, qui permettront une réelle transformation des attitudes et comportements du personnel, s'il perçoit qu'il ne s'agit pas d'un réel changement.

On observera ici encore, que ces approches instrumentales du changement traduisent en réalité une conception néotaylorienne de l'entreprise, qui est de plus en plus mal vécue par les salariés. Elles sont l'exemple, même, de faux changements avec tous leurs effets psychologiques pervers, et souvent durables, dont les acteurs organisationnels ne sont pas dupes. Remarquons, que de nombreux cabinets de consultants, qui vendent ces outils de gestion au nom de la modernisation et du changement du management, sont en réalité des complices de la pérennité de cette néotaylorisation de l'entreprise ! Cette observation peut être également faite dans le domaine de la gestion des ressources humaines, où l'on voit se multiplier des outils de gestion qui seraient censés apporter des solutions miracles à la problématique humaine fort délicate du changement.

À titre d'illustration, citons les logiciels pour systèmes de rémunération, outils de recrutement, méthodes de formation, techniques d'évaluation… reflétant, là encore, une fascination naïve pour des réponses de nature instrumentale, alors que le vrai problème est à l'évidence de nature managériale.

Un nombre croissant de DRH de grandes entreprises sont d'ailleurs conscients de ce problème majeur (9) et recherchent de nouveaux modèles de management susceptibles d'apporter précisément cohérence et efficacité aux réponses qu'il convient de donner, aux défis des nécessaires changements humains et organisationnels de leurs entreprises.

Exemple

Les limites d'un changement managérial par la formation : l'exemple d'une grande entreprise publique

Il s'agissait, dans le cadre d'un changement de statut de cette organisation d'origine publique, de faire passer l'encadrement d'une logique administrative de statut et de grade à une logique de responsabilités managériales. La réponse de la DRH fut de demander à la direction de la formation de monter, dans un premier temps, une formation au management pour tous les cadres supérieurs (plusieurs centaines sur tout le territoire national). Ce qui fut fait avec des prestataires extérieurs, organismes de formation de renom. Un cycle de formation au management, obligatoire pour tous les cadres supérieurs, de plusieurs modules sur une durée d'un an environ fut conçu. Les modules furent, après appel d'offres, attribués à des prestataires différents. Des formateurs de qualité sont intervenus sur une palette complète de sujets concernant le management des hommes et des organisations. L'implication des participants de niveau hiérarchique élevé, et en fin de carrière pour la plupart, fut en général limitée et sans grands effets en terme d'apprentissage réel. En terme de changement des comportements managériaux, les résultats de cette opération lourde et coûteuse ont été pratiquement nuls, de l'avis même des participants.

Outre le caractère contraignant d'une telle formation, il est clair que les schémas et principes, au demeurant intéressants, présentés aux participants par les formateurs ne pouvaient s'appliquer dans leurs propres organisations. Il aurait fallu changer en même temps les structures organisationnelles, les modes de fonctionnement centralisés et hiérarchiques, les règles de gestion des ressources humaines.

Il est clair, que face à une telle problématique globale de changement, la réponse par une formation classique au management partait d'une bonne intention mais était mal préparée, inadaptée et totalement insuffisante. Il ne pouvait y avoir de valable qu'une réponse multidimensionnelle globale. De plus, elle exigeait pour être efficace et crédible, par les acteurs concernés, une implication personnelle directe beaucoup plus forte des dirigeants de l'entreprise.

(d'après des contacts de l'auteur avec les responsables dans l'entreprise de cette opération et l'interview de différents participants). ∎

Des changements de premier ordre seulement

L'analyse systémique fait une distinction importante en matière de changement entre les changements dits de premier ordre et ceux dits de second ordre. Dans le contexte d'une organisation, il est clair qu'un changement en profondeur, au niveau du management des hommes de l'entreprise, requiert impérativement un changement de second ordre. Or, les véritables changements de second ordre sont très rares dans les entreprises… car ils remettent en cause les positions de pouvoir de la hiérarchie existante.

Une illustration d'un tel changement de second ordre a été le nouveau type de management des hommes mis en place, par plusieurs dirigeants de grandes sociétés américaines, pour lutter contre la bureaucratie et mettre en place de nouvelles équipes de managers, chargés de mettre en œuvre un changement radical des méthodes et pratiques de management des hommes.

Les stratégies de changement courantes, telles que des modifications de structures organisationnelles, des changements de responsables hiérarchiques, la mise en place de nouveaux systèmes de gestion et de procédures de travail différentes relèvent, en réalité, de changements de premier ordre. Car, ils ne remettent en cause ni les dirigeants, ni le schéma général de dévolution du pouvoir, ni les modes de fonctionnement internes de l'organisation, ni les représentations des acteurs.

Exemple

Politique de rachat, par un groupe métallurgique, de ses distributeurs (PMI familiales)

Les dirigeants d'un groupe métallurgique ont voulu mettre en place une stratégie de rachat de ses principaux distributeurs, afin de mieux contrôler le marché, la politique commerciale et, pensaient-ils, améliorer les marges bénéficiaires.

Ces distributeurs étaient des entreprises familiales bien connues localement (et avec de bonnes positions, notamment auprès du marché régional des PME du bâtiment).

Après des négociations rapides, avec des offres difficiles à refuser, l'opération aboutit. Le personnel de ces entreprises ne fut ni consulté, ni associé à cette opération, présentée comme une simple cession et changement d'actionnaire.

Mais le groupe acheteur mit rapidement en place de nouveaux dirigeants et des méthodes de travail, qui n'avaient rien à voir avec les cultures des entreprises familiales. De plus, des actions de rationalisation furent mises en œuvre avec de nombreux licenciements et changements de l'encadrement. Les effets s'avérèrent vite catastrophiques : pertes de clients, dégradation de l'image commerciale et de la qualité du service à la clientèle...

Malgré des efforts de redressement de la situation, cette opération s'est traduite par un coût important, notamment humain et par une sérieuse démotivation.

Ainsi, les synergies furent loin d'être celles espérées. Il est clair qu'on est en présence d'une très mauvaise gestion du processus de changement, sur le plan humain et managérial, malheureusement trop fréquente dans ce genre de situation, et aux nombreux effets pervers.

C'est une illustration typique des carences managériales de la gestion du changement, dans de nombreuses entreprises françaises qui fonctionnent encore selon des logiques hiérarchiques et centralisées typiquement tayloriennes.

(d'après des contacts et informations recueillies directement par l'auteur auprès de ces entreprises). ■

Une gestion inadéquate du temps

Les sciences du comportement ont montré que les évolutions des représentations des individus et leurs processus d'apprentissage exigent toujours beaucoup de temps.

Dans les organisations il est, par exemple, aisé d'observer que les changements concernant les hommes sont beaucoup plus longs à intervenir, que ceux relatifs aux technologies, aux moyens de production ou aux aspects financiers. Ce qui explique que de nombreuses opérations de changements ayant un impact direct sur les hommes, telles que des restructurations, des acquisitions, des fusions, des cessions décidées par des directions générales, puissent être considérées comme des échecs ou semi-échecs, au niveau humain et social, quelques années plus tard.

On a tendance à confondre l'accélération du temps, résultant des avancées de la technologie, avec celle du management des hommes dont les rythmes restent beaucoup plus lents. La gestion temporelle des opérations de réorganisation ou de fusion au niveau des hommes est souvent déficiente. En effet, on veut aller trop vite pour des impératifs économiques et sociaux et l'on consacre un temps insuffisant à la phase préparatoire essentielle, d'information, de communication, de concertation, d'explication, de dédramatisation auprès de l'ensemble des acteurs concernés. Ce qui, là encore, remarquons-le, reflète une philosophie néotaylorienne du management des hommes et des organisations typiquement occidentale, où la méthode de l'autorité hiérarchique *top-down* reste largement dominante. Elle s'oppose aux approches managériales, en général plus consensuelles et plus participatives, pratiquées en Extrême-Orient (notamment au Japon), où beaucoup plus de temps est consacré à la préparation et à l'appropriation du changement par l'ensemble des acteurs concernés. Ce qui présente, ensuite, l'énorme avantage d'une mise en œuvre sur le terrain plus rapide et plus efficace des changements décidés collectivement, avec le temps nécessaire à ce processus participatif. Certes, il existe bien certains dirigeants d'entreprise et consultants en management conscients que les changements en profondeur sont des processus lents, qui exigent une période de préparation et de maturation des projets à fin d'appropriation par une large majorité des acteurs. Mais une telle gestion appropriée du temps pour les changements humains s'avère encore rare dans les grandes organisations. En effet, d'autres considérations de nature stratégique, technico-économique et financières l'emportent dans ces opérations où les dirigeants sont toujours pressés d'avancer.

Mais on s'aperçoit que les coûts de telles erreurs de gestion inadéquate des hommes, à l'occasion de ces opérations, vont détruire beaucoup de la valeur qui devait initialement en résulter, du moins sur le papier. Aussi, à l'avenir, une attention plus grande devra être donnée à la gestion pertinente du facteur temps, pour les aspects humains et managériaux des opérations de changement dans les organisations.

L'obstacle majeur des invariants néotayloriens

Les efforts de changements en profondeur touchant le management des hommes et de l'organisation sont, en général, puissamment freinés par les caractéristiques des modes de management traditionnels de nombreuses entreprises, tels que :

> Le taylorisme mental des dirigeants, mais aussi de l'encadrement constitue un obstacle majeur à une évolution réelle des entreprises.

- La prééminence d'un principe hiérarchique fort.
- La centralisation du pouvoir (réel de changement).
- La conception du rôle du chef hiérarchique.
- Les représentations fonctionnelles de l'organisation.
- La division des tâches selon une logique de postes.

D'une façon générale, le taylorisme mental des dirigeants, et de l'encadrement (très répandu et malheureusement perpétué par le système éducatif, le droit du travail, les discours des médias, etc.) constitue un obstacle majeur à une évolution réelle des entreprises, vers de nouveaux modèles de management des hommes. Il est frappant de constater que ce contexte managérial, peu propice au changement, est clairement perçu par les salariés.

Les enquêtes de climat réalisées de plus en plus par les DRH des grandes entreprises (10) reflètent explicitement un ensemble de dysfonctionnements managériaux. Les thèmes les plus fréquemment évoqués sont :

- Le manque d'écoute – voire de reconnaissance – de l'avis du personnel sur les changements.
- L'absence de concertation réelle sur les projets importants de changement.

- Le grand décalage entre les discours des dirigeants sur les changements et les actes de management des hommes et des organisations.
- La méfiance vis-à-vis des décisions de la direction.
- Le malaise de l'encadrement, des cadres intermédiaires et de proximité.
- La faible implication, et surtout l'absence d'exemplarité des dirigeants, pour les efforts de changement demandés au personnel, quant à leurs propres attitudes et comportements managériaux qui décrédibilise fortement leur discours.

Il en résulte la plupart du temps un profond scepticisme, voire parfois un rejet systématique par les salariés (et par les syndicats censés les représenter), de tout changement significatif dicté par la direction. Celui-ci est perçu souvent comme une continuité de la situation actuelle dans ses grandes lignes avec quelques modifications cosmétiques pour des effets d'image. Ce qui traduit le faible niveau d'appropriation par les acteurs de l'organisation, et reflète en réalité l'échec d'une réelle dynamique managériale de changement de l'organisation.

Citons, l'expérience d'un cycle de développement managérial (dont l'auteur a conduit l'évaluation) destiné à l'encadrement supérieur d'une grande organisation publique. Cette formation avait été imposée par la direction générale pour mettre en place un nouveau type de management opérationnel. Les réactions critiques des participants, leur faible adhésion – et implication –, leur scepticisme quant à son efficacité, leurs comportements souvent dilettantes ont démontré l'inadéquation des approches de formation retenues pour susciter la dynamique de changement, espérée par les dirigeants, au moyen de cette opération lourde, coûteuse et en réalité inefficace.

En réalité, il est clair que de tels dysfonctionnements s'expliquent largement par l'absence d'une dynamique d'apprentissage des acteurs concernés de l'organisation.

Les carences d'apprentissages pour les démarches de changement

Il est étonnant de constater le simplisme des analyses quant aux fameuses résistances au changement des acteurs qui font la une d'une abondante littérature managériale.

En réalité, ces phénomènes s'expliquent parfaitement à partir du moment où l'on raisonne en termes de processus d'apprentissages des acteurs. Tout véritable changement humain nécessite une modification des représentations de l'individu. Il passe par un processus d'appropria tion progressive du changement qui repose lui-même sur un processus apprentissage individuel et collectif.

Comme l'on fait remarquer depuis longtemps de nombreux spécialistes de la psychologie industrielle et organisationnelle (11) : « *changer c'est d'abord apprendre* ». Ils précisent même que l'apprentissage doit toujours non seulement précéder mais être supérieur au changement visé.

Aussi, seule une approche du changement fondée sur une logique managériale d'apprentissages individuels et collectifs peut déboucher sur des changements réels (et notamment ceux de second ordre) au sein d'une organisation.

La maîtrise des changements touchant les hommes au sein des organisations requiert, par conséquent, de nouvelles approches du management fondées sur la maîtrise de ces processus d'apprentissage et sur de nouvelles logiques managériales et organisationnelles. Dans cette optique, il est clair que le véritable changement organisationnel ne peut être le résultat d'opérations et de mesures ponctuelles et hétéroclites. Il devient partie intégrante et permanente d'un nouveau mode de management des hommes par l'ensemble des responsables hiérarchiques.

C'est précisément l'intérêt du concept d'organisation ou d'entreprise apprenante et le sens du nouveau management de l'apprenance dont nous présenterons un modèle dans la suite de cet ouvrage. Il apparaît, en effet, comme la réponse managériale la plus pertinente à la véritable problématique de changement des entreprises dans le monde d'aujourd'hui et *a fortiori* de demain.

Exemple

L'approche japonaise de l'investissement industriel à l'étranger : un parcours d'apprentissage élaboré et efficace

De par les spécificités de leur culture, les Japonais ont compris depuis longtemps l'importance des processus d'apprentissage des acteurs locaux, quand ils procèdent à des investissements à l'étranger.

Cela se traduit non seulement par des efforts importants de formation du personnel, mais aussi par une attention particulière donnée à leur compréhension de la culture et des méthodes de travail de leur entreprise. Ainsi des visites du personnel dans les usines japonaises sont organisées, avec des rencontres de responsables afin d'apprendre leurs méthodes de travail. Les résultats sont remarquables, tant sur le plan social – puisqu'il y a pratiquement pas d'opposition syndicale – que sur celui des performances économiques – puisqu'ils reconnaissent que la productivité des occidentaux est souvent supérieure à celle des Japonais au Japon avec les mêmes méthodes et la même organisation.

On a pu observer ce phénomène en France, avec Sumitomo, Canon, Toshiba ou plus récemment avec la nouvelle usine de Toyota dans le Nord ; mais aussi en Grande-Bretagne, en Espagne ou aux États-Unis avec des constructeurs automobiles tels que Honda ou Nissan.

Il est évident, que les Japonais ont une culture organisationnelle qui laisse une large place à l'apprentissage sous toutes ses formes et tout au long de la vie professionnelle. De plus, ils ont compris que l'apprentissage professionnel ne pouvait être dissocié de l'action et de la pratique quotidienne, et qu'elle était l'affaire de tous.

Ce dont le monde économique et éducatif français commence à prendre conscience depuis quelques années. C'est, par exemple, pour les jeunes – y compris ceux de niveau de formation supérieure –, l'accent croissant mis sur des parcours d'apprentissage, les formations en alternance, le tutorat. C'est aussi le mouvement du Medef en faveur du management par les compétences. Ce sont, enfin, les projets de réforme de la formation professionnelle en France, qui s'inspireraient du concept de la formation tout au long de la vie professionnelle, et qui s'inscrivent également dans cette perspective d'un nouveau management de l'apprenance. ∎

LA NÉCESSITÉ D'UN MODÈLE DE CHANGEMENT

Les entreprises et les organisations auront de plus en plus besoin de développer des capacités permanentes de changement en profondeur. Ce qui nécessitera d'autres principes de management des hommes, prenant mieux en compte leur psychologie dans un contexte de travail.

Les théories modernes du changement dans les organisations mettent toutes l'accent sur l'importance des démarches participatives, la prise en compte des caractéristiques culturelles de l'organisation et les spécificités des attitudes et des comportements des acteurs.

Les nouveaux modèles de management du changement dont les entreprises auront besoin pour maîtriser les aspects humains de changements profonds (ou de second ordre) devront à l'évidence :

- Mieux prendre en compte les dimensions psychologiques et émotionnelles, qui influencent beaucoup les attitudes et les comportements des hommes au travail (et qui résultent largement du contexte organisationnel et managérial perçu par les acteurs).

- Mieux jouer la carte de la responsabilisation des individus pour leur développement professionnel et personnel.

- Mieux utiliser et mobiliser le potentiel de développement des hommes et leur capacités d'apprentissage, pour faciliter les changements recherchés.

- Mieux intégrer ces principes d'action dans le contexte du travail quotidien.

- Mieux s'appuyer sur l'exemplarité des attitudes et des comportements managériaux des responsables hiérarchiques.

■ *Freins du pouvoir hiérarchique*

Une réelle dynamique d'apprentissage apparaît, en effet, essentielle pour faciliter l'appropriation du changement par les acteurs et permettre sa traduction effective dans l'action par les tâches quotidiennes. Par ailleurs, les nouveaux modèles de management du changement devront reposer sur des compétences managériales adéquates des responsables hiérarchiques. Ils s'agit en réalité de dépolluer l'organisation des dysfonctionnements liés aux manifestations intempestives du pouvoir hiérarchique qui freine le changement. Il existe souvent une sorte de cercle vicieux du blocage du changement, qui s'explique par le jeu des pouvoirs en place au sein des organisations et par la logique hiérarchique qui domine leur mode de fonctionnement réel. Seul un nouveau paradigme de management présentant une véritable rupture avec l'idéologie hiérarchique taylorienne peut apporter une autre capacité de changement. C'est le sens des concepts de compétitivité organisationnelle et d'efficience managériale qui ont de fortes chances de devenir des critères majeurs d'évaluation des performances globales des entreprises dans les années à venir.

■ *Nouveau paradigme du changement*

Le modèle du *balanced scorecards* (12) développé au cours des dernières années dans le monde anglo-saxon s'inscrit en partie dans cette nouvelle approche des performances globales des entreprises. Il a, comme son nom l'indique, le mérite de présenter une approche équilibrée et globale des performances de l'entreprise prenant mieux en compte les caractéristiques humaines, managériales et organisationnelles de l'entreprise. Il présente à cet égard une avancée intéressante pour les modèles de changement de l'entreprise, mais il ne va, sans doute, pas encore assez loin dans la prise en compte des qualités du *leadership*, des caractéristiques du management humain, et des processus d'apprentissage individuels et collectifs.

Il apparaît que les entreprises et les organisations ont besoin d'un modèle de changement plus pertinent et efficace, face aux nombreux défis de leur environnement actuel et futur. Or, ce paradigme de changement est en émergence. Il s'inspire du concept d'entreprise ou d'organisation apprenante. Il s'agit du management de l'apprenance (*learning leadership*). Il a le mérite d'offrir une nouvelle vision et des solutions innovantes et pertinentes, à la plupart des défis managériaux que rencontrent les organisations et les entreprises. À ce titre il constitue sans doute la seule véritable alternative au modèle de management des hommes et des organisations néotaylorien et de plus en plus obsolète.

Dans la nouvelle économie du savoir, l'utilisation et la valorisation du potentiel humain deviendront la source essentielle et durable de création de valeur par l'entreprise.

Un nombre encore limité, mais croissant, de responsables d'entreprises est en train de comprendre la portée et les perspectives de la révolution managériale qui s'annonce. On va progressivement mieux percevoir les avantages concurrentiels considérables qu'elle peut apporter aux entreprises qui s'engagent dans cette voie. En effet, dans un contexte économique hyperconcurrentiel, on découvre l'importance croissante des caractéristiques managériales et organisationnelles sur les performances globales de l'entreprise. Et ce, d'autant plus que dans la nouvelle économie du savoir, il apparaît évident que l'utilisation et la valorisation du potentiel humain constituent la source essentielle et durable de création de valeur par l'entreprise. C'est le sens même de la nouvelle philosophie managériale sous-jacente au concept d'entreprise apprenante que le prochain chapitre va préciser.

Comprendre le concept d'entreprise apprenante

LES ORIGINES DU CONCEPT D'ENTREPRISE APPRENANTE

L e concept d'entreprise apprenante qui est apparu explicitement à la fin des années 80, a en réalité des origines diverses et anciennes. On trouve ses racines dans la pensée managériale des années 50-60, notamment dans l'émergence des théories systémiques, dans le courant dit, des relations humaines (avec la théorie Y de Mac Gregor ou dans les approches organiques des organisations).

Mais ses principaux fondements proviennent d'apports de la pensée managériale des années 70 et 80. Sans vouloir faire preuve d'exhaustivité dans cette genèse du concept d'organisation apprenante, il convient d'évoquer les contributions qui, depuis une trentaine d'années, lui ont permis progressivement d'émerger, à savoir :

- Le courant de l'amélioration de la qualité, avec les travaux de Deming.
- Le courant de l'*action-learning*, qui s'est développé en Grande-Bretagne sous l'impulsion de Revans.
- Le courant du développement organisationnel (OD), avec des auteurs américains comme Schein et Beckhard.
- Les travaux d'Argyris et Schön sur le concept d'apprentissage organisationnel.
- Le courant dit, de l'excellence, avec les ouvrages de Peters et Waterman.

- Les réflexions diverses sur l'évolution du travail et des organisations, aux États-Unis mais aussi en France, avec des auteurs tels que Lussato, Ettighofer, Serieyx ou Lenhardt.
- Les pensées prémonitoires de Drucker sur le développement d'une nouvelle économie du savoir et la nécessité d'un management des hommes différent, considérés comme porteurs des connaissances et créateurs de la valeur ajoutée de l'entreprise.

Mais ce n'est qu'à la fin des années 80 et au début des années 90 qu'apparaît, de façon explicite, la conceptualisation de l'organisation apprenante (*learning organization*) et de l'entreprise apprenante (*learning company*), dans le monde anglo-saxon. Aux États-Unis, ce sont les travaux de Senge – et de son équipe du MIT – avec son ouvrage *La cinquième discipline* qui vont promouvoir ce concept d'organisation apprenante (1).

En Grande-Bretagne, Pedler, Boydell et Burgoyne – avec *The learning company*, publié en 1988 – vont contribuer à populariser cette notion et être les principaux instigateurs de l'école britannique (2).

Par ailleurs, Pedler et ses collègues britanniques sont parmi les premiers à parler d'entreprise apprenante. Ils proposent dans leur ouvrage un modèle d'entreprise apprenante, dont ils décrivent les caractéristiques, qui touchent presque tous les aspects du management et de la gestion de l'entreprise.

> Dans l'histoire de la pensée managériale, tous les nouveaux concepts sont directement issus de la recherche de solutions à des problèmes concrets.

Dans l'histoire de la pensée managériale, on constate que tous les concepts de management sont directement issus de la recherche de solutions à des problèmes concrets, auxquels sont confrontés les entreprises ou les organisations à une période donnée. Celui d'organisation apprenante n'échappe pas à la règle, et son émergence n'est pas le fruit du hasard. En effet, les années 80 ont vu naître de profonds bouleversements de l'environnement économique mondial, des changements considérables dans les marchés et technologies et, par conséquent, dans les structures industrielles et les entreprises. Les méthodes de management dominantes, inspirées par des approches classiques de la planification stratégique et des schémas organisationnels et managériaux néotayloriens, ont démontré leur inadéquation et ont conduit de nombreuses entreprises à la catastrophe.

Tant les praticiens que les théoriciens de l'entreprise ont dû chercher et développer d'autres principes de management des hommes et des organisations, plus en phase avec la nouvelle économie, évolutive et surtout en pleine transformation – avec la place croissante donnée au savoir et aux actifs immatériels. Or, les seules approches de management qui peuvent s'avérer pertinentes, par rapport à ces problématiques de profonds et rapides changements, sont des solutions privilégiant les apprentissages organisationnels, comme l'ont brillamment montré Senge et son équipe dans leurs ouvrages et notamment, dans le plus récent traduit en français sous le titre de *La danse du changement (3)*.

QU'EST-CE QU'UNE ORGANISATION APPRENANTE ?

Le concept d'organisation apprenante (et d'entreprise apprenante) a donné lieu, depuis une quinzaine d'années dans le monde anglo-saxon, à une énorme littérature. Sa nouveauté, mais surtout la richesse de ses aspects multidimensionnels expliquent qu'il n'y ait pas encore de définition universelle. Il a suscité de nombreuses définitions, avec quelques variantes selon les auteurs, même si l'on retrouve approximativement les mêmes idées-forces derrière les différentes formulations. Il est intéressant de citer ici les plus représentatives pour bien en appréhender le véritable sens.

- « *Une organisation apprenante est une organisation qui facilite l'apprentissage de tous ses membres et qui se transforme continuellement.* » (Pedler, Boydell, Burgoyne – 1988)
- « *L'organisation apprenante peut signifier deux choses : elle peut vouloir dire une organisation qui apprend et/ou une organisation qui encourage l'apprentissage de ses membres. Elle devrait signifier les deux.* » (Handy – 1989)
- « *Les organisations apprenantes sont des organisations où les gens développent de façon continue leurs capacités à créer les résultats qu'ils souhaitent, où de nouveaux modèles de pensée émergent, où les aspirations collectives sont libérées et où les gens apprennent en permanence à apprendre ensemble.* » (Senge – 1990)
- « *Une organisation apprenante est une organisation qui a une compétence pour créer, acquérir et transférer de la connaissance et pour modifier son comportement en fonction de ses nouvelles connaissances et visions* » (Garvin – 1993)
- « *Une organisation apprenante est une organisation dans laquelle les gens apprennent, en travaillant ensemble, et travaillent ensemble, pour apprendre, et de ce fait sont capables de créer une dynamique de développement collectif.* » (Swieringa et Wierdsma – 1992)
- « *Une organisation apprenante attribue une grande valeur et considère comme un actif prioritaire l'apprentissage individuel et organisationnel. Elle s'efforce d'utiliser au maximum le potentiel d'apprentissage de tous les individus et de toutes les équipes, pour répondre aux objectifs de l'organisation. Mais elle le fait de façon à*

satisfaire les besoins et aspirations des hommes, et en créant un climat d'apprentissage et d'amélioration continue. » (Pearn Kandola – 1994)

Ces diverses définitions ont le mérite de souligner les principales facettes de ce concept à la fois riche et complexe, à travers quelques thèmes-clés récurrents tels que, apprentissage, transformation, changement, participation, innovation, gestion des connaissances, vision, évolution des attitudes et des comportements managériaux, aspirations collectives, qualité du *leadership*, performances globales de l'organisation, etc. On remarquera l'importance des dimensions managériales, organisationnelles et de gestion des ressources humaines qu'il comprend.

D'une façon générale, la littérature managériale décrit l'organisation apprenante comme l'apprentissage continu de ses membres, dans la perspective d'une vision globale de développement de l'organisation qui relie l'apprentissage individuel et collectif. Elle se caractérise par une logique de fonctionnement reposant sur l'apprentissage de tous les acteurs à tous les niveaux hiérarchiques.

Elle favorise l'émergence de processus de travail innovants et d'une dynamique de progrès permanente. Elle développe la capacité de l'organisation à se remettre en cause et à se transformer de façon permanente à partir d'apprentissages individuels et collectifs.

■ Culture managériale d'apprenance

Le concept d'organisation apprenante ou d'entreprise apprenante apparaît non seulement comme une nouvelle philosophie managériale, mais comme un véritable paradigme de management des hommes et des organisations. Il vise à créer une culture d'apprentissage (ou d'apprenance) permanente afin d'améliorer durablement ses performances globales. Il implique de faire évoluer les structures organisationnelles, les procédures de travail et le style de management des hommes pour favoriser l'émergence et le développement continu d'un ensemble cohérent de processus d'apprentissage. Il représente une réelle alternative aux modes de management traditionnels des hommes et des organisations. Une organisation apprenante se caractérise par l'existence d'une culture managériale d'apprenance, qui va imprégner les attitudes et comportements des individus et des équipes dans l'exercice de leurs tâches quotidiennes.

> Par leurs apprentissages individuels et collectifs, les individus seront plus efficients et créatifs dans leur travail.

Par leurs apprentissages individuels et collectifs (dans les équipes de travail), les individus seront plus efficients et créatifs dans leur travail et se développeront professionnellement. L'organisation bénéficiera des processus d'apprentissage continus de ses membres, et de ses équipes, qui contribueront puissamment au développement de sa capacité d'auto-transformation. Par ailleurs, la dynamique de développement d'une organisation apprenante exigera, comme nous le verrons ultérieurement, un nouveau modèle de management des hommes qui s'appuiera sur :

• D'autres valeurs.

• Des rôles managériaux des dirigeants et de la hiérarchie de l'encadrement différents.

• Des structures organisationnelles et des procédures de travail différentes.

• Des approches et méthodes de développement des hommes plus modernes.

Il convient de souligner que dans l'optique de la construction d'une organisation apprenante, la formation et le développement professionnel et personnel des individus ne sont plus considérés comme des activités spécifiques et ponctuelles, souvent détachées du contexte professionnel. Au contraire, ils deviennent partie intégrante de l'organisation générale du travail et des tâches quotidiennes (qui sont elles-mêmes productrices d'apprentissages essentiels et continus). La séparation des temps de travail et de ceux de formation comme dans les schémas classiques, n'a plus de sens. L'apprentissage par l'action dans le cadre du contexte professionnel est, en effet, au cœur de la logique d'apprenance qui caractérise ce type d'organisation et ces processus de management.

LES DIFFICULTÉS ET ERREURS DE COMPRÉHENSION

Le terme d'organisation ou d'entreprise apprenante est certes connu depuis plusieurs années en France (au moins des spécialistes des organisations), mais il est souvent mal compris et mal interprété pour plusieurs raisons. D'abord, à cause de difficultés de nature sémantique tenant au vocabulaire utilisé et à la traduction des termes anglo-saxons de *learning organization* ou de *learning company*.

■ Pour le terme d'apprenance

La traduction française par organisation apprenante n'est pas très heureuse ni très explicite dans l'univers culturel français. L'apprentissage est lié à l'individu. Sa dimension collective de nature sociale et organisationnelle ne paraît pas bien claire. La métaphore de l'organisation apprenante n'est donc ni facile à comprendre pour un Français, ni dépourvue d'ambiguïtés pour nos références mentales habituelles.

En revanche, le terme *learning* est très clairement compris et très significant dans la langue anglaise et le monde culturel anglo-saxon. Cette différence culturelle se retrouve dans les approches pédagogiques. Les

Anglo-Saxons ont d'ailleurs toujours davantage mis l'accent sur celui qui apprend et sur la façon dont il apprend, que sur celui qui enseigne et sur le contenu de l'enseignement, comme c'est le cas de la tradition pédagogique française.

La traduction en français de *learning* par le mot apprentissage a une connotation particulière et souvent péjorative, liée aux métiers manuels, moins bien considérés que les métiers intellectuels par la société bourgeoise française. Le mot apprenance reste pour l'instant encore largement inconnu en France, même si ce terme existe depuis plusieurs années dans la langue française québécoise.

Nous préférerons et nous utiliserons ce terme d'apprenance, qui outre ses sonorités agréables et son caractère nouveau – donc sans connotation –, évoque davantage les processus éducatifs sous-jacents correspondants au terme anglais de *learning*. De plus, il présente l'avantage de ne pas être exclusivement lié au monde de la formation et de l'éducation comme celui d'apprentissage.

Il est, en effet, important de disposer d'un mot (et d'un concept) qui puisse être largement compris et s'inscrire de façon claire et signifiante dans l'univers du management des hommes et des organisations.

■ Nouveau paradigme de management

Il existe un autre problème de nature conceptuelle à la bonne compréhension du concept d'organisation apprenante.

En effet, dans les conceptions classiques de la gestion des entreprises il est régulièrement proposé des modèles inédits censés apporter des solutions à des problèmes de gestion des ressources humaines ou de management des hommes.

Prenons par exemple, la gestion par objectifs ou des compétences, les nouvelles méthodes de rémunération ou d'évaluation des performances, le *lean management*, l'excellence, le *re-engineering*, le TQM, etc. Quel que soit leur intérêt, ces modèles de gestion ou de management sont en fait des modèles de nature statique qu'il conviendrait d'adopter pour réussir. Or, la réalité du monde organisationnel est complexe et les déceptions sont à cet égard nombreuses.

Le concept d'organisation apprenante se distingue de ces modèles classiques, au sens qu'il n'est précisément ni une technique de gestion, ni une configuration organisationnelle idéale qu'il conviendrait d'adopter. Il se caractérise par un ensemble de processus continus, de développement managérial, organisationnel et stratégique, qui vont créer une nouvelle dynamique de développement de l'entreprise. Il s'agit d'un paradigme de management de nature multidimensionnelle qui implique une évolution permanente et conjointe de l'ensemble des hommes, des équipes et de l'organisation. Or, c'est précisément cet aspect dynamique des processus que traduit bien le mot apprenance (ou apprenant) difficile à saisir pour nos schémas mentaux habitués à des modèles statiques et à des références idéales, qu'il conviendrait de copier.

D'un point de vue épistémologique, le concept d'entreprise apprenante se situe dans le cadre d'une vision constructiviste de l'organisation. À titre d'illustration, on peut dire qu'une démarche d'apprenance correspond davantage à un voyage qui ne finit jamais qu'à une destination précise. Chaque entreprise ou organisation qui entreprend une telle démarche d'apprenance n'effectuera pas le même voyage, n'empruntera pas le même itinéraire et n'aura pas forcément atteint la même contrée à l'issue de ses pérégrinations.

■ Erreurs d'interprétation

Les difficultés évoquées de compréhension du concept d'entreprise apprenante aboutissent à de fréquentes erreurs d'interprétation de ce concept. On observe ainsi, de nombreuses interprétations partielles, voire erronées, de cette notion riche, multidimensionnelle et complexe décrite pas un vocabulaire français malheureusement peu précis et pauvre.

Parmi ces fausses interprétations, il convient de citer les principales afin d'éviter des erreurs qui constituent autant d'obstacles ou de freins à la diffusion et la mise en œuvre d'une véritable démarche d'apprenance dans les organisations.

Ainsi, on le confond fréquemment avec le concept d'entreprise qualifiante alors qu'ils sont très différents. Ce schéma, popularisé en France par Zarifian (4), a trait à la fonction formatrice de l'entreprise qui permet le développement de compétences et de qualifications professionnelles reconnues dans le cadre du travail.

On utilise également abusivement le terme d'entreprise apprenante pour une entreprise ayant simplement une politique de formation de ses ressources humaines particulièrement développée – avec par exemple, un ratio quantitatif du type dépenses de formation par rapport au chiffre d'affaires sensiblement supérieur à la moyenne de la profession.

Or, il est clair que ce paramètre ne constitue seulement qu'un aspect parmi d'autres (et sans doute pas le plus significatif) de cette notion riche, multidimensionnelle et complexe.

On emploie aussi trop facilement le terme d'entreprise apprenante, pour une entreprise ayant une organisation du travail reposant sur des équipes autonomes. Même si le travail en équipe est une dimension très importante du concept d'entreprise apprenante, il ne peut naturellement être réduit seulement à cet aspect organisationnel.

Pour d'autres encore, on pourrait parler d'entreprise apprenante pour une entreprise qui dispose d'un système de gestion des connaissances (*knowledge management* des Anglo-Saxons). Même, si une certaine approche de la gestion des connaissances s'avère être une dimension essentielle du concept d'entreprise apprenante, comme nous le verrons ultérieurement, on ne peut également le réduire seulement à cet aspect.

Enfin, remarquons une autre confusion fréquente, tant dans les écrits que dans les discours, entre les notions d'apprentissage organisationnel, de développement organisationnel et d'organisation apprenante. Elle nécessite une clarification. Il semble exister un consensus à ce sujet.

L'apprentissage organisationnel concerne les phénomènes relatifs aux processus de développement de compétences et connaissances collectives au sein d'une organisation.

Le développement organisationnel s'applique à un ensemble de théories et de pratiques remontant aux années 70, qui avaient pour but de s'attaquer aux problèmes de bureaucratie des grandes organisations. Elles proposaient divers changements comme le style de management des hommes et des équipes, l'améliorations de la communication interne, la simplification de l'organisation, etc. Mais ceux-ci étaient initiés et mis en place par les dirigeants et la hiérarchie, aidés le cas échéant par des consultants extérieurs.

Or, nous avons vu, par les diverses définitions citées, que le concept d'organisation apprenante concerne essentiellement la création d'une culture d'entreprise inédite, de modes de management différents des hommes et des organisations permettant le développement d'un ensemble de processus d'apprenance individuels et collectifs, qui contribueront durablement à l'amélioration des performances globales de l'entreprise. Cette démarche implique l'ensemble de ses acteurs.

LE SENS PROFOND DE L'ENTREPRISE APPRENANTE

D'une façon générale, la littérature managériale décrit l'organisation apprenante comme l'apprentissage continu de ses membres, dans le cadre d'une vision globale de l'organisation, qui relie les apprentissages individuels et collectifs dans le but d'améliorer ses performances économiques, sociales et humaines.

Le concept d'organisation ou d'entreprise apprenante apparaît clairement comme une philosophie managériale, qui vise à créer, à maintenir et à développer une culture d'entreprise – et des contextes de travail –

pour encourager tous ses membres (tant individuellement que collective-ment) à apprendre en permanence afin d'être plus performants.

Cette nouvelle philosophie managériale va inciter l'entreprise à faire évo-luer son organisation, ses procédures de travail et son style de manage-ment des hommes, afin de favoriser l'émergence et le développement continu de tels processus d'apprenance dans le cadre du travail quotidien. L'apprentissage continu des individus a pour objectif de les rendre plus efficients, et de faire en sorte qu'ils trouvent un sens et s'épanouissent dans leur travail. Ce qui implique une réflexion sur l'optimisation des con-textes de travail et des modes de gestion des hommes, afin qu'ils donnent le meilleur d'eux-mêmes dans leurs tâches respectives et créent de la valeur pour leur entreprise par leur imagination, leur intelligence, leurs compétences et leur énergie. Un tel contexte organisationnel d'apprenance aura un impact fort et durable sur les performances globales de l'entre-prise et sa pérennité, comme nous le verrons ultérieurement. En général trois niveaux d'apprentissage sont distingués pour décrire le concept d'organisation ou d'entreprise apprenante ou les processus d'apprenance.

L'apprentissage individuel

Ce processus met l'accent sur la responsabilité de chaque personne pour son propre apprentissage professionnel. Il est voisin de la notion d'entre-prise de soi popularisée par Aubrey (5). Il conduit à s'interroger sur les capacités et le style d'apprentissage le plus approprié à chaque individu, comme l'a bien montré Honey (6).

De façon opérationnelle, ce développement des apprentissages indivi-duels se traduit, par l'accent mis sur des plans et des parcours de déve-loppement professionnel personnalisés, par rapport aux approches collectives et catégorielles classiques de la formation professionnelle.

On observe, d'ailleurs, qu'un nombre croissant de grandes entreprises met l'accent sur de telles approches personnalisées du développement professionnel, notamment pour leur personnel d'encadrement.

Même s'il s'agit d'une démarche encore timide, de nombreux profes-sionnels des ressources humaines reconnaissent qu'il s'agit d'une orien-tation appelée à se développer dans les années à venir (7).

L'apprentissage en équipe

Ce processus insiste sur les phénomènes d'apprentissages collectifs, notamment au sein d'une équipe de travail. L'objectif est, dans ce domaine, de connaître, maîtriser et développer ces apprentissages collectifs au moyen d'un contexte de travail et d'un style de management des hommes approprié. Au-delà des aspects purement professionnels et techniques, la maîtrise des processus de nature sociale s'avère importante pour faciliter et accélérer ces phénomènes d'apprentissage en équipe.

Dans la perspective du concept d'entreprise apprenante, l'équipe apparaît comme le champ privilégié de l'intégration des apprentissages individuels et collectifs si elle est judicieusement gérée dans ce sens.

Aussi, pour développer l'apprenance au sein des organisations et des entreprises il convient de réfléchir et d'optimiser les procédures de travail, mais surtout de créer des contextes psychologiques et matériels propices à l'apprentissage en équipe. Ce rôle managérial d'animateur ou de *coach* d'apprenance de l'équipe devient une compétence essentielle des responsables d'équipe et d'une manière générale de l'encadrement de proximité.

Comme le font très justement remarquer Wierdsma et Swieringa (8), il s'agit « *d'apprendre en travaillant ensemble et de travailler ensemble pour apprendre.* » L'objectif est de créer une dynamique permanente, d'apprentissage collectif et de changement intégrée aux procédures de fonctionnement de l'équipe, dans le cadre du travail quotidien. Celle-ci sera un puissant levier pour l'efficacité opérationnelle et économique de l'organisation ainsi qu'une source majeure et constante de création de valeur au service de sa stratégie globale de développement.

L'apprentissage organisationnel

Ce processus évoque différents phénomènes concernant l'ensemble de l'organisation ou de l'entreprise. Il fait d'abord référence à la notion de vision partagée sur les objectifs de l'entreprise, qui concerne non seulement l'aspect communication d'informations par la direction, mais aussi et surtout la compréhension et l'appropriation de cette vision par tous ses membres.

L'existence d'une culture d'entreprise forte, manifestée souvent par des récits d'apprentissages bien connus des acteurs, et même mythiques, constitue un aspect essentiel de ces processus d'apprentissage organisationnels. Elle est souvent liée en pratique à l'histoire de l'entreprise et à l'évocation de certains aspects marquants de sa mémoire.

Les processus d'apprentissage organisationnel vont être favorisés ou freinés par diverses autres caractéristiques de l'entreprise telles que son mode d'organisation ou ses structures organisationnelles, le degré de décentralisation des processus de décision, le style de management et les pratiques managériales (comportements, attitudes quotidiennes des dirigeants et de l'ensemble de la hiérarchie), les procédures et pratiques de gestion des ressources humaines (en particulier par sa politique de formation et de développement des hommes). Les apprentissages organisationnels apparaissent comme une clé essentielle de la dynamique de changement de l'ensemble de l'organisation et de ses capacités de renouvellement pour répondre aux défis changeants de son environnement.

Remarquons cependant, qu'en pratique, ces trois niveaux d'apprentissage doivent être étroitement intégrés car il existe de puissantes synergies entre eux.

Le concept d'organisation apprenante constitue donc un nouveau paradigme de management fondé sur un processus dynamique et multidimensionnel d'apprenance. D'où la pertinence du terme d'apprenance. Terme qui décrit bien la nature processuelle et l'inspiration constructiviste de ce concept.

Il est important de souligner que dans une entreprise apprenante, la formation professionnelle et le développement des compétences des individus et des équipes ne sont plus des activités spécifiques et ponctuelles, détachées du temps et du lieu de travail. Au contraire, ils font partie intégrante de l'organisation et des tâches quotidiennes.

La logique managériale de l'entreprise apprenante s'appuie sur les théories de l'*experiential learning* et de l'*action learning* qui se sont développées en Grande-Bretagne depuis plus d'une vingtaine d'années (9). Elles s'inscrivent dans le cadre d'une démarche pragmatique et soucieuse d'amélioration des performances des entreprises qui évoluent dans des environnements changeants. L'originalité et le caractère innovant de ce concept sont d'utiliser au mieux les capacités et surtout de valoriser le potentiel de création de valeur des hommes, dès lors que leur contexte de travail s'avère confortable et stimulant et qu'ils bénéficient d'une gestion intelligente du capital de compétences et de talents individuels – et collectifs – qu'ils représentent.

L'INTÉRÊT STRATÉGIQUE DE L'ENTREPRISE APPRENANTE

Pour être compétitives dans un environnement économique hautement concurrentiel, pour atteindre l'excellence et une position de leader dans leurs métiers, les entreprises doivent faire preuve d'une dynamique continue de progrès.

C'est la seule façon de créer et de maintenir un avantage concurrentiel, comme l'ont compris un grand nombre d'entreprises.

À titre d'illustration, citons le cas de la société Michelin – réputée pour l'excellence et les performances techniques de ses produits – qui investit massivement, et en permanence, dans la recherche sur de nouveaux produits et procédés de production. Comme ce fut le cas, dans le passé, avec le développement de la technologie radiale qui lui a donné un avantage concurrentiel pour devenir un des leaders mondiaux de pneumatiques. Elle développe aujourd'hui de nouvelles technologies tant au niveau des produits (système PAX, pneus du Concorde, etc.) que des procédés de production (C3M) afin de conserver son *leadership* professionnel et d'améliorer sa compétitivité.

De tels processus de changement continus nécessitent l'implication forte du personnel, qui devient de plus en plus le capital stratégique réel de l'entreprise. Il apparaît donc essentiel, de développer les capacités et de valoriser les talents des hommes (et cela de manière volontariste et proactive) pour construire et maintenir des avantages concurrentiels, déterminants pour les performances et la pérennité des entreprises.

C'est ce que montre clairement A. de Geus dans son ouvrage, *The living company*, à partir d'une intéressante analyse des principaux facteurs de pérennité des entreprises (10).

Certes, depuis déjà longtemps, les entreprises ont eu recours à différents outils et techniques qui ont mis l'accent, à des degrés divers, sur la maîtrise du facteur humain dans les mécanismes de changement, et notamment ceux liés à l'amélioration de la compétitivité de l'entreprise. On peut citer :
• La formation professionnelle continue.
• L'organisation mince (*lean organization*).
• L'organisation flexible et agile.
• Le kaizen.
• Le management de la qualité totale (TQM).
• La gestion des compétences.
• La gestion des connaissances (*knowledge management*).
• Le travail en équipe projet…

Toutes ces techniques ont pour objectif l'amélioration continue des performances par la stimulation d'un changement des pratiques des entreprises, en matière de gestion et de management des hommes et des organisations. Or, ces changements impliquent des apprentissages continus à tous les niveaux. Aussi peut-on dire que, dans une certaine mesure, ces techniques de gestion et de management ont préparé le terrain à l'émergence des pratiques d'entreprise apprenante.

■ *Nouvelle philosophie de management des hommes*

La différence majeure entre ces techniques de management et le concept d'entreprise apprenante, c'est que, précisément, il n'est ni un outil, ni une méthode ni une technique spécifique. C'est, comme nous l'avons déjà souligné, une philosophie de management des hommes et des organisations fondée sur d'autres valeurs et sur une logique d'apprenance généralisée, intégrée et continue. Celle-ci lui permet d'améliorer ses capacités stratégiques, de remise en cause et de transformation, qui deviennent de plus en plus déterminantes pour être performant dans le contexte économique actuel.

Comme l'a remarqué pertinemment A. de Geus dans un célèbre article de la HBR paru en 1988 : « *l'avantage concurrentiel dans un monde en évolution rapide repose dans la capacité à apprendre plus vite que ses concurrents…* »

« L'avantage concurrentiel dans un monde en évolution rapide repose dans la capacité à apprendre plus vite que ses concurrents… »

Il est clair qu'une démarche d'apprenance, par ses effets de mobilisation et d'exploitation des capacités d'apprentissage individuelles et collectives des hommes, va susciter une dynamique de changement de l'entreprise lui permettant de répondre, de manière efficiente et pertinente, aux défis d'un environnement économique, social et sociétal en très rapide évolution. Elle va également renforcer la créativité et la capacité d'innovation de l'entreprise – aujourd'hui reconnue comme une clé de la réussite entrepreneuriale mais aussi de sa rentabilité et de sa pérennité.

■ Impact des NTIC

Il est clair que cette évolution vers l'entreprise apprenante peut être facilitée par les outils des nouvelles technologies de l'information et de la communication, et en particulier toutes les applications en matière d'apprentissage à distance et d'autoapprentissage (telles que le fameux *e-learning* qui a beaucoup fasciné et fait rêver les responsables de formation). Ces nouveaux outils constituent des moyens puissants et flexibles pour répondre aux nombreux besoins de formation des hommes dans les entreprises. Mais ils ne restent que des outils dont l'efficacité et l'adéquation va dépendre du type de *leadership* des dirigeants, du contexte managérial et organisationnel de l'entreprise et de sa politique de gestion des ressources humaines.

Remarquons aussi, que par l'accès direct, plus facile, au savoir et à l'information qu'ils permettent, ces outils contribuent au phénomène de transgression hiérarchique, souligné par divers observateurs de l'impact des NTIC sur le management des entreprises, qui tend à remettre en cause les schémas hiérarchiques traditionnels ou du moins leur valeur ajoutée managériale.

Les NTIC restent insuffisantes en elles-mêmes, pour susciter une réforme en profondeur des modes de management des hommes et des organisations.

Cependant les NTIC (et les outils d'apprentissage qui en sont issus) restent insuffisants en eux-mêmes, pour susciter une réforme en profondeur des modes de management des hommes et des organisations. Ils doivent pour cela s'inscrire dans une vision et philosophie de l'entreprise différente, et surtout dans la l'accompagnement de pratiques managériales plus modernes.

En effet, une entreprise apprenante – contrairement à ce que pensent certains – n'est pas une entreprise qui ne fait qu'utiliser, même à une vaste échelle, des outils technologiques perfectionnés pour favoriser les apprentissages individuels. C'est d'abord une entreprise qui fonctionne selon une nouvelle logique de management des hommes.

■ Nouveaux avantages concurrentiels

Une entreprise apprenante a résolument choisi d'adopter une autre vision de son développement et de mettre en pratique des démarches originales de management des hommes et des organisations, reposant sur une logique prégnante d'apprenance. Elle traduit une révolution mentale et un abandon des schémas néotayloriens qui dominent encore aujourd'hui les pratiques managériales d'une large majorité d'entreprises et organisations.

Ce nouveau paradigme de management de l'entreprise apprenante conduit à la recherche d'autres atouts stratégiques fondés sur des pratiques managériales inédites. Nous préciserons ultérieurement cet aspect essentiel, mais encore mal compris par nombre responsables d'entreprises.

> ▷ La démarche d'apprenance va générer des avantages concurrentiels fondés sur le développement et la valorisation du capital humain.

En effet, la démarche d'apprenance va permettre de générer des avantages concurrentiels fondés sur le développement et la valorisation du capital humain, tels que des capacités de créativité et d'innovation accrues, une amélioration de l'image interne et externe de l'organisation, un meilleur climat de travail, une mobilisation plus efficace des énergies, etc. Tous ces facteurs auront un impact puissant et durable sur la compétitivité et sur les performances globales quantitatives et qualitatives de l'entreprise.

On observe d'ailleurs, depuis quelques années, la création d'agences spécialisées dans des systèmes de notation des entreprises sur la base d'un ensemble de critères (sociaux, gestion des ressources humaines, des relations avec l'environnement, etc.) qui ont un impact croissant sur les comportements de partenaires ou ressources extérieurs.

Un exemple est fourni par l'Arese (11) qui a développé un tel système de notation multicritère afin de répondre à des préoccupations croissantes d'investisseurs, quant à la qualité globale (et pas seulement financière) et l'éthique de leurs placements. Le développement important des fonds éthiques est une bonne illustration de cette tendance appelée à se développer, à l'image de l'influence croissante qu'ils connaisent dans les pays anglo-saxons, où ils représentent plus de 10 % du total des placements financiers.

Par ailleurs, on constate l'émergence et la diffusion de méthodes ou modèles de développement des entreprises, qui attachent une importance croissante aux modes de gestion et à la politique d'apprentissage des hommes, en établissant un lien très clair entre ces aspects et les performances économiques et financières de l'entreprise.

Mentionnons à nouveau une méthode qui connaît un certain succès dans les entreprises anglo-saxonnes, le *balanced scorecards*. Ce modèle fait précisément une place importante aux efforts de développement des hommes (avec des séries d'indicateurs spécifiques), pour montrer clairement l'impact d'une telle politique sur les performances globales de l'entreprise y compris sur le plan financier.

On évoquera également le modèle européen de la qualité, défini par l'EFQM, qui dans sa dernière version met nettement l'accent sur les dimensions humaines et managériales (12). Ce modèle tend d'ailleurs à s'imposer comme la référence européenne en matière de développement de la qualité dans les entreprises et notamment les grandes.

Dans ce même ordre d'idées, citons les méthodes d'évaluation des progrès, relatifs aux actifs humains de l'entreprise, telles que celles mises au point par la société d'assurances suédoise Skandia. Elles représentent une avancée intéressante dans un domaine en pleine évolution et dont on prend de plus en plus conscience des enjeux stratégiques (13).

En conclusion, une évolution vers une entreprise apprenante, (dans le sens précisé ci-dessus), aura un impact positif certain sur l'ensemble des performances de l'entreprise, de par les avantages stratégiques, organisationnels et managériaux qui vont résulter de sa nouvelle dynamique. C'est ce qu'ont bien compris un nombre croissant d'entreprises, notamment anglo-saxonnes et nordiques, qui repensent leurs modes de management des hommes et des organisations à la lumière de ce nouveau paradigme.

Nous citerons diverses grandes entreprises américaines telles que Shell, Ford, Hanover Trust, Harley-Davidson, etc. qui ont travaillé sur ce sujet avec le centre de recherche sur l'apprenance du MIT et l'association Sol-USA autour de Senge et de son équipe. D'intéressantes illustrations de certains aspects d'une démarche d'apprenance sont évoqués dans ses derniers ouvrages. Le cas de Shell-USA y est notamment détaillé.

Cet exemple est particulièrement intéressant car il montre la profonde transformation managériale et organisationnelle subie par cette entreprise dans le milieu des années 90, à partir du moment où ses dirigeants se sont engagés dans un type de management des hommes et de l'organisation différent, inspiré par cette philosophie d'apprenance.

Il est très vraisemblable qu'un nombre croissant de dirigeants va, dans les années à venir, prendre conscience du fantastique levier que constitue la mise en œuvre d'un tel management de l'apprenance, pour les performances globales de leurs organisations. Il implique que les managers d'entreprises, mais aussi les divers professionnels de la formation au management, se convertissent à une nouvelle vision stratégique des hommes dans l'entreprise, qu'ils les considèrent comme le potentiel-clé de la création de valeur et plus seulement comme des ressources de travail. Ce qui passe par une réelle révolution mentale, comme le souligne Senge, mais dont les enjeux sont à l'évidence considérables dans le contexte économique et sociétal actuel.

La démarche du management par les compétences qu'essaie de promouvoir le Medef s'inscrit, d'ailleurs, dans une telle vision stratégique de la place de l'homme. Elle constitue une avancée capitale dans la direction d'un tel management de l'apprenance en France.

Il paraît probable que la pression de l'évolution du nouvel environnement des entreprises, mais aussi la prise de conscience progressive de l'importance-clé des compétences et du potentiel de développement des hommes, conduira (tôt ou tard) au XXIe siècle vers cette mutation du paradigme dominant de management des hommes et des organisations.

UN NOUVEAU PARADIGME DE MANAGEMENT DES HOMMES

Une dimension peu ou mal comprise du concept d'organisation ou d'entreprise apprenante a trait à ses très importantes implications managériales, comme tente de le montrer la thèse centrale de cet ouvrage. Nous avons vu que le processus de construction d'une véritable organisation apprenante exige une profonde transformation des modes de management et de gestion des hommes et des organisations, par rapport aux schémas et modèles classiques encore dominants.

Ce concept constitue un autre paradigme de management et une véritable alternative au taylorisme et à tous ses avatars. Il s'agit bien d'un changement managérial de second ordre – pour reprendre la terminologie systémique – alors que les nouveaux modèles de management qui se sont répandus depuis plus d'une vingtaine d'années relèvent tous de changements de premier ordre seulement. Ce qui explique, d'ailleurs, qu'ils aient tous fait plus ou moins l'objet d'une rapide récupération par un management d'inspiration néotaylorienne et qu'ils n'aient, par conséquent, pas débouché sur de profondes et réelles transformations des pratiques managériales et organisationnelles des entreprises.

Rappelons qu'un changement dit, de second ordre, se caractérise par un changement des règles d'un système (en l'occurrence de management) existant.

Nous avons souhaité privilégier dans cet ouvrage la dimension managériale du concept d'organisation ou d'entreprise apprenante. En effet, d'abord parce qu'elle en constitue l'essence même. Ensuite parce que son développement dans une organisation requiert un changement radical de paradigme de management. Enfin parce que c'est, sans doute, l'aspect le moins bien compris, décrit et surtout mis en pratique par les entreprises qui disent s'en inspirer. Il suffit pour s'en convaincre de se référer à l'abondante littérature sur ce thème ou d'observer les discours et les pratiques des entreprises qui s'en réclament.

Nous avons également la conviction que ce nouveau concept de management des organisations est particulièrement riche de solutions pertinentes, pour les défis managériaux auxquels les organisations seront confrontées dans les années à venir. Ces solutions concerneront les styles de management des hommes, les modes de gestion des ressources humaines, les formes du travail, le fonctionnement des organisations et même les stratégies de développement des entreprises.

Nous reviendrons en détail sur tous ces aspects managériaux du concept d'organisation apprenante (que nous appellerons management de l'apprenance) dans les prochains chapitres de cet ouvrage.

Pour clarifier ce qu'on entend par démarche d'apprenance au sein d'une organisation (ou d'une entreprise), nous proposons un modèle de développement du management de l'apprenance. Il permet de faciliter la compréhension des aspects conceptuels sous-jacents. Il a aussi le mérite de fournir un cadre opérationnel pour sa mise en place au sein d'une organisation, de faciliter le pilotage du changement qu'il implique et la mesure des progrès accomplis sur cette voie.

L'objectif essentiel de cet ouvrage est d'abord, de familiariser le lecteur avec ce concept révolutionnaire de management des hommes et des organisations. Il est également de convaincre et d'inciter les leaders, ouverts à une vision moderne et prospective du management, à s'engager dans cette voie de l'apprenance qui sera celle du succès et de la pérennité de leurs organisations. Et cela, autant pour eux-mêmes que pour leurs organisations, car le changement est l'affaire de chacun et surtout de ceux qui ont les plus hautes responsabilités.

Comme Gandhi l'a dit et surtout l'a mis en pratique : « *Soyez d'abord vous-même le changement que vous voulez apporter.* »

Après une présentation de ce modèle de développement d'un tel management de l'apprenance, nous détaillerons et commenterons ses principales composantes dans les prochains chapitres.

Chapitre 4

Créer une dynamique managériale d'apprenance

POUR UN NOUVEAU MODÈLE MANAGÉRIAL

I l peut *a priori* sembler surprenant, voire paradoxal, de parler de modèle lorsque l'on évoque une démarche d'apprenance au sein d'une organisation. En effet, l'apprenance représente des processus complexes, de nature à la fois individuelle et collective, qui comprennent de nombreux aspects. On peut donc penser qu'il est difficile et risqué de la modéliser, car toute modélisation a tendance à trop simplifier la réalité.

Notre souci n'est pas, ici, d'ordre académique et il ne s'agit pas d'élaborer une théorie de l'entreprise apprenante. Il est seulement d'offrir, aux responsables d'organisations et d'entreprises, un schéma général clair et opérationnel pour guider leur réflexions et surtout pour donner de la cohérence à leurs actions de modernisation managériale.

On observe que le terme d'entreprise ou d'organisation apprenante reste, jusqu'à présent, peu compréhensible pour les dirigeants et managers français. En général, il leur apparaît abstrait, flou et difficile à traduire en principes de management simples et clairs.

Aussi, paraît-il opportun et utile de proposer un modèle managérial opérationnel, qui montre la cohérence nécessaire et la synergie vertueuse des différents processus de management des hommes, qu'implique cette nouvelle philosophie de l'apprenance.

■ *Nouvelle vision de l'entreprise*

Un tel schéma a aussi pour but de faciliter la compréhension et l'appropriation, par les différents responsables (et notamment l'ensemble de l'encadrement), de ce nouveau paradigme de management. Il doit pouvoir leur donner une nouvelle vision de l'entreprise, inspirer d'autres valeurs, promouvoir un *leadership* différent et des pratiques plus performantes de gestion des hommes.

L'évolution d'une entreprise vers des caractéristiques apprenantes requiert, de la part des dirigeants, une volonté résolue et une stratégie persévérante. Il s'agit bien, en effet, de s'engager dans un processus long de transformation des mentalités, des attitudes et des comportements des hommes. Il est bien connu que les changements humains sont les plus lents et donnent le véritable rythme à l'innovation dans les organisations.

Ce modèle managérial est révolutionnaire, mais ses enjeux en termes de performances globales et durables pour les entreprises sont à la hauteur de l'importance des efforts de changements qu'il nécessite.

L'entreprise apprenante n'est pas un concept organisationnel parmi d'autres, comme certains peuvent le penser. La révolution qu'elle représente touche des questions fondamentales concernant les principes mêmes de management des hommes, dont les entreprises pourront de moins en moins faire l'économie à l'avenir.

- Quelle vision a-t-on de la place et du rôle de l'homme dans l'entreprise ?
- Quelles valeurs et quelle conception du *leadership* fondent les pratiques managériales réelles ?
- Quels modes de management et de gestion des hommes assureront leur meilleur niveau de motivation et de satisfaction au travail ?

■ *Nouvelles pratiques managériales*

La dimension managériale de la démarche de construction d'une entreprise apprenante est essentielle pour réussir la transformation profonde des schémas mentaux et des comportements qu'elle suppose. Aussi, est-il clair que cette démarche est fondamentalement de la responsabilité des dirigeants. D'abord, pour initier le processus d'un management de l'apprenance, puis par la suite pour maintenir un nécessaire élan dans la durée.

Un préalable indispensable à une telle démarche est l'intégration de l'apprenance dans la vision et les valeurs du *leadership* des dirigeants et de la hiérarchie, dans leurs principes de direction et dans leurs pratiques managériales. C'est une condition essentielle du changement managérial qu'exige la création d'une véritable culture d'apprenance.

Quand on présente le concept de l'entreprise apprenante à des responsables d'entreprises, on entend souvent dire : « *mais nous sommes déjà une entreprise apprenante, parce que nous avons mis en place tels dispositifs ou efforts de formation, telle structure organisationnelle, telles responsabilités managériales de nos cadres, tel système d'évaluation des performances de nos managers, etc.* » Certes, comme M. Jourdain faisait de la prose chez Molière, beaucoup d'entreprises et d'organisations ont, à des titres divers, déjà fait des efforts et mis en place des procédures ou des outils qui favorisent certains apprentissages collectifs et individuels et participent, dans une certaine mesure, d'une logique managériale d'apprenance. Mais elles ne sont pas pour autant des entreprises apprenantes au véritable sens de ce nouveau paradigme de management. Elles ne présentent, en général, qu'un ensemble plus ou moins développé et hétérogène de moyens d'apprentissages.

Mais ceux-ci s'inscrivent encore très rarement dans une vision d'ensemble d'un authentique management de l'apprenance.

Il convient de remarquer que la notion d'entreprise apprenante, qui se caractérise avant tout par un processus (et non par un quelconque modèle idéal figé), est de nature relative. Par conséquent, les changements dans cette direction ne peuvent s'apprécier que de façon dynamique et incrémentale.

Le schéma managérial que nous proposons pour développer une telle dynamique de changement de l'organisation s'inspire d'une logique d'apprenance.

LA LOGIQUE D'APPRENANCE DU MODÈLE

Comme nous l'avons déjà souligné, le concept d'organisation ou d'entreprise apprenante n'est pas simplement qu'un autre schéma organisationnel, comme par exemple une organisation fondée sur des équipes semi-autonomes ou un système de gestion décentralisé.

Il traduit en réalité une logique managériale fondée sur un nouveau processus multidimensionnel de management des hommes que l'on qualifiera de management de l'apprenance. Il constitue une véritable alternative au management néotaylorien qui prévaut encore aujourd'hui, et qui reste fondé sur la prééminence de l'autorité hiérarchique et sur des schémas de pouvoir très centralisés. Et ce quels que soient les habillages (ou plutôt les camouflages) utilisés dans les aspects organisationnels formels et les discours pour s'en démarquer (management participatif, délégation de responsabilités, unités autonomes, management en réseaux, outils de communication, etc.) (1).

La puissance et l'originalité du paradigme de l'entreprise apprenante par rapport à tous les autres modèles managériaux, apparus depuis une vingtaine d'années, résident dans le fait qu'il ne peut précisément pas être récupéré dans le cadre d'un modèle néotaylorien, comme l'ont été presque tous les autres.

À titre d'illustration, citons la mode du *reengineering* dans le courant des années 90 qui, dans la réalité, s'est traduite par des schémas managériaux très proches de ceux qu'ils étaient censés remplacer, et parfois même encore plus tayloriens et centralisés, au nom d'un souci d'efficacité économique à court terme !

On constate souvent des contradictions dans les pratiques managériales des entreprises. On voit, par exemple, de grandes entreprises mettre en place divers outils perfectionnés de gestion des ressources humaines (formation spéciale des hauts potentiels, évaluation 360 degrés, référentiels de compétences, gestion des compétences, *coaching* de l'encadrement, procédures complexes de recrutement, systèmes compliqués de rémunération, etc.) mais qui, par ailleurs, ont toujours des pratiques de management des hommes néotayloriennes.

La logique managériale de l'entreprise apprenante est d'abord fondée sur une vision très différente de l'homme au travail, de ses capacités d'apprentissage, de son potentiel de développement professionnel et de sa contribution à la création de valeur dans le contexte de la nouvelle économie du savoir.

■ Nouveaux rôles des managers

Une logique managériale d'apprenance va conduire à de nouvelles responsabilités et rôles des managers, qui vont avoir pour mission essentielle de valoriser le potentiel humain dont ils sont responsables.

Leur principale valeur ajoutée consistera à créer des contextes organisationnels et à avoir des attitudes et des comportements (avec leurs collaborateurs, pairs, supérieurs, etc.) qui favoriseront les processus d'apprenance. Un management de l'apprenance implique d'être davantage au service de ses collaborateurs que d'exercer une autorité hiérarchique qui est d'ailleurs, de plus en plus en mal ressentie. On rejoint ici les idées défendues depuis plusieurs années par de grands auteurs du management, tels que Drucker et Bennis, selon lesquels les rôles des managers de l'avenir seront de diriger et de gérer habilement les savoirs d'hommes compétents, sur lesquels ils auront de moins en moins de pouvoirs hiérarchiques. Nous reviendrons ultérieurement sur ces missions des dirigeants que nous avons déjà analysées dans un précédent ouvrage (2).

■ *Nouvelles valeurs managériales*

Adopter une telle logique managériale d'apprenance va nécessairement conduire à s'interroger sur les valeurs, les attitudes et les contextes professionnels qui favoriseront le plus les processus d'apprentissage individuels et collectifs, notamment dans le cadre du contexte courant du travail. Il est clair que cette réflexion va conduire à privilégier des valeurs et des attitudes telles que, la confiance, la responsabilisation, l'aide au développement professionnel, l'échange et la réflexion conjointe sur les problèmes rencontrés, le droit à l'erreur et à la critique, la récompense des initiatives, la liberté d'action des individus, l'ergonomie de travail, la prise en compte de la psychologie des personnes (et notamment de leurs émotions), la juste rétribution du travail et des efforts individuels et collectifs, etc.

> Un management de l'apprenance implique une éthique, des valeurs et des pratiques managériales différentes.

Il est clair qu'un management de l'apprenance implique une éthique, des valeurs et surtout des pratiques managériales différentes de celles que l'on peut observer couramment dans les organisations.

L'apprenance est une philosophie managériale d'entreprise révolutionnaire basée sur l'exploitation intelligente des synergies entre le projet stratégique de l'entreprise et les potentiels des hommes. Cette vision d'une nouvelle dynamique de développement de l'entreprise fondée sur l'homme requiert donc un nouveau *leadership* que nous appellerons le *leadership* de l'apprenance.

■ *Vision globale et cohérente du management*

Le leadership suppose de mettre l'ensemble des pratiques managériales et des aspects organisationnels au service des processus d'apprenance, et ce, à tous les niveaux au sein de l'entreprise (objectifs, procédures de travail, structures organisationnelles, modes de gestion des hommes, pratiques managériales quotidiennes de l'encadrement, exemplarité de la hiérarchie).

Or, en général, on constate que les entreprises qui ont pris des initiatives dans ce domaine, le font de façon hétérogène, partielle, peu cohérente, voire contradictoire. Cela apparaît, par exemple, lors de la réalisation d'un audit d'apprentissage qui peut faciliter la mise en place d'une démarche d'évolution vers une entreprise apprenante.

Un tel audit, effectué par l'auteur dans une grande entreprise, montrait des efforts de révision des parcours de formation et de développement professionnel des cadres vers l'apprentissage de compétences managériales, mais les systèmes d'évaluation et de rémunération pratiqués pour cette catégorie de personnel apparaissaient en contradiction flagrante avec les objectifs d'apprenance recherchés.

Il est, en effet, encore rare que des initiatives de modernisation du management des hommes résultent d'une vision managériale globale et cohérente des dirigeants. Il est encore plus rare qu'ils reflètent une volonté explicite de transformation en entreprise apprenante.

Le modèle managérial (*voir schéma, ci-après*) a précisément pour objectif de montrer les conditions préalables à remplir en termes de vision et de valeurs ainsi que l'ensemble des processus managériaux à développer pour une telle dynamique d'apprentissage. Il en résultera d'évidents avantages pour les performances globales de l'organisation.

LE PARADIGME DU MANAGEMENT DE L'APPRENANCE

Le nouveau paradigme de management de l'apprenance (ou plutôt de l'évolution vers un processus d'entreprise apprenante) procède d'une logique de management simple, qui relie les processus d'apprentissage des hommes (tant au niveau individuel que collectif) et la stratégie globale de développement de l'entreprise. Il se caractérise par une recherche de cohérence entre les différents aspects du management des hommes et des organisations, et par l'exploitation intelligente des synergies qui en résultent. Ce modèle d'apprentissage constitue un puissant levier pour améliorer les performances économiques mais aussi et surtout humaines, sociales et sociétales de l'entreprise.

Le schéma ci-après permet de visualiser un modèle de développement d'un tel management de l'apprenance, et décrit ses principales composantes et sa logique globale de progrès.

Cette philosophie managériale va susciter une autre vision du management, des valeurs différentes, des principes de management des hommes et du *leadership* inédits, une nouvelle culture d'entreprise et une stratégie de développement par les hommes originale et puissante.

Pour réellement s'engager dans une démarche d'évolution vers une entreprise apprenante (ou d'apprenance), il est indispensable que l'ensemble des responsables s'approprient cette vision du management des hommes et de l'organisation, ainsi que les spécificités de la culture d'apprenance de l'entreprise qu'il convient de développer.

Les valeurs-clés d'un *leadership* de l'apprenance sont :
- L'exemplarité des attitudes et comportements des responsables hiérarchiques.
- Une éthique relationnelle basée sur le respect des hommes.

Schéma de mise en œuvre du modèle de développement d'un management de l'apprenance

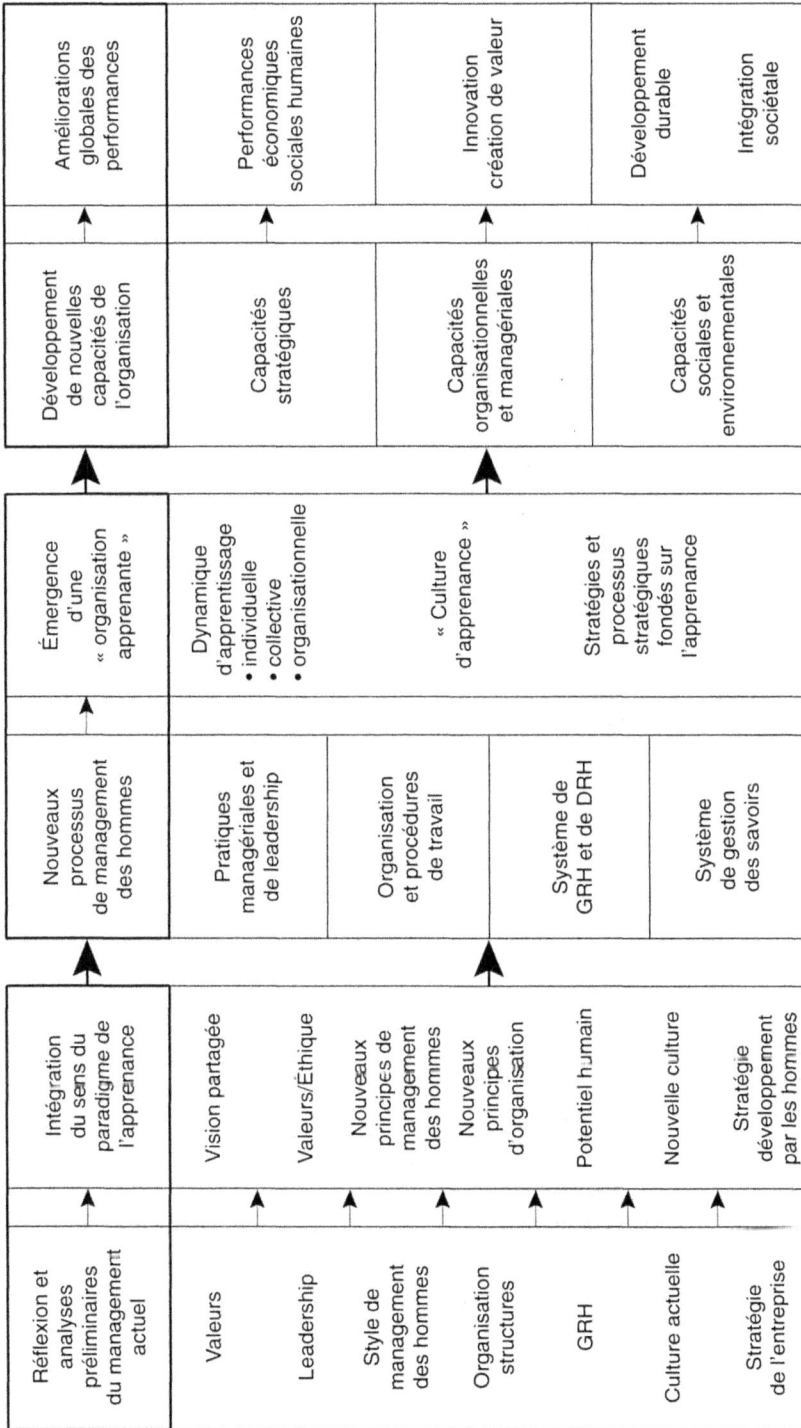

Phase « préparatoire »

- Réflexion et analyses préliminaires du management actuel → Intégration du sens du paradigme de l'apprenance
- Valeurs → Vision partagée
- Leadership → Valeurs/Éthique
- Style de management des hommes → Nouveaux principes de management des hommes
- Organisation structures → Nouveaux principes d'organisation
- GRH → Potentiel humain
- Culture actuelle → Nouvelle culture
- Stratégie de l'entreprise → Stratégie développement par les hommes

Phase « opérationnelle »

- Nouveaux processus de management des hommes → Émergence d'une « organisation apprenante »
- Pratiques managériales et de leadership → Dynamique d'apprentissage
  - individuelle
  - collective
  - organisationnelle
- Organisation et procédures de travail → « Culture d'apprenance »
- Système de GRH et de DRH → Stratégies et processus stratégiques fondés sur l'apprenance
- Système de gestion des savoirs

Phase « résultante »

- Développement de nouvelles capacités de l'organisation → Améliorations globales des performances
- Capacités stratégiques → Performances économiques sociales humaines
- Capacités organisationnelles et managériales → Innovation création de valeur
- Capacités sociales et environnementales → Développement durable / Intégration sociétale

- Le sens du service à l'égard des collaborateurs.
- L'instauration d'un climat de confiance, d'équité et de transparence.
- La reconnaissance des efforts et des mérites des individus et des équipes.
- L'encouragement et l'aide au développement professionnel des collaborateurs.

Ce *leadership* de l'apprenance va permettre de créer au sein de l'organisation un contexte incitatif à des apprentissages à tous les niveaux de l'organisation et ce, tant sur le plan individuel que collectif (équipes, unités). Il s'agit là, d'un aspect essentiel pour créer une véritable dynamique d'évolution vers l'entreprise apprenante.

Quatre composantes ou processus de management essentiels ont été retenues pour le modèle de développement du management de l'apprenance que nous proposons.
- Les pratiques managériales des responsables hiérarchiques.
- L'organisation et les procédures de travail.
- Les systèmes de gestion des ressources humaines.
- Le système de gestion des savoirs.

Les pratiques managériales de l'encadrement

> *Les responsables hiérarchiques auront le souci de créer un contexte et des pratiques managériales favorables à l'apprentissage individuel et collectif.*

Les responsables hiérarchiques, et d'une façon générale toutes les personnes ayant des responsabilités d'encadrement, auront le souci de créer, et de manifester, au sein de leur unité un contexte et des pratiques managériales favorables à l'apprentissage individuel et collectif de tous leurs collaborateurs. Cela se traduira notamment par :
- Des attitudes de confiance et de responsabilisation des individus et des équipes.
- La création d'espaces de liberté, de réflexion et d'initiative.
- La reconnaissance et la récompense des efforts d'apprentissage, réalisés individuellement et collectivement.
- Un rôle pédagogique et un souci permanent, et prioritaire, de développement professionnel des hommes et des équipes, à travers les tâches quotidiennes.
- Des attitudes et des comportements personnels exemplaires inspirant le respect et l'adhésion des subordonnés.
- Une éthique relationnelle cohérente avec les valeurs et un contexte d'apprenance.
- Un rôle d'animateur et de catalyseur d'apprentissage des équipes.
- La gestion et la coordination des savoirs et des talents individuels et collectifs.

Chaque attitude et chaque comportement des responsables hiérarchiques dans le contexte du travail quotidien devra être cohérent avec les principes d'un tel management de l'apprenance. Dans ce nouveau modèle de management des hommes, les compétences managériales prioritaires des responsables hiérarchiques, mais aussi les critères d'évaluation de leurs performances (et de leur promotion) seront très sensiblement différents des pratiques dominantes des entreprises.

Par exemple, la notion de haut potentiel n'a plus du tout la même signification dans un paradigme de management de l'apprenance, comme nous l'expliquerons ultérieurement.

L'organisation et les procédures de travail

Le développement d'une logique d'apprenance au sein de l'organisation se traduira également par une réflexion sur les modes d'organisation et sur les procédures de travail. La question centrale devient : « Comment inventer des organisations et des procédures de travail permettant, non seulement de concilier, mais surtout de rechercher des synergies entre efficacité opérationnelle, performances économiques et processus d'apprentissage des individus (des équipes et des unités organisationnelles) ? »

Comme de nombreuses expériences industrielles l'ont montré, un mode d'organisation du travail sous la forme d'équipes autonomes et responsabilisées aura un impact nettement plus favorable sur les processus d'apprentissage des individus et des petits groupes que les modes d'organisation pyramidaux et centralisés, dominés par une autorité hiérarchique et/ou bureaucratique.

Les procédures de travail apprenantes concernent les aspects internes du fonctionnement de l'entreprise, mais également la manière de travailler avec tous les partenaires extérieurs.

De la même façon, les procédures de travail peuvent être plus ou moins porteuses d'effets d'apprentissage pour les hommes selon leur conception et le rôle joué par le supérieur hiérarchique. La fonction pédagogique prioritaire de l'encadrement et sa responsabilité capitale, en matière de développement professionnel des collaborateurs, conduiront à imaginer et expérimenter de nouveaux schémas organisationnels et de nouvelles procédures de travail répondant à ces objectifs. À titre d'illustration, on peut évoquer, ici, la méthode japonaise de développement de la qualité Kaizen qui s'inscrit dans une philosophie managériale voisine de l'apprenance. Selon cette méthode, les responsables hiérarchiques doivent constamment améliorer les procédures de travail, par la recherche d'un consensus avec l'ensemble des collaborateurs. Les procédures de travail apprenantes concernent, non seulement les aspects internes du fonctionnement de l'entreprise, mais également sa manière de travailler avec tous les partenaires extérieurs, qu'il s'agisse des partenaires quotidiens, tels que les clients, les fournisseurs, les banquiers…, comme des partenaires ponctuels divers (consultants, avocats, administrations, médias). Une organisation ou une entreprise dont le management est inspiré par une philosophie d'apprenance saura profiter de toutes ses relations professionnelles pour s'enrichir, se transformer, réfléchir à l'opportunité de ses procédures de travail habituelles et, le cas échéant, saura les remettre en cause.

La mise en place dans cet esprit d'un système de gestion des savoirs peut constituer un outil intéressant susceptible de faciliter une démarche d'apprenance dans les pratiques de travail quotidiennes des entreprises, comme nous l'évoquerons ultérieurement.

Exemple

Les managers-mentors dans une compagnie d'assurance américaine

Cette compagnie d'assurance a été créée sur le principe que sa prospérité serait liée au développement du plein potentiel des salariés, à une relation étroite avec les clients, à une réputation de confiance et à l'élimination des conflits entre agences et compagnies. Ces hypothèses étaient en contradiction avec les modes de fonctionnement qui prévalaient dans les autres compagnies d'assurances, axées sur une gestion centralisée et des profits à court terme.

La volonté des créateurs a été de concevoir une dimension managériale essentielle afin de susciter une culture d'équipe et d'autogestion. Ce qui supposait beaucoup d'efforts pour accompagner les inspecteurs-régleurs de sinistres et les soulager du stress lié à ce travail. Très vite, les dirigeants ont compris l'importance de changer le mode de management de ces cadres opérationnels. Ils se sont appuyés sur une relation de mentor. Cela a permis au personnel de progresser en bénéficiant de l'expérience et de l'accompagnement régulier de supérieurs hiérarchiques.

Naturellement, les résultats de cette pratique managériale furent extrêmement positifs pour l'entreprise. Citons pour terminer le témoignage d'un de ses dirigeants. « *Je considère que mon activité doit être constituée à environ 30 % par le développement de la dizaine de personnes qui dépendent directement de moi. Je suis constamment en train de penser : comment pourrais-je faire progresser tel ou tel d'un an ou deux ? Quelle est sa prochaine étape de développement ?* ».

Le cas de cette entreprise est tout à fait exemplaire car, d'une part, il montre bien un type de management des hommes – s'appuyant sur le rôle de mentors – qui s'inscrit dans une véritable philosophie managériale d'apprenance et, d'autre part, il met en évidence l'impact sur les performances globales qui résultent de telles pratiques apprenantes.

(témoignage de B. O'Brien, conseiller du Covenant Insurance Group, cité par P. Senge dans son ouvrage, *La danse du changement.* op. cit.). ∎

Le système de gestion et de développement des ressources humaines

Le système de gestion des ressources humaines et de ses différentes composantes telles que, les procédures de recrutement, les règles d'évaluation des performances individuelles, les modes de rémunération/récompense, celles de promotion et, bien entendu, le système de formation doivent, selon un tel modèle managérial, être tous inspirés par une logique d'apprenance.

Comment veut-on, par exemple, inciter un cadre ayant des responsabilités opérationnelles à déployer des efforts pour s'occuper du développement professionnel de ses collaborateurs et de ses équipes, si les règles d'évaluation et de rémunération ne prennent pas en compte ces tâches et s'il n'a pas lui-même les compétences managériales nécessaires pour exercer cette fonction ?

L'observation des systèmes de gestion des ressources humaines des entreprises (notamment des grandes) montre souvent des contradictions entre le discours de la hiérarchie et les pratiques de gestion des ressources humaines. On demandera, par exemple, à des cadres opérationnels de favoriser et de suivre la formation professionnelle de leurs collaborateurs mais on ne leur donnera ni le temps pour le faire ni les ressources pour les remplacer lorsqu'ils partiront suivre ces sessions de formation !

Exemple

Une nouvelle règle d'évaluation des managers opérationnels chez Motorola

Il y a quelques années, la direction du groupe Motorola a imposé une règle simple de management des hommes. Tous les responsables opérationnels doivent consacrer une heure par trimestre au suivi du développement professionnel de leurs collaborateurs directs, et cela devient un critère important de leur propre évaluation (et par conséquent de leur promotion) à côté de leurs responsabilités techniques et de gestion classique.

Cette disposition a eu un impact considérable sur le climat de travail, mais a aussi donné une nouvelle impulsion au développement des ressources humaines, qui faisait déjà l'objet d'une politique volontariste en s'appuyant notamment sur la Motorola University.

Motorola a compris depuis longtemps l'importance d'intégrer une logique d'apprentissage au management des hommes, et a mis en place un ensemble de procédures remarquables qui s'inscrivent dans cette philosophie managériale.

D'autre part, la société multiplie les opportunités d'apprentissages individuels et collectifs, notamment dans le cadre du travail quotidien du personnel, et ce à tous les niveaux qui illustrent une démarche managériale d'apprenance.

(d'après des informations fournies à l'auteur, en 1999, par des responsables du développement des ressources humaines d'une filiale de ce groupe et de la Motorola University). ∎

Enfin, un management de l'apprenance va naturellement privilégier le système de développement des ressources humaines. Ce qui va au-delà des pratiques habituelles de la formation. Selon une philosophie managériale d'apprenance les hommes sont considérés, d'abord, comme un potentiel humain susceptible de développement permanent dans une optique d'investissement, et ce, tout au long de leur vie professionnelle.

C'est le sens des nouvelles politiques de *long life learning* que certaines entreprises anglo-saxonnes commencent à mettre en œuvre. C'est aussi, semble-t-il, un axe de la future loi sur la formation professionnelle qui doit réformer le système obsolète d'aujourd'hui, et hérité de la loi de 1971. Un management de l'apprenance conduit à appliquer des principes de développement professionnel des hommes très différents des approches classiques de la formation, et ce, tant au niveau des processus qu'à celui des méthodes pédagogiques (3).

La philosophie managériale de l'apprenance implique que le système et les pratiques de développement des ressources humaines deviennent un ressort essentiel de la dynamique de développement de l'entreprise. Dans la nouvelle économie du savoir, où le principal actif des entreprises devient les savoirs, les savoir-faire et les talents individuels et collectifs de leurs personnels, la gestion adéquate des hommes apparaît comme une composante essentielle de la stratégie de développement de l'entreprise. Mais c'est surtout le développement du potentiel humain de l'organisation qui constitue la clé du management de l'apprenance. Il apparaît clairement comme la responsabilité essentielle de l'encadrement, et notamment des cadres opérationnels, dont les fonctions managériales et de gestion des hommes continueront à croître dans les années à venir. En effet, la gestion des hommes est indissociable de celle de leurs tâches opérationnelles. Ses modalités conditionneront étroitement leurs attitudes et leurs comportements vis-à-vis du travail et par conséquent leurs niveaux de performances.

Le système de gestion des savoirs

Le système de gestion des savoirs (*knowledge management*) constitue un autre aspect important du concept d'entreprise apprenante. Il ne peut néanmoins se limiter à cette dimension, surtout envisagée sous sa seule dimension instrumentale, comme certains le laissent penser.

En effet, la dimension managériale d'un système de gestion des connaissances est essentielle pour l'efficacité opérationnelle de ce concept de management, comme nous le verrons ultérieurement.

Dans cette perspective, l'entreprise apprenante est parfois décrite à l'aide de la métaphore du grand cerveau (4), qui identifie, formule, classe, mémorise et sait retrouver et utiliser les connaissances lorsqu'il en a besoin.

Selon cette image, l'entreprise ou l'organisation est riche des connaissances et des savoir-faire de l'ensemble des individus et des équipes qui la composent, quelles que soient leur position hiérarchique, leur activité et leur localisation géographique.

Le système de gestion des savoirs doit permettre à l'entreprise d'identifier et de gérer les savoirs importants, de les partager, de les multiplier, d'en acquérir de nouveaux, etc.

Il est clair aujourd'hui que les entreprises qui sauront tirer le meilleur parti de leur potentiel d'intelligences individuelles et collectives (l'ensemble des compétences et talents de leurs collaborateurs), seront capables de construire des avantages concurrentiels déterminants par rapport à celles qui seront en retard dans ce domaine. Un système performant de gestion des savoirs constitue une source importante d'innovations et de création de valeur, permettant de renforcer la compétitivité de l'entreprise et sa pérennité. Certes, beaucoup d'entre elles ont déjà effectué des démarches et réalisé des expériences intéressantes dans ce domaine, telles que par exemple :

- L'organisation de séminaires de réflexion sur la gestion des savoirs.
- La mise en place de réseaux internes pour favoriser l'innovation.
- Le recensement et la diffusion d'expertises spécifiques au sein de l'entreprise avec l'aide de systèmes informatisés.
- L'organisation de systèmes de veilles technologique, commerciale, concurrentielle, environnementale, etc.
- Des systèmes de boîtes à idées.
- Des logiciels de stockage de connaissances, type banque de données.

Mais toutes ces initiatives font encore très rarement l'objet d'une politique globale inspirée par un véritable management de l'apprenance.

On observe qu'il s'agit plus, en général, d'une approche beaucoup plus instrumentale que managériale de la gestion des savoirs dont nous analyserons ultérieurement les limites sérieuses opérationnelles.

L'ÉMERGENCE D'UNE NOUVELLE DYNAMIQUE MANAGÉRIALE

Le modèle managérial que nous proposons comprend un ensemble cohérent de pratiques de gestion et de management des hommes allant toutes dans le sens du développement d'une culture d'apprenance au sein de l'entreprise. Son objectif est l'amélioration durable et significative de ses performances globales (économiques, technologiques, sociales, humaines, managériales et sociétales).

Nous avons vu que ce modèle s'appuie sur les quatre processus-clés du management des hommes et de l'organisation, qui sont :

- Les pratiques de management des hommes dans le cadre des tâches quotidiennes, par l'ensemble de l'encadrement.
- Les modes d'organisation et les procédures de travail favorisant les apprentissages individuels et collectifs.
- Le système de gestion et celui de développement des ressources humaines.
- Le système de gestion des connaissances.

Il est absolument fondamental pour que ce modèle de développement de l'apprenance soit efficace, qu'il y ait une grande cohérence entre ces différentes dimensions du management, afin de créer la culture d'apprenance recherchée. C'est précisément le sens du concept d'organisation ou d'entreprise apprenante, qui distingue traditionnellement trois niveaux d'apprenance : individuel, collectif (l'équipe, le groupe de travail, le département, etc.) et organisationnel (l'entreprise dans son ensemble).

L'apprenance au plan individuel

La dynamique d'apprenance va d'abord se traduire par la priorité donnée aux processus d'apprentissages professionnels de chaque collaborateur de l'entreprise. Et ce, quels que soient ses tâches et son niveau hiérarchique. Ces apprentissages individuels résulteront de plusieurs sources. Par exemple :
- Des programmes de formation classiques pour les différentes catégories de personnel.
- Des programmes de développement professionnel et personnel individualisés, gérés par chacun avec une éventuelle assistance (*self-directed learning*). Ceux-ci peuvent notamment s'appuyer sur les nouvelles technologies de l'information et de la communication appliquées à la formation (telles que le *e-learning*).
- Des techniques de *mentoring* et de *coaching*.
- L'exercice d'une responsabilité professionnelle dans le cadre du travail, avec l'aide du responsable hiérarchique, ou encore celle d'un tuteur ou d'un mentor.
- Des démarches volontaires individuelles pour les apprentissages professionnels et personnels (lectures, conférences, rencontres avec des pairs, visites d'entreprises, voyages professionnels, etc.).

Il est essentiel de comprendre que ces processus d'apprentissage individuels ne pourront éclore et se développer que si certaines conditions sont réunies. Il faut bien sûr que l'individu concerné ait envie d'apprendre. Ce qui suppose qu'il ait des motivations pour cela (intérêt personnel, stimulants efficaces pour lui en termes de promotion, de gains financiers, d'ambitions professionnelles, perception positive de son contexte de travail, qualité des relations avec le supérieur hiérarchique, etc.).

Ces conditions préalables, d'ordre personnel et de nature essentiellement psychologique, sont fondamentales et beaucoup trop souvent occultées par les approches classiques et collectives de la formation professionnelle. Nous avons montré dans un précédent ouvrage (5) que la formation des adultes devait tenir compte d'un certain nombre de spécificités de leurs modes réels d'apprentissage. Ce qui conduit à des approches appelées andragogiques (différentes des approches pédagogiques traditionnelles de la formation qui sont plus appropriées à des jeunes sans expérience professionnelle).

Selon un management de l'apprenance, une des principales responsabilités de la hiérarchie est d'inciter chaque individu à se développer professionnellement, voire personnellement, en recherchant à acquérir de nouvelles compétences. Ce qui signifie mettre à disposition des individus du temps, des espaces et des moyens matériels et outils d'apprentissage professionnel, mais surtout pratiquer une politique de gestion et de développement des hommes qui encourage et récompense les efforts de chacun dans ce sens. Ce qui ne pourra se faire que s'il existe des procédures d'évaluation des individus (et de leurs managers) qui permettent de suivre et d'intégrer ces apprentissages individuels.

L'apprenance au plan collectif

C'est surtout au niveau de l'équipe ou du groupe de travail qu'une véritable dynamique d'apprenance va pouvoir se manifester dans le cadre des tâches quotidiennes. Certains auteurs voient même dans cette dimension de l'apprenance la caractéristique essentielle d'une entreprise apprenante (6).

Même si nous défendons une vision plus large de ce concept, il convient d'apprécier à sa juste valeur l'importance de cette dimension collective de l'apprenance, au sein de l'équipe de travail. Dans l'équipe, il s'agit de travailler ensemble et surtout d'apprendre ensemble par l'échange, la réflexion commune, la production de savoirs collectifs. Ce dernier aspect est beaucoup moins répandu dans le fonctionnement habituel des équipes que l'on observe au sein des organisations. En effet, le développement du travail en équipe ne suffit pas pour générer spontanément une dynamique d'apprenance collective. C'est le cas des techniques de *team building* fréquemment pratiquées en entreprise par des consultants.

D'autre part, les équipes projets constituent une configuration plus avancée mais ne sont pas nécessairement apprenantes.

En effet, les processus d'apprentissage en équipe requièrent pour se développer un ensemble de conditions spécifiques qui sont rarement réunies au sein des équipes de travail courantes. Parmi ces conditions, il convient de citer :

- Un climat de confiance et de respect mutuel.
- L'absence d'enjeux de pouvoir.
- Des procédures de travail favorisant l'échange d'informations et une réflexion commune.
- Une volonté managériale de production et surtout de partage des connaissances.
- Un intérêt et une possibilité pour chaque membre de contribuer à une construction collective.
- Une reconnaissance et une récompense, par l'organisation et la hiérarchie, des efforts faits par chacun dans ce sens.
- Une animation perçue comme légitime par les membres et favorisant les apprentissages collectifs.
- Un comportement exemplaire et une éthique adéquate du manager.

Il est clair que le développement d'une dynamique d'apprenance collective est très liée au métier de manager-leader sur lequel nous reviendrons ultérieurement. Le chef d'équipe va avoir pour responsabilité essentielle, dans une optique d'apprenance, de jouer un rôle de facilitateur d'apprentissages et de gestionnaire d'un portefeuille de compétences évolutives, destiné à optimiser la contribution de l'équipe au projet stratégique de l'entreprise.

Observons que ces équipes apprenantes pourront être constituées de membres de réseaux divers sur des thématiques spécifiques, ayant un objectif de production de connaissances et de savoir-faire. On pourra par exemple, avoir des équipes horizontales, de type équipe-projet, chargées de produire de nouvelles connaissances pour résoudre des problèmes spécifiques ou pour réaliser un projet innovant.

C'est le concept de réseau apprenant dont nous reparlerons ultérieurement et qui constitue une dimension extrêmement intéressante d'une dynamique d'apprenance au sein d'une organisation (7).

L'apprenance au plan organisationnel

Le concept d'entreprise apprenante met l'accent sur les apprentissages de l'ensemble de l'organisation ou de l'entreprise. Certes, on se situe ici dans une métaphore. Il s'agit là d'une conception élargie à l'ensemble de l'entreprise des phénomènes d'apprentissages collectifs décrits pour l'équipe.

En pratique, il s'agira d'apprentissages liés soit à la culture de l'entreprise (à ses valeurs, à son identité, à son image, à ses processus de fonctionnement propres), soit à des macro-compétences spécifiques en termes de savoir-faire particuliers de l'entreprise dans des domaines techniques, organisationnels ou commerciaux qui peuvent constituer des avantages concurrentiels significatifs.

Il y a là également un autre champ du management de l'apprenance. Il s'agit d'identifier, développer, gérer et valoriser habilement ces atouts et actifs immatériels dans la perspective de la stratégie de l'entreprise.

La dynamique managériale de l'apprenance apparaît bien ici comme un levier essentiel du processus de création de valeur de l'entreprise fondé sur son potentiel humain.

Elle va se traduire par de nouvelles capacités stratégiques et organisationnelles qui lui permettront de meilleures performances globales et durables dans le contexte d'un environnement rapidement évolutif.

> **Le management de l'apprenance est à la fois une source d'enrichissement des capacités stratégiques de l'entreprise et un moyen d'élargissement de son champ d'action.**

Le management de l'apprenance est donc, à la fois, source d'enrichissement des capacités stratégiques de l'entreprise, mais également un moyen d'élargissement de son champ d'action stratégique. En effet, les apprentissages individuels et collectifs qu'il va favoriser vont contribuer au développement qualitatif du capital humain (ses connaissances, ses compétences, ses savoir-faire, sa créativité, ses capacités d'anticipation, etc.). Ils seront à l'origine de la création de valeur par des gains opérationnels de productivité, par des produits et des procédés innovants, par des concepts différents, par des approches relationnelles plus efficaces des marchés, par la création de nouveaux marchés liés à des innovations, etc.

Nous verrons qu'une dynamique managériale d'apprenance peut être à la base d'un nouveau processus de réflexion stratégique qui associe tous les acteurs et les talents de l'organisation. Une meilleure mobilisation des intelligences et des énergies des hommes, comme des motivations au travail accrues dans un contexte managérial d'apprenance auront un impact certain sur les facultés d'adaptation, d'anticipation et d'innovation de l'entreprise.

■ *Impact social et environnemental*

Sur le plan social, les apprentissages individuels et collectifs vont transformer le dialogue entre les partenaires sociaux ainsi que l'ambiance générale de travail dans l'entreprise. Il y aura plus de dialogue, plus d'écoute, plus de compréhension mutuelle, plus de solidarité, plus d'échanges et de réflexions communes. Le management de l'apprenance favorisera la paix sociale en instaurant d'autres relations entre les partenaires sociaux, un meilleur dialogue et surtout un nouveau contexte de travail permettant une participation plus active de l'ensemble des acteurs. Les mêmes processus interviendront dans les relations de l'entreprise avec les acteurs de son environnement, comme les représentants d'organismes de défense de l'environnement. D'où une meilleure intégration de l'entreprise au sein de son environnement local, et légitimité sociétale accrue qui ne pourra avoir que des conséquences positives sur son image citoyenne.

■ Nouvelles capacités organisationnelles

Par ailleurs, un tel management de l'apprenance va également se traduire par des capacités organisationnelles différentes pour l'entreprise. Les phénomènes d'apprentissage individuels mais surtout collectifs vont faciliter considérablement la plasticité, la réactivité et les capacités d'autotransformation de l'organisation. Ce qui lui permettra de mieux s'adapter aux défis des évolutions de ses marchés et de son environnement en sachant remettre en cause, si nécessaire, ses schémas organisationnels et en inventer d'autres de manière proactive (et pas seulement réactive) qui soient plus pertinents.

Comme le souligne Senge, « *une organisation apprenante se caractérise par sa capacité à remettre en cause ses modèles mentaux actuels (et son organisation) et à se redéployer intelligemment et rapidement pour faire face à de nouveaux défis économiques ou technologiques, ou pour se positionner différemment sur le marché en accompagnement de stratégies innovantes.* »

Les phénomènes d'apprentissage continus et généralisés des hommes, des équipes et de l'organisation toute entière vont puissamment contribuer à cette capacité d'auto-transformation et de réinvention continue de l'organisation. L'organisation apprenante devient une variable au service des hommes et non l'inverse, comme dans les schémas traditionnels néotayloriens.

Le management de l'apprenance va permettre de susciter de nouvelles relations humaines et un nouveau climat de travail au sein de l'ensemble de l'organisation. La substitution d'une logique dominante d'apprenance à une logique dominante d'autorité hiérarchique va faciliter des relations de coopération et d'enrichissement mutuels entre les acteurs, au lieu d'exacerber les comportements compétitifs et les conflits qui génèrent de nombreux dysfonctionnements et des pertes considérables d'énergie. Le nouveau contexte relationnel qui en résultera dans le cadre du travail quotidien aura un impact certain sur le climat et l'ambiance de travail générale de l'organisation et, par conséquent, sur les motivations des personnes envers leur travail.

La dynamique managériale aura un impact sur les performances économiques financières, humaines et sociales de l'entreprise, comme sur le climat de travail et les relations industrielles.

En résumé, cette dynamique managériale d'apprenance va entraîner inéluctablement une amélioration progressive et durable des performances économiques et financières de l'entreprise, en contribuant fortement aux processus de création de valeur tant par l'amélioration de l'efficacité opérationnelle que par la créativité et l'innovation qu'elle va susciter. De plus, elle aura un impact très positif sur le climat de travail, sur les relations industrielles et, d'une façon générale, sur les performances humaines et sociales de l'entreprise. Enfin elle contribuera à l'amélioration de sa légitimité sociétale, de sa citoyenneté environnementale et de son image qui seront des critères d'évaluation d'importance croissante.

Par ailleurs, ce modèle simple de développement d'un management de l'apprenance a le mérite d'offrir un cadre opérationnel et clair pour l'action (8). Toutes ses composantes sont susceptibles d'être paramétrées avec un ensemble d'indicateurs. Ce qui permet de mesurer et d'évaluer où en est une entreprise, ou une organisation, sur la voie de l'apprenance. Ce schéma permet également de piloter le développement d'une dynamique d'apprenance au sein d'une organisation et d'orienter ses efforts pour progresser sur la voie de l'entreprise apprenante.

Chapitre 5

Pratiquer un leadership
de l'apprenance

L e développement d'une dynamique d'apprenance au sein d'une organisation requiert des pratiques de management des hommes, inspirées par un autre paradigme de *leadership*. La construction d'une entreprise apprenante passe, comme le remarque Senge, par une transformation des modèles mentaux. Il va s'agir de créer une autre culture managériale et de susciter des contextes de travail différents au sein de l'organisation. C'est aux dirigeants, relayés par la hiérarchie opérationnelle, de donner l'impulsion et de maintenir l'élan nécessaire pour réussir cette transformation de la culture et des pratiques managériales. Un nouveau type de *leadership* est la clé de la construction d'entreprises apprenantes. Comme le souligne avec justesse Bennis : « *le principal défi pour les leaders du XXIe siècle sera de savoir comment libérer le potentiel cérébral de leurs organisations.* »

Un tel *leadership* de l'apprenance procède d'une nouvelle philosophie managériale et implique d'autres principes de management des hommes, comme nous allons le voir. Il nécessite également la pratique d'un métier de manager-leader différent qui se caractérise par d'autres critères d'excellence professionnelle que ceux qui prévalent actuellement.

UNE AUTRE DÉONTOLOGIE MANAGÉRIALE

Le concept d'entreprise apprenante, représente une rupture par rapport à la représentation traditionnelle néotaylorienne de l'homme. Selon la vision de l'apprenance, l'homme n'est plus une simple ressource vendant ou louant à l'entreprise sa force de travail ou ses compétences, moyennant une rémunération considérée avant tout comme une charge pour l'entreprise.

Remarquons que la terminologie ressources humaines, très courante aujourd'hui, apparaît en réalité quelque peu inadéquate au sens strict de la vision de l'homme, qu'implique le concept d'entreprise apprenante. Il conviendrait plutôt, dans cette perspective, de parler de potentiel humain (terme que nous utiliserons d'ailleurs ultérieurement). Ce qui traduit mieux l'idée du processus de développement professionnel de l'homme par ses capacités d'apprentissage, à la base même de la philosophie managériale de l'apprenance.

Selon cette philosophie, l'homme est considéré comme la principale source de création de valeur de l'entreprise de par son intelligence, sa créativité, son imagination, ses compétences, son énergie, ses capacités d'adaptation et d'anticipation et son potentiel d'apprentissage. L'homme n'est plus perçu seulement comme une charge à réduire mais comme un potentiel à développer. Il devient même le domaine d'investissement le plus rentable pour l'entreprise, si elle sait gérer intelligemment cette source essentielle de création de valeur.

■ Nouveau regard sur les hommes

Une prise de conscience progressive se répand depuis quelques années dans les discours de certains esprits avant-gardistes, ainsi que dans une littérature managériale de plus en plus abondante. Mais le passage aux actes reste encore très rare dans le monde des entreprises et des organisations, du moins en France.

Ce nouveau regard sur les hommes dans les organisations conduit à prendre en compte l'homme dans sa globalité, notamment dans ses dimensions psychologiques et ses aspects affectifs ou émotionnels – longtemps occultés par les approches traditionnelles de la gestion des ressources humaines et du management. Les travaux de Goleman, déjà cités, sont venus très opportunément combler cette lacune évidente, tant des théories que des pratiques dominantes de management des hommes qui, avec un aveuglement sidérant, ne voulaient voir de façon simpliste que les aspects rationnels de la nature humaine.

Le développement du potentiel d'apprentissage, de créativité, d'intelligence, d'énergie des hommes exige un certain nombre de prérequis émotionnels et de conditions psychologiques adéquates, comme l'ont montré depuis longtemps tous les spécialistes de l'apprentissage humain.

Or, celles-ci ont été trop souvent bafouées, voire totalement ignorées, par les approches traditionnelles de la gestion des ressources humaines et les pratiques de management des hommes. Il en résulte un sous-développement du capital humain et de nombreux dysfonctionnements, que l'on peut aisément observer dans la plupart des organisations (faibles motivations, comportements négatifs vis-à-vis du travail ou de l'entreprise, sentiments de frustration, manifestations de stress, mauvaise ambiance de travail, etc.).

La nouvelle vision de l'homme qu'implique le concept d'entreprise apprenante débouche sur une autre conception de l'entreprise ou de l'organisation qui – on a trop tendance à oublier cette évidence – est d'abord une communauté humaine. Or, comme l'ont montré depuis longtemps les sociologues, une communauté a besoin de règles de fonctionnement fondées sur des valeurs et sur une éthique partagée. Pour qu'une telle communauté humaine devienne apprenante, elle aura besoin d'un *leadership* basé sur une éthique et sur des valeurs favorables aux processus d'apprentissage des individus, et des équipes.

Une telle éthique relationnelle reposera sur la pratique de valeurs telles que la confiance, le respect mutuel, la responsabilisation, l'écoute, la coopération, la solidarité, le développement professionnel des autres, l'aide et l'encouragement à l'apprentissage, le partage des connaissances et des savoir-faire liés à l'expérience, le sens du service à l'égard des collaborateurs, la reconnaissance des efforts individuels et collectifs, etc. Aussi, une démarche d'apprenance ne peut pas faire l'économie d'une réflexion initiale sur la vision de l'homme, sur les valeurs managériales et sur l'éthique relationnelle de l'ensemble de la hiérarchie et des managers.

Exemple

L'éthique managériale source de performances chez Nucor

Nucor est une entreprise américaine du secteur sidérurgique. Elle a connu un redressement spectaculaire dans les années 80, sous l'impulsion de son PDG Ken Iverson, et a réalisé des résultats impressionnants – notamment par rapport à son principal concurrent Bethleem Steel, la société de référence du secteur.

Ken Iverson est un homme discret. Face à une concurrence étrangère agressive, il considère que le principal problème n'est pas l'importation d'acier étranger mais le management des hommes.

Nucor privilégie une culture d'éthique et une technologie avancée. Nous soulignerons ici que Nucor se distingue des autres entreprises par son management des hommes favorisant le dialogue, les échanges, le respect mutuel et l'égalité. Il n'y a que quatre niveaux hiérarchiques et une équipe de direction limitée à vingt-cinq personnes. Ses salariés sont les mieux payés du secteur et bénéficient d'un système de rémunération incitatif. Le PDG a supprimé les privilèges traditionnels liés aux positions hiérarchiques. Le climat social de l'entreprise est devenu excellent, à la différence des concurrents, et les performances économiques de l'entreprise ont atteint des niveaux exceptionnels dans la profession.

Cet exemple montre, clairement, l'impact d'une nouvelle philosophie et éthique managériale réellement mise en pratique sur les performances globales d'une entreprise.

(d'après l'ouvrage de J. Collins, *Good to great* – Harper Business – 2001). ■

■ *Déontologie managériale*

Quand on parle d'éthique dans les entreprises on pense aux relations de l'entreprise avec son environnement et ses partenaires extérieurs. Ce qui est un souci louable et à la mode depuis quelques années. En revanche, on a tendance à oublier l'éthique interne qui correspond aux valeurs et aux règles qui régissent les relations de travail quotidiennes, et notamment entre encadrement, subordonnés, pairs, etc.

C'est cette éthique interne que nous qualifions de déontologie managériale. Or, pour construire une entreprise apprenante, c'est au départ sur ces dimensions internes, de nature relationnelle, que la réflexion éthique doit porter. En particulier pour les dirigeants qui ont, de par leurs fonctions, des responsabilités dans ce domaine. Des questions essentielles se posent :

– Les valeurs et l'éthique qui sous-tendent les pratiques managériales des responsables hiérarchiques favorisent-elles les processus d'apprentissage individuels et collectifs ?

– Existe-t-il un code éthique ou déontologique respecté par les managers dans le cadre de leurs relations quotidiennes de travail ?

– Est-il vraiment connu de tous et fait-il réellement l'objet d'une appropriation et d'une pratique suivie par l'ensemble des responsables hiérarchiques ?

Combien d'entreprises, et surtout de grandes, ont des chartes et autres tables de la loi bafouées quotidiennement par les comportements des plus hauts responsables hiérarchiques.

La déontologie managériale de l'entreprise apprenante se démarque complètement de ces travers car elle s'accompagne obligatoirement de la création d'une culture et de pratiques managériales autres. Le rôle du *leadership* est à cet égard essentiel pour façonner et construire une nouvelle culture d'apprenance, avec des valeurs fortes, connues de tous, mais surtout pour faire en sorte qu'elles soient effectivement pratiquées quotidiennement par l'ensemble de l'encadrement de l'organisation. Il est fondamental que les dirigeants de l'organisation ou de l'entreprise manifestent eux-mêmes des attitudes et des comportements exemplaires par des actes symboliques forts. Seuls de tels agissements pourront inciter l'ensemble de la hiérarchie à changer ses pratiques quotidiennes de management des hommes et à les mettre progressivement en conformité avec une nouvelle culture d'apprenance. De plus, les modes d'évaluation de tous les responsables hiérarchiques doivent intégrer de manière significative cette dimension déontologique pour la faire respecter, sinon il est certain qu'elle restera lettre morte.

UNE PHILOSOPHIE MANAGÉRIALE DIFFÉRENTE POUR UNE CULTURE D'APPRENANCE

L'apprenance procède d'une vision de l'entreprise qui, comme le fait remarquer Senge, a autant une dimension réactive ou proactive (apprentissages pour s'adapter ou anticiper une évolution de l'environnement), qu'une dimension générative (apprentissages pour faire preuve de créativité et d'innovation).

La puissance unique d'une démarche d'apprenance est donc de contribuer efficacement aux performances économiques du projet stratégique de l'entreprise et au développement professionnel des hommes et des équipes, les deux se renforçant mutuellement. Un management des hommes fondé sur une démarche d'apprenance permet de concilier la performance technico-économique et le développement humain et social de l'organisation ou de l'entreprise. Il procède d'une logique managériale généralisée d'apprentissage des individus, des équipes, des unités organisationnelles et de l'entreprise dans son ensemble. Le management de l'apprenance implique de travailler sur l'ergonomie, sur le contexte et sur l'ambiance de travail afin qu'ils soient propices aux phénomènes d'apprentissages. Il aura un impact évident sur le climat social, sur les relations avec les partenaires extérieurs et sur l'intégration sociétale de l'entreprise.

L'apprenance apparaît donc comme le fil rouge d'une nouvelle philosophie managériale au service du développement global de l'organisation et de ses membres. Elle constitue un nouveau paradigme de management. Elle ouvre la voie, comme nous le verrons ultérieurement, à des stratégies d'entreprises autres, fondées sur des types d'avantages concurrentiels différents.

En pratique, nous allons voir que cette philosophie managériale d'apprenance va se traduire par de nouveaux principes de *leadership* qui définissent un *leadership* de l'apprenance. Elle implique un métier de manager-leader très différent du classique profil de manager-gestionnaire. Ce métier va exiger d'autres qualités et compétences managériales de la part de l'encadrement.

En résumé cette philosophie managériale a pour objectif de susciter l'émergence d'une culture d'apprenance au sein de l'organisation. La dynamique managériale innovante qui en résultera va faciliter les changements recherchés dans les pratiques de management des hommes et des organisations.

PRINCIPES D'UN LEADERSHIP DE L'APPRENANCE

Le principal objectif d'un *leadership* de l'apprenance est de susciter des processus d'apprentissage généralisés et permanents, au service des performances globales, dans le cadre du projet stratégique de l'organisation. Ces apprentissages vont concerner tous les individus, toutes les équipes de travail, tous les réseaux internes, toutes les unités organisationnelles et d'une façon générale l'ensemble des relations entre les acteurs internes et les partenaires extérieurs de l'organisation. Un tel *leadership* de l'apprenance conduit à des principes d'action, très différents des pratiques courantes du management en vigueur dans la plupart des organisations.

> Le principal objectif d'un *leadership* de l'apprenance est de susciter des processus d'apprentissage généralisés et permanents.

Il implique une vision et des pratiques de l'exercice du pouvoir autres. Il s'agit là, sans doute, de la principale rupture par rapport au modèle hiérarchique et centralisé néotaylorien. Le *leadership* de l'apprenance n'a pas pour objectif de supprimer la hiérarchie, même si il a clairement tendance à limiter le nombre des échelons hiérarchiques (car ils constituent des freins aux processus d'apprentissage comme nous le verrons). En revanche, il définit d'autres missions essentielles pour celle-ci. De l'exercice d'un pouvoir hiérarchique fondé sur la direction des hommes, il va s'agir de passer à un nouveau management des hommes centré sur l'art d'utiliser et de développer leurs compétences et talents personnels et professionnels.

L'objectif est de créer un maximum de valeur pour l'organisation, tout en permettant à chacun de trouver un épanouissement professionnel dans le cadre de son travail. L'importance de cette rupture est fondamentale pour comprendre le changement qu'implique, pour la hiérarchie, la mise en œuvre d'une démarche d'apprenance et le type de *leadership* qu'elle exige. Certes, il convient de mesurer les obstacles à surmonter, et surtout d'apprécier de façon réaliste la révolution mentale et comportementale que requiert sa mise en œuvre, surtout dans des organisations traditionnelles.

Un tel *leadership* de l'apprenance va se traduire par des principes d'action simples pour le management des hommes et des organisations, qui seront les suivants :

● Promouvoir et faire partager une autre vision de l'entreprise apprenante par des pratiques managériales différentes

La vision de l'entreprise apprenante suscitera l'adhésion des acteurs à partir du moment où ils comprendront l'intérêt qu'elle présente pour eux-mêmes et pour les objectifs de l'entreprise. Sa crédibilité reposera sur la mise en pratique par les dirigeants d'une éthique relationnelle reposant sur la confiance, le respect des individus, l'équité, la solidarité, la reconnaissance et sur des attitudes et des comportements managériaux exemplaires. Il s'agira de valoriser et de récompenser tous les comportements et initiatives susceptibles de produire des apprentissages individuels et collectifs.

● Créer au sein de chaque unité organisationnelle un contexte de travail apprenant, favorable au développement professionnel des individus et des équipes

Par un mode d'animation approprié l'encadrement va donner la priorité au développement des compétences professionnelles des individus et des équipes (notamment en termes de temps, de disponibilité, d'attitudes et de comportements managériaux), dans le cadre des tâches quotidiennes. Cela signifie, offrir les moyens matériels adéquats pour favoriser ces apprentissages, et surtout pratiquer un style de management des hommes qui crée une ergonomie incitative pour chaque individu et pour le climat de travail des équipes et des unités organisationnelles.

● S'impliquer dans la gestion et le développement professionnel des collaborateurs

Selon une philosophie managériale d'apprenance, le devoir du responsable hiérarchique ou du manager est d'assurer le développement professionnel de ses collaborateurs. Cette tâche n'est plus dévolue au service des ressources humaines.

Ce dernier n'assure plus qu'un rôle fonctionnel de conseil et d'appui technique. Mais c'est au manager-leader de prendre en charge directement la gestion de ses proches collaborateurs (et des compétences qu'ils représentent) en y consacrant le temps nécessaire, car les responsabilités qu'ils ont à l'égard de leurs apprentissages professionnels sont indissociables de leur fonction de supervision de leurs tâches.

● Concevoir une organisation du travail contribuant de manière permanente aux apprentissages individuels et collectifs

Il s'agira par exemple :
- De procédures de travail favorisant l'apprentissage au sein des équipes de travail (s'appuyant sur des techniques de *team building* et surtout de *team learning*).
- De réseaux apprenants thématiques ou de groupes projets avec des objectifs de réflexion collective et de production de nouvelles connaissances.
- De procédures systématiques d'apprentissages informels dans le cadre des tâches quotidiennes (*on the job learning*).
- De pratiques de délégation des responsabilités aux subordonnés afin de favoriser leurs apprentissages managériaux, en sachant assumer (et gérer) les risques que cela représente pour l'activité opérationnelle de l'organisation (concept de *devolved leadership*).
- D'activités de *mentoring*, de conseil et diverses formes d'accompagnement informelles de la part des responsables hiérarchiques envers leurs collaborateurs directs et leurs équipes.

● Savoir créer un contexte managérial propice à la gestion des connaissances

Dans une démarche d'apprenance, il est important de mettre en place un système adéquat de gestion des savoirs (*knowledge management*) et pour cela de remplir certaines conditions managériales préalables, comme la pratique de valeurs de partage des informations et des connaissances, de solidarité, de curiosité, d'échanges, d'esprit d'équipe, etc. au sein de l'unité organisationnelle.

(Nous verrons ultérieurement que les systèmes de gestion des connaissances procèdent d'une approche trop instrumentale).

Or, pour construire une entreprise apprenante, il convient de créer un contexte managérial et un climat de travail perçu par tous les acteurs comme propice au partage de l'information, à son exploitation, à sa création, à sa diffusion, etc. Ce qui passe par la pratique quotidienne d'une authentique culture d'apprenance par l'ensemble des acteurs et, en particulier, par les responsables hiérarchiques qui auront une responsabilité importante dans la création de ces conditions managériales adéquates.

● Coordonner et développer les compétences professionnelles des collaborateurs dans la perspective du projet stratégique de l'entreprise

> La valeur ajoutée essentielle des nouveaux managers viendra de leurs capacités à gérer, à la fois au niveau individuel et collectif, les savoirs et les talents des hommes dont ils sont responsables.

Drucker fait remarquer que la valeur ajoutée essentielle des nouveaux managers viendra de leurs capacités à gérer, à la fois individuellement (dimension personnelle du management) et collectivement (au niveau des équipes), les savoirs et les talents des hommes dont ils sont responsables.

Le nouveau modèle de management par les compétences du Medef s'inscrit dans une telle philosophie managériale d'apprenance. Il conduit les responsables hiérarchiques à être des mentors, qui apportent à leurs équipes l'aide nécessaire à l'optimisation de leurs tâches et de leurs performances. Ils ont également la responsabilité du développement de leurs compétences professionnelles en organisant et en gérant tout un ensemble de processus d'apprentissages individuels et collectifs (au sein de leurs équipes). Une évolution profonde de la valeur ajoutée managériale apparaît. Celle-ci devient davantage liée au management et au développement des hommes qu'à une fonction de supervision de leurs tâches techniques.

● Faire preuve d'énergie, d'enthousiasme et de passion pour l'apprenance

Le *leadership* de l'apprenance doit porter un message fort qui va catalyser un processus de transformation des schémas mentaux des hommes. Un tel changement ne peut intervenir que si les responsables, dirigeants et cadres, déploient une somme d'énergie, de passion et de persuasion élevée, pour faire passer le message conceptuel et, pour faciliter les changements d'attitudes et de comportements nécessaires à tous les niveaux et dans toutes les tâches quotidiennes.

L'exemplarité et la cohérence des comportements des dirigeants auront à cet égard une importance symbolique déterminante qui permettra d'entraîner ceux de l'ensemble de la hiérarchie.

La référence à l'énergie déployée et au talent de communicateur de certains managers-leaders pour faciliter les changements de vision des hommes et des équipes peut prendre des formes diverses. L'enthousiasme et la passion se révèlent des ingrédients particulièrement efficaces pour les processus d'apprenance individuels et collectifs, comme les nombreuses expériences réussies d'entreprises le montrent.

Exemple

Engagement affectif et processus de transformation chez Shell Oil

Shell Oil a connu un processus de transformation en profondeur dans les années 90. Le témoignage de Linda Pince, conseillère du comité de *leadership*, qui a guidé la société dans ce processus de changement radical de son management, est particulièrement intéressant et éloquent. Elle montre qu'après une première phase de compréhension intellectuelle du changement, de conceptualisation et de rationalisation, les progrès furent en réalité très lents car les nouveaux modes de fonctionnements professionnels n'étaient que faiblement intégrés.

La clé était d'obtenir un engagement affectif entre les idées et les personnes, pour faire bouger l'organisation. L'entreprise a travaillé sur cet engagement affectif, sur sa signification pour tous les responsables (en termes d'attitudes et de comportements), sur l'impact nécessaire sur les présupposés et la culture de l'entreprise. Ce qui se traduit par : humilité, sincérité et risques. Elle précise que cet engagement affectif est une condition du changement durable. Cette expérience a été, pour elle, très riche d'enseignements, surtout dans la connaissance de soi.

Le développement d'une relation entre une passion interne et les sources de valeur de l'activité professionnelle, sont apparues comme le moteur du nouveau modèle économique de l'entreprise. Elle précise que ce schéma économique aussi cohérent, solide et en phase avec la culture de l'entreprise soit-il, ne pourra être mis en œuvre que si on a été capable d'établir une relation affective avec lui, procédant d'un sentiment de liberté et d'engagement personnel. La compréhension et l'adhésion intellectuelle ne suffisent pas.

Tel est le sens de l'appropriation réelle d'une théorie, qu'on doit être capable d'ajuster et d'adapter librement. C'est aussi le sens profond d'une action de changement réussie. Elle conclut par la proposition d'un cycle d'intégration de la dynamique de changement : compréhension intellectuelle puis engagement affectif et enfin action soutenue sur le terrain.

Le cas est particulièrement intéressant dans une perspective de développement d'un management de l'apprenance, car il montre bien les limites d'un modèle intellectuel (qui suppose un engagement affectif libre de chacun pour qu'intervienne un réel changement), quelles que soient sa pertinence et l'importance managériale de l'intelligence émotionnelle.

(d'après le témoignage de L. Pince citée dans *La danse du changement* de P. Senge). ■

Pratiquer un *leadership* du service des hommes et des équipes pour favoriser l'apprenance

La valeur ajoutée essentielle d'un manager-leader dans une entreprise apprenante n'est plus de diriger, au sens de commander, mais bien d'expliquer la stratégie de l'organisation et son sens aux acteurs, de créer des contextes de travail motivants pour tous les individus et de les soutenir dans la réalisation de leurs tâches quotidiennes afin qu'ils soient plus performants. La révolution culturelle fondamentale de l'entreprise apprenante est la transformation de la valeur ajoutée managériale de la hiérarchie qui doit être d'abord au service des collaborateurs. On rejoint ici le concept de management de la pyramide inversée présenté, dans les années 80, par Carlzon dans son célèbre ouvrage. Ce concept managérial n'est pas, comme certains le pensent, une aimable utopie organisationnelle qui aurait pour but de faire disparaître la hiérarchie. Au contraire, l'auteur proposait une vision avant-gardiste et prémonitoire du management des hommes, qu'il avait d'ailleurs appliquée avec succès dans sa propre entreprise, la compagnie aérienne scandinave SAS.

Selon cette conception révolutionnaire du management des hommes, il s'agit de transformer les rôles, les responsabilités et les priorités des managers en les mettant au service des hommes et des équipes de travail qu'ils encadrent, pour créer une dynamique d'amélioration durable des performances globales de l'organisation.

Un courant novateur de la pensée managériale, s'est développé aux États-Unis autour de ce concept du leader–serviteur (*servant leadership*).

Selon cette approche révolutionnaire du *leadership*, « *la seule autorité qui mérite la loyauté d'autrui est celle qui est accordée librement et sciemment au leader par les personnes qu'il dirige proportionnellement à son attitude de service* » (1).

Les principales caractéristiques de ce concept de leader-serviteur rejoignent en partie celles du manager-leader qui apparaît comme l'acteur-clé de la démarche d'apprenance.

UN NOUVEAU MÉTIER DE MANAGER-LEADER

Le paradigme de management de l'apprenance implique clairement une autre conception du métier de manager que celle issue des modèles de management néotayloriens. Il convient d'éviter l'écueil de descriptions stéréotypées d'un profil idéal de manager-leader, comme on en rencontre trop souvent dans la littérature managériale. Aussi semble-t-il pertinent, pour présenter ce métier, d'évoquer les compétences managériales essentielles qui doivent le caractériser. Elles sont directement issues des principes du management de l'apprenance évoqués précédemment. Nous les illustrerons par quelques expériences intéressantes d'entreprises.

Savoir faire partager la vision de l'entreprise apprenante

La transformation profonde des schémas mentaux des individus que suppose l'entreprise apprenante ne peut intervenir s'il n'y a, au préalable, une bonne compréhension des valeurs, des principes et des règles du jeu d'une telle vision de l'entreprise. Ce préliminaire est indispensable pour qu'il y ait appropriation par l'ensemble des acteurs concernés du changement qu'implique ce nouveau paradigme de management.

Aussi le rôle de sensibilisation et de persuasion des managers-leaders pour préparer l'organisation au changement est essentiel. Il n'est pas facile et de nature essentiellement psychologique, car il touche les modèles mentaux, les représentations, les valeurs et les réflexes traditionnels. Il va s'agir de contribuer à leur remise en cause puis de faciliter leur transformation. Ce processus prend toujours du temps comme l'exigent tous les changements humains. Il demande beaucoup d'énergie, de persévérance, de force de conviction et d'enthousiasme. Le manager-leader doit communiquer sa vision et susciter l'adhésion de ses collaborateurs par des attitudes et des comportements cohérents avec ses discours. Sa crédibilité est naturellement liée à l'exemplarité de ses propres pratiques managériales quotidiennes, mais aussi à ses qualités pédagogiques et de communication. C'est le sens même du *leadership* de l'apprenance que nous venons d'évoquer.

Une illustration d'un tel *leadership* transformateur, même s'il ne s'agit que partiellement d'un *leadership* de l'apprenance, a été celui de Carroll à la tête de Shell Oil (2). Cette filiale américaine du groupe Royal Dutch/ Shell a fait l'objet dans les années 90 d'un changement remarquable sous l'impulsion de son dirigeant. Celui-ci s'est personnellement investi dans un processus de communication interne, pour faire comprendre sa vision du management fondée sur l'apprentissage de tous. Ce changement s'est traduit par une forte décentralisation du pouvoir de décision vers le terrain selon le principe de subsidiarité. L'accent fut mis sur les valeurs, la vision et l'authenticité individuelle. Une dynamique d'apprentissage continu a été mise en place dans le travail d'équipe et un *learning center* (laboratoire d'apprentissage) a été créé près du siège.

Ces changements se sont traduits par l'amélioration des résultats financiers, un niveau exceptionnellement accru d'innovation entrepreneuriale et surtout d'enthousiasme et d'engagement du personnel.

Savoir créer un contexte organisationnel et un climat de travail favorables aux processus d'apprenance

Il va s'agir d'un ensemble de pratiques managériales du manager-leader cohérentes avec la philosophie de l'apprenance, telles que :
- L'établissement d'un climat de confiance par des comportements et des attitudes adéquats (transparence, équité, professionnalisme, etc.).
- La reconnaissance du droit à l'erreur et son utilisation comme moyen d'apprentissage.
- L'ouverture permanente à l'échange et au dialogue direct avec les collaborateurs.
- L'existence d'un système d'évaluation des performances individuelles et collectives perçu comme juste, par les acteurs concernés.
- L'encouragement à l'épanouissement et au développement professionnel de chaque individu.
- La gestion personnalisée de tous et la prise en compte des situations personnelles.
- Le soutien à l'apprentissage de chacun et à celui des équipes de travail.
- La lutte contre les situations conflictuelles et les dysfonctionnements internes au sein de l'organisation, par le dialogue et la médiation.
- La reconnaissance des contributions et des mérites de chacun tant individuellement que collectivement.
- L'encouragement à la diffusion, au partage et à l'échange des informations et des savoirs dans un esprit de solidarité, de créativité et d'innovation.

■ *L'exemple de Sony-France*

À titre d'illustration d'efforts de création d'un contexte organisationnel et d'un climat de travail favorables à une telle dynamique d'apprentissage, on citera le cas de Sony-France qui, dès la seconde moitié des années 90, a mis en place des orientations managériales allant dans ce sens. Ainsi, sa charte de l'entreprise met l'accent sur l'encouragement du développement des talents personnels (autonomie, communication, recherche de consensus, délégation de responsabilités, droit à l'erreur) et sur la volonté de fonder l'organisation sur la valeur des individus (l'homme avant l'organisation, décentralisation, réseau, etc.). Le management se définit avant tout comme un état d'esprit permettant de mobiliser les talents en vue de satisfaire le client. Cette mobilisation se réalise par trois principes managériaux simultanés et interactifs.

L'abandon d'une organisation taylorienne au profit d'une organisation cellulaire. Chaque cellule est animée par un leader responsable du business et qui a une fonction d'interface. Elle a une activité homogène et regroupe les fonctions utiles. Elle est modifiable rapidement et en contact permanent avec les autres cellules, les clients et fournisseurs.

Des valeurs partagées qui comprennent d'une part, des valeurs de comportement (relations humaines fondées sur la confiance et le respect, autonomie et responsabilisation de chacun, exemplarité, écoute des autres, droit à l'erreur, reconnaître l'essentiel, apprendre de tout événement, communiquer, etc.) et, d'autre part, des valeurs de groupe (vision commune, qualité comme source de motivation, communication interne et transparence, hiérarchie responsable de son équipe, recherche de consensus, etc.).

Un système de gestion des ressources humaines spécifique et cohérent avec ces principes managériaux mettant notamment l'accent sur la politique de recrutement et d'intégration, la formation comportementale (savoir-être) à côté de la formation classique aux savoirs, un système d'évaluation des performances par rapport aux spécificités de l'organisation et de ses valeurs, la communication interne, l'identification des potentiels et talents des individus, la promotion interne, l'adaptation constante de l'organisation.

Savoir aider et responsabiliser ses collaborateurs, pour qu'ils développent leurs compétences et améliorent leurs performances

Le manager-leader d'une organisation ayant choisi d'adopter un management de l'apprenance aura pour mission prioritaire d'être au service de ses troupes, afin d'améliorer l'ergonomie et les performances de leurs tâches tout en contribuant au développement de leurs compétences professionnelles. Cela se traduira par des pratiques de management des hommes telles que : une communication et un dialogue régulier avec chacun ; une aide à la résolution des problèmes rencontrés par les collaborateurs dans leurs tâches quotidiennes ; un soutien systématique dans les démarches créatives et innovantes susceptibles d'être des sources de valeur pour l'organisation ; un appui pratique et un encouragement à l'apprentissage professionnel tant individuellement que collectivement ; un encouragement au partage de l'expérience, des savoir-faire et des connaissances personnelles ; un rôle de coordonnateur des compétences et des talents des collaborateurs, afin de pouvoir les mettre intelligemment au service du projet stratégique de l'organisation.

■ *L'exemple des groupes d'apprentissage*

Des formules de groupes d'apprentissage autonomes peuvent aussi permettre d'atteindre ces objectifs. En effet, les membres de tels groupes de travail vont se responsabiliser et se gérer produisant de puissants effets en terme d'apprenance. On citera deux exemples intéressants s'inscrivant dans une telle logique d'apprenance :

Les groupes d'apprentissage mixtes chez Volvo Cars Europe Industry (3) avaient pour objectif d'apprendre à apprendre ou d'apprendre à travailler autrement, aux salariés participant à ces groupes. Cela à partir d'une étude sur des problèmes divers apparus lors d'une enquête interne. Les groupes d'apprentissage ont été fondés sur les connaissances et les motivations des volontaires participants et non sur des critères hiérarchiques. Des formateurs ont aidé ces groupes à faire progressivement l'expérience de leur autonomie (et de leur autogestion) et sont devenus des accompagnateurs du changement. Les travaux de ces groupes font régulièrement l'objet de partages intergroupes, au sein de plates-formes d'échanges, afin d'améliorer la coordination et la communication entre eux. Il faut noter qu'à l'occasion de ces réunions, les représentants de chaque groupe analysent leurs processus d'apprentissage, par conséquent acquièrent de nouvelles compétences. Il est clair que c'est le processus qui devient central et finalement s'avère plus important que les résultats techniques, car il concourt directement à la création d'une culture d'apprenance différente. Comme le note le responsable du développement du personnel à propos de cette expérience : « *En fin de compte, le processus d'apprentissage exerce un effet global sur les personnes et sur l'organisation. Les gens acquièrent des compétences nouvelles et l'organisation se renforce. Chaque niveau développe des compétences et la capacité de les mettre en œuvre : personne, équipe, service, organisation, environnement...* »

On évoquera également l'expérience d'Usinor à Dunkerque, qui a conçu et organisé une nouvelle usine sur un principe d'équipes semi-autonomes. Cette innovation organisationnelle a été une réussite même si elle a été délicate et longue à mettre en place. Elle représentait, en effet, une rupture radicale avec les schémas organisationnels classiques et tayloriens de l'industrie. Elle constitue un remarquable exemple de dynamique d'apprenance liée à une innovation organisationnelle, en l'occurrence des équipes semi-autonomes.

Savoir assurer la gestion des talents des hommes et le développement du potentiel humain

Dans une organisation souhaitant évoluer vers une dynamique d'apprenance, il est clair que les managers-leaders auront un rôle croissant de gestion des hommes, et en particulier de leurs collaborateurs directs.

Il va s'agir d'optimiser, de développer et de valoriser ce capital humain de compétences, de savoir-faire, de connaissances, d'expériences, etc. tant sur le plan des individus que sur celui des équipes. Certes, ils seront appuyés dans ces nouvelles responsabilités par les services fonctionnels spécialisés de l'entreprise, mais dans une optique de management de l'apprenance leurs responsabilités de gestionnaire et de développeur des hommes sera essentielle. Il s'agit de conjuguer étroitement développement des hommes et performances globales de l'organisation. Remarquons qu'une culture d'apprenance facilitera ces tâches des managers-leaders. En effet, chaque individu (et équipe) sera fortement incité à prendre en charge ses propres apprentissages. Ces efforts d'apprenance permettront à l'organisation de progresser sur le plan opérationnel mais aussi d'adopter une position plus favorable pour relever ses défis stratégiques.

■ Pôles et réseaux de compétences

À titre d'illustration, d'efforts de développement du capital humain de l'entreprise dans une perspective de management de l'apprenance, on peut citer les initiatives de la société Schneider Electric pour développer des pôles de compétences et des réseaux de compétences (4). Selon les responsables de cette démarche, la gestion active des compétences implique d'organiser l'apprentissage collectif au niveau du recueil des informations, de la résolution des problèmes, du partage des connaissances et de l'intégration des expériences. Selon eux, l'organisation est conçue dans cette perspective comme un système qui apprend. Le développement d'une organisation apprenante – à la suite de l'expérience de Schneider Electric sur les réseaux et pôles de compétences – passe par le développement d'une vision globale et d'une ouverture vers l'extérieur ; par le partage et l'enrichissement de cette vision par tous les acteurs de l'entreprise ; ainsi que par l'entretien de processus d'apprentissage globaux (avec la formalisation du savoir-faire, la formation de tous les acteurs pour leur apprendre à multiplier les connaissances, l'accompagnement sur le terrain, la mesure de l'évolution des performances, les remises à jour périodiques).

Enfin, il convient de noter que toujours selon cette entreprise cette démarche de progrès vers l'entreprise apprenante doit s'appuyer sur des valeurs partagées essentielles tels : le sens de la communauté d'intérêt (les compétences-clés sont la propriété du groupe), le principe de subsidiarité appliqué aux compétences (décentralisation intelligente), la discussion pour l'arbitrage entre le développement à moyen terme et les exigences opérationnelles de court terme, et des valeurs d'apprenance proactives (responsabilisation des individus, progrès permanent, expérimentation, innovation, droit à l'erreur, etc.).

Une autre illustration de l'implication des managers-leaders dans le développement professionnel de leurs collaborateurs est fournie par l'expérience de la société Motorola. Dans cette entreprise les managers sont chargés de l'élaboration et du suivi des plans de développement professionnel individuel de leurs collaborateurs directs, et ils doivent en assurer un suivi très régulier. La règle simple mais efficace consiste à consacrer une heure par trimestre au suivi et au développement professionnel de chaque collaborateur direct.

Une enquête menée en interne a clairement montré que cette procédure, malgré quelques réticences au départ, d'une population de managers classiques (profils dominant d'ingénieurs) déjà très pris, a finalement fortement contribué à transformer de façon positive le contexte et le climat de travail dans l'entreprise (5).

Savoir penser l'architecture de l'organisation pour favoriser les processus d'apprentissage individuels et collectifs

Il va s'agir à la fois de concevoir des schémas organisationnels qui vont permettre une meilleure contribution aux performances opérationnelles de l'entreprise et favoriser le développement professionnel des hommes. Comme l'ont souligné depuis longtemps de nombreux observateurs, des organisations décentralisées avec des unités autonomes, des modes de fonctionnement en réseaux, des structures organisationnelles relativement plates avec un nombre réduit de strates hiérarchiques ou encore des schémas organisationnels de type circulaire (6) permettront plus facilement de conjuguer ces deux processus.

Le manager-leader aura un rôle permanent d'architecte organisationnel.

Le manager-leader aura donc un rôle permanent d'architecte organisationnel pour construire (ou reconstruire) avec les acteurs de nouvelles configurations organisationnelles. Il sera l'animateur d'un processus de réflexion régulier sur l'organisation. Il saura mobiliser l'intelligence collective et les talents selon un processus d'apprenance en impliquant ses collaborateurs dans le processus de changement. Cette fonction se rapproche à certains égards de la qualité d'équilibriste du manager moderne décrite dans un récent ouvrage (7).

Une illustration courante de ces schémas organisationnels permettant de favoriser l'apprentissage est celle des équipes de recherche et développement pour la mise au point de nouveaux produits. L'industrie automobile avec des sociétés comme Ford, Chrysler, Renault ou Toyota offre de nombreux exemples d'inventions de concepts organisationnels, riches en apprentissage, tels que les plates-formes de développement innovantes qui ont eu un impact décisif sur l'amélioration des performances de ces entreprises, en raccourcissant les délais de mise sur le marché des voitures (8).

Savoir insuffler de l'énergie et de l'enthousiasme au sein de l'organisation

L'énergie, la détermination et l'enthousiasme des dirigeants sont nécessaires pour donner l'impulsion, entretenir une dynamique permanente d'apprenance et vaincre les freins que ne manquent pas de susciter tout changement important. La construction d'une entreprise apprenante implique en général une remise en question des schémas organisationnels, des façons de travailler et de la dévolution du pouvoir. Ce qui sera perçu comme déstabilisant par les acteurs, et notamment par l'encadrement de proximité.

L'enthousiasme et l'énergie du manager-leader vis-à-vis de cette vision du management de l'entreprise seront essentiels pour faciliter l'indispensable changement des schémas mentaux des acteurs. Il devra, à cet effet, déployer des talents de communicateur, de pédagogue, d'écoute, de dialogue, de persuasion, etc. Mais il devra surtout posséder des qualités humaines et une personnalité capables de remporter l'adhésion de ses collaborateurs.

Précisons bien qu'il ne s'agit pas ici du charisme du chef ou d'une quelconque habileté à la manipulation collective. L'enjeu de la tâche du manager-leader est de donner du sens à la contribution de chacun au projet stratégique de l'entreprise. Cette capacité à apporter de l'énergie et de l'enthousiasme est une des dimensions les plus cruciales du *leadership* de l'apprenance, car elle est un ingrédient essentiel de la motivation d'apprentissage individuelle et collective.

Une excellente illustration, de cette capacité à créer de l'énergie pour transformer une entreprise et lui permettre d'atteindre des niveaux de performances élevés, est celle de Welch à la tête de General Electric. Ce grand patron a déployé une énergie hors du commun, notamment en matière de communication interne et de pédagogie, pour transmettre sa vision et ses principes de management de l'entreprise (9).

Respecter une éthique managériale pour crédibiliser les efforts de changement

L'exercice d'un tel *leadership* ne peut être efficace que s'il se caractérise par le respect d'une éthique managériale forte.

L'exercice d'un tel *leadership* de l'apprenance ne peut être efficace, crédible et contagieux au sein de la hiérarchie, que s'il se caractérise par le respect d'une éthique managériale forte et spécifique. Celle-ci devra refléter le respect de valeurs cohérentes avec cette nouvelle philosophie du management telles que : confiance, transparence, équité, solidarité, exemplarité, écoute, dialogue, responsabilité, autonomie, esprit d'équipe, créativité, expérimentation, liberté d'expression, droit à l'erreur, reconnaissance, pragmatisme, humilité, etc. La crédibilité et la légitimité de la pratique d'un management de l'apprenance est donc indissociable de celle d'une nouvelle éthique managériale par la hiérarchie et par l'ensemble de l'encadrement.

■ L'exemple du laboratoire Roche

Un exemple intéressant, des relations existantes entre les processus d'apprentissage et l'éthique managériale, est fourni par le laboratoire Roche dans la seconde moitié des années 90. Cette multinationale de l'industrie pharmaceutique a mené une réflexion sur les processus et les valeurs d'apprentissage chez ses cadres supérieurs, remarquant que leurs attitudes et leurs comportements managériaux pouvaient souvent être des freins à l'apprentissage, à l'innovation et au changement (10).

Aussi ont-ils dû apprendre à innover pour favoriser une culture d'apprenance en adoptant les principes suivants :
- Accepter de sortir de sa zone de confort.
- Accepter les idées des autres et notamment celles des subordonnés.
- Accepter de perdre l'initiative au profit de collègues et de subordonnés.
- Accepter que le doute est plus une force qu'une faiblesse.
- Accepter de laisser ses subordonnés décider et agir alors qu'on préfère le faire soi-même.
- Reconnaître que la formation initiale (diplôme) et l'expérience n'ont qu'une valeur relative.

Selon cette entreprise, le constat basé sur l'expérience montre que la plupart des meilleures idées viennent du terrain. Le chef doit apprendre à être fier de pouvoir créer un environnement propice aux nouvelles idées et initiatives.

Accepter les idées des autres ne suffit pas. Il faut leur donner les moyens de les essayer, de les tester eux-mêmes, de les réaliser et de se tromper. C'est le propre d'une véritable culture apprenante qui, selon cette entreprise, se caractérise par le fait que :

- Chacun dans son domaine se sente plus compétent que son chef et en soit fier.
- Chacun recherche constamment ce qui peut être amélioré, exécuté plus rapidement ou moins cher.
- Chacun soit responsable des progrès dans son domaine.
- Que tout effort de changement et d'innovation soit reconnu et récompensé.

Comme le remarquent très pertinemment des dirigeants de Roche : « *La base d'une culture apprenante n'est pas le système en place mais l'attitude des cadres à tous les échelons hiérarchiques.* » Selon eux, il est très important que les chefs développent constamment leurs capacités d'écoute, de partage du pouvoir, de dialogue, de respect des individus et de l'indépendance d'esprit de leurs subordonnés et collègues. Et ils ajoutent, que les règles en place, notamment d'évaluation, soutiennent de telles valeurs, attitudes et comportements managériaux. Cette entreprise précise que le chef doit avoir un comportement exemplaire au sens où il doit pratiquer lui-même ce qu'il veut demander aux autres. À tous les échelons hiérarchiques il doit être le moteur du changement, non pas en l'exigeant des autres mais en montrant sa passion pour toutes les nouvelles idées et en posant des questions poussant à la recherche des meilleures solutions. Le facteur temps comme la ténacité apparaissent comme indispensables dans un processus d'apprentissage collectif telle que la création d'une nouvelle culture apprenante. Il faut en moyenne, toujours selon l'expérience de cette entreprise, deux à trois ans d'efforts soutenus pour faire véritablement changer les valeurs et transformer la culture de l'organisation ou d'une unité de travail.

Enfin, selon un très intéressant constat du laboratoire Roche en matière d'apprentissage et d'innovation, c'est plus un management des hommes fondé sur les valeurs émotionnelles que sur des techniques de gestion rationnelles qui a conduit aux vrais changements et aux succès de l'entreprise. Aussi la pratique d'une éthique managériale s'appuyant sur des valeurs émotionnelles telles que le respect de l'individu, le plaisir et la fierté de contribuer et de gagner, l'acceptation de l'ambiguïté et du changement comme stimulants, le sentiment d'autonomie et de responsabilité dans son travail, mais aussi pour sa propre destinée, s'avèrent être les puissants leviers du succès d'une démarche d'apprenance et d'innovation. Or, il apparaît qu'une telle démarche est d'abord et avant tout liée aux motivations des hommes et des équipes, et donc au contexte managérial créé par les responsables hiérarchiques de l'entreprise.

Il est clair que l'expérience de Roche met en évidence des aspects essentiels du nouveau *leadership* de l'apprenance que devront savoir maîtriser les jeunes managers-leaders, et notamment ceux que l'on pourra sélectionner comme de hauts potentiels pour la mise en pratique d'un management de l'apprenance au sein de leurs organisations.

D'AUTRES PROFILS DE HAUTS POTENTIELS

Depuis les années 90, beaucoup d'entreprises, et notamment de grandes, ont mis en place des procédures de gestion et de formation spéciales pour leurs populations de cadres dits, à haut potentiel. Il est d'ailleurs intéressant d'observer que cette notion de haut potentiel et les critères pour la définir varient sensiblement d'une entreprise à l'autre et restent en général très subjectifs (11).

Il existe, en France, un travers culturel fort en matière de hauts potentiels : le poids prépondérant donné aux diplômes.

De plus, il existe en France un travers culturel fort en matière de hauts potentiels avec le poids prépondérant donné aux diplômes ainsi qu'à l'avis du responsable hiérarchique (souvent issu de la même école ou filière). Ainsi, sera *a priori* considéré beaucoup plus facilement comme haut potentiel, le jeune cadre issu d'une grande école prestigieuse comme HEC ou Polytechnique qu'une personne peu diplômée ou autodidacte. À la différence du monde anglo-saxon plus pragmatique, où le diplôme initial compte moins que ce qu'aura pu réaliser la personne dans l'exercice de ses responsabilités professionnelles et la façon dont elle aura été perçue par l'ensemble des gens avec lesquels elle aura travaillé.

Le concept traditionnel de haut potentiel reste relativement flou et très discutable, même si certains consultants en ressources humaines, et officines spécialisées dans le recrutement, cherchent à théoriser sur le sujet – avec parfois des avis péremptoires sans aucun fondement scientifique.

Si la vision des directions des ressources humaines sur les hauts potentiels varie sensiblement d'une entreprise à l'autre, on retrouve, bien sûr, des critères communs dans les grandes entreprises, tels que :

- Des capacités à s'affirmer comme leader, à prendre des initiatives.
- Des capacités démontrées à obtenir de bons résultats financiers, à redresser une affaire.
- Des capacités à savoir imposer son point de vue, à entraîner ses troupes y compris en leur mettant la pression, à faire preuve de caractère, etc.

L'analyse des critères les plus répandus et les plus reconnus par les entreprises jusqu'à présent pour identifier les hauts potentiels montre que l'on se situe encore dans une vision managériale très néotaylorienne.

En effet les principaux critères d'élection sont en général :

- Le prestige du diplôme initial, en particulier des grandes écoles (Polytechnique, Centrale, HEC/Essec, ENA, etc.) qui ont toujours bénéficié, en France, d'une aura particulière pour des raisons culturelles et un goût prononcé pour l'élitisme.
- La priorité donnée aux capacités démontrées de gestionnaire et de financier (le succès d'un redressement financier d'une unité en difficulté ou la réalisation d'une opération réussie de cession ou d'acquisition, etc.) souvent évaluées dans une optique à court terme, plutôt que sur des capacités à manager des hommes et à créer un contexte de travail motivant et énergétique.
- Le profil de chef ou de patron, au sens traditionnel, avec de l'ambition, une personnalité de battant, une tendance à s'imposer, voire à passer en force (par exemple auprès des partenaires sociaux) plus qu'à dialoguer, etc.

Remarquons d'ailleurs qu'un mauvais caractère, des tendances autoritaristes, un manque d'écoute de l'entourage, etc. n'étaient, jusqu'à présent, pas considérés par nombre d'entreprises, comme des handicaps pour des postes de dirigeant, bien au contraire ! Il suffit pour s'en convaincre de voir le nombre de dirigeants ou de hauts responsables considérés par leurs proches comme des caractériels. Il est clair que ces critères de choix des hauts potentiels reflètent une vision taylorienne qui a au fond très peu changé depuis au moins un demi-siècle. Et que dire de la connotation positive et flatteuse attachée au terme de patron, en France !

■ *Une autre vision managériale des hauts potentiels*

L'exercice d'un *leadership* de l'apprenance est incompatible et, même en profonde opposition, avec cette vision classique, en France notamment des hauts potentiels. En effet, selon cette philosophie managériale, les critères de sélection des jeunes cadres aboutiront à d'autres choix de qualités humaines et de capacités managériales, en matière de hauts potentiels. L'accent sera mis sur d'autres priorités dans les domaines des compétences et de l'éthique managériale. Par exemple, seront recherchées en priorité des qualités et des compétences managériales telles que : l'écoute, l'humilité, le développement des collaborateurs, la création d'un esprit d'équipe, l'instauration d'un climat de travail serein dans l'organisation, le sens de la communication et de la pédagogie, la capacité de dialogue avec tous, l'exemplarité des comportements, l'encouragement et le suivi du développement des collaborateurs et des équipes, la pratique d'une éthique relationnelle stricte (respect des personnes), une sensibilité et une capacité à gérer les émotions des personnes (l'intelligence émotionnelle), l'énergie et l'enthousiasme, la reconnaissance des efforts individuels et collectifs, la convivialité, la simplicité, le sens du service à l'égard des subordonnés et des pairs, etc. (12).

Il est clair qu'on se situe dans une vision managériale radicalement différente de celle des hauts potentiels traditionnels. Remarquons également que selon ce modèle du *leadership* de l'apprenance, la nature et le prestige du diplôme initial, ainsi que les compétences techniques de gestionnaire ou d'ingénieur compteront beaucoup moins que les talents d'animation, de communication et de développement du potentiel humain. On rejoint d'ailleurs ici, la vision prémonitoire de Drucker sur les perspectives d'avenir du management des hommes et des organisations.

Une organisation ou une entreprise ne pourra pas se transformer en entreprise apprenante si elle ne dispose pas d'une nouvelle génération de managers-leaders capables « d'opérationnaliser » dans le contexte du travail quotidien les nouvelles pratiques managériales du *leadership* de l'apprenance.

Les nouveaux types de hauts potentiels selon une philosophie managériale d'apprenance, se caractériseront par d'autres critères et talents tels que leurs capacités de contribution au développement professionnel individuel et collectif des collaborateurs, d'amélioration de la qualité de l'environnement managérial et de transformation du contexte de travail de leur équipe ; leur niveau énergie et leur force de conviction ; le caractère éthique et l'exemplarité de leurs attitudes et de leurs comportements managériaux ; leur capacité de développement d'une culture d'apprenance, d'écoute et de dialogue avec l'ensemble des acteurs, d'encouragement à la créativité et à l'innovation ; leur propension à responsabiliser et à créer les conditions de motivation des acteurs, etc.

> *L'apprenance repose sur un principe de construction permanente de l'individu dans le cadre d'un processus continu de développement professionnel et personnel.*

On remarquera toutefois que le concept même d'apprenance va en partie à l'encontre de celui de haut potentiel, qui implique au fond une sorte de prédétermination des capacités et de l'avenir d'un individu. En effet, l'apprenance repose sur un principe de construction permanente de l'individu, dans le cadre d'un processus continu de développement professionnel et personnel fondé sur un potentiel très difficile à cerner et donc à prévoir.

Des facteurs psychologiques très importants comme la volonté, l'ambition, la motivation, les objectifs personnels, la philosophie de l'individu, etc. mais aussi des événements imprévus (rencontres, chance, opportunités professionnelles, etc.) viendront jouer un rôle capital dans un parcours professionnel. Il convient donc de faire preuve, sur ce sujet, de plus d'humilité et de discernement que certains professionnels des ressources humaines ont tendance à le faire aujourd'hui, compte tenu de la complexité et surtout de la relativité de cette notion de haut potentiel.

© Éditions d'Organisation

Ce qui est certain, c'est que les critères de discrimination et les caractéristiques professionnelles des hauts potentiels du management de l'apprenance de l'avenir seront très différents de ceux qui prévalent encore aujourd'hui.

Ceux-ci reflètent souvent une vision obsolète du management des hommes et des organisations qu'ils contribuent d'ailleurs à perpétuer puisqu'ils accèdent aux places de pouvoir.

Les hauts potentiels d'aujourd'hui ne sont-ils pas en réalité plus un frein qu'un accélérateur pour les nécessaires changements managériaux et organisationnels qu'exigeront les organisations pour devenir performantes dans le contexte de l'économie du savoir au XXIe siècle ?

© Éditions d'Organisation

Chapitre 6

Développer un potentiel humain

L e paradigme managérial de l'apprenance met l'homme au centre de la dynamique de développement de l'entreprise. Il ne le considère plus comme une ressource parmi d'autres, mais bien comme la source essentielle de création de valeur de l'entreprise.

Ce modèle de l'apprenance s'inscrit de façon pertinente dans le cadre de l'évolution économique de nos sociétés, caractérisée par la dématérialisation des actifs, la place croissante des services, l'impact des NTIC, mais surtout par la reconnaissance de la valeur des savoirs, des savoir-faire et des talents des hommes. Dans ce nouveau contexte, il est clair que les capacités d'apprentissage des hommes et des équipes, l'enrichissement permanent de leurs connaissances et de leurs compétences, le recrutement et la fidélisation des talents deviennent de nouveaux enjeux stratégiques pour les entreprises. Mais un management centré sur le développement des savoirs, des compétences et des talents requiert une autre philosophie managériale et d'autres principes de gestion des hommes que les pratiques courantes dans ce domaine.

Soulignons à ce sujet, le décalage très fréquent entre un discours convenu de nombreux dirigeants sur l'importance des hommes et du capital humain et la réalité des pratiques de gestion et de management des hommes dans leurs entreprises, comme l'ont bien montré les sociologues des organisations, et notamment Crozier (1).

À une vision statique en termes de ressources humaines, il convient de substituer une vision dynamique en termes de flux de savoirs, de compétences et de talents.

Il va s'agir pour l'entreprise de gérer et d'optimiser le plus intelligemment possible ces flux et leurs potentiels de croissance. Une vision d'apprenance implique une gestion dynamique et pertinente du potentiel humain de l'entreprise en fonction de sa stratégie économique et de ses objectifs de performances globales. Elle nécessite, par conséquent, de nouvelles pratiques de gestion et de développement des hommes qui sont au cœur des processus d'apprenance, comme nous allons en donner, ci-après, un aperçu.

DES RESSOURCES HUMAINES AU POTENTIEL HUMAIN

Le concept d'entreprise apprenante implique une autre vision de l'homme où il apparaît comme son principal actif et comme sa source essentielle de création de valeur. Cette vision managériale de l'apprenance ouvre de nouvelles perspectives en matière de développement des hommes qui dépassent très largement les approches classiques de la formation.

> **L'homme est vu sous l'angle de son potentiel de développement et sous celui des qualifications dont il fait preuve dans son travail.**

L'homme est vu sous l'angle de son potentiel de développement et sous celui des qualifications dont il fait preuve dans son travail. Cette approche des hommes, par l'accent mis sur leur potentiel de développement, conduit à des modes de gestion des ressources humaines et à des principes de management des hommes différents des pratiques de gestion et de management courantes.

Selon une telle vision du potentiel humain, l'homme est considéré comme au cœur des processus de création de valeur, par ses compétences professionnelles mais surtout par ses capacités d'apprentissage. Il est à la source des processus d'innovation par sa créativité et son imagination. L'entreprise et ses responsables se doivent donc de tout faire, pour créer les conditions les plus favorables à l'exploitation de son potentiel.

Le concept de potentiel humain met l'accent sur cette capacité de développement professionnel des hommes. Il privilégie des activités d'apprentissage permanentes liées au travail, considérées comme faisant partie intégrante des processus de création de valeur de l'entreprise.

Une société informatique belge gère son potentiel humain

Il s'agit d'une grande entreprise d'informatique, spécialisée dans les prestations au secteur bancaire, qui comprend au total plus d'un millier de personnes en Belgique et dans divers pays européens. C'est une entreprise prospère et en forte croissance qui a délibérément choisi de fonder toute sa politique de gestion des ressources humaines, sur le concept de potentiel humain à la place de celui de ressources humaines. Selon son responsable, il ne s'agit pas du tout de jouer sur les mots mais bien de promouvoir une approche différente de la gestion et du développement professionnel des hommes.

Outre l'accent mis sur les efforts, particulièrement importants, de développement des compétences des ressources humaines par la formation, le *coaching*, les parcours professionnels « mentorés », etc. tous les autres aspects de la GRH sont inspirés par ce nouveau concept.

Par exemple, le recrutement, où la priorité est donnée à l'évaluation du potentiel de la personne, non pas à travers les tests ou des entretiens mais par le moyen de périodes de mise en situation réelle comme stagiaire (par exemple au sein d'équipes projets). Là, le potentiel réel du candidat sera apprécié sur les plans technique et relationnel et de ses capacités démontrées de *leadership*.

De même ces aspects sont pris en compte et encouragés au niveau du système de rémunération, mais en plus il existe des incitations financières au développement des compétences professionnelles.

Enfin la promotion de personnes à des postes de responsabilité est faite par un comité de direction, dont la principale considération est l'appréciation du potentiel de leadership des candidats, au niveau de ses qualités et compétences managériales plus qu'à celle de ses diplômes et compétences techniques.

Les performances globales de cette entreprise, et en particulier l'excellente ambiance de travail interne, montrent tout l'intérêt de la mise en pratique d'une gestion des hommes procédant de ce concept de potentiel humain. Il y a fort à parier qu'il représentera une évolution majeure des politiques de gestion des hommes au XXIe siècle, dans les entreprises aux modes de management et de *leadership* les plus avancés.

(d'après les informations recueillies par l'auteur lors d'une visite et d'un entretien avec le DRH de cette société). ■

Le modèle de management de l'entreprise apprenante proposé, a pour objectif la performance globale de l'entreprise par une gestion intelligente des hommes fondée sur une dynamique permanente d'apprentissage. Il tient compte également du fait que c'est l'individu qui choisit de travailler et que l'entreprise ne peut pas gérer directement l'implication des individus, comme le remarque Thévenet (2). L'entreprise ne peut fournir que des conditions favorables à son développement. Les principales selon lui, sont la cohérence entre les discours et les actions, la réciprocité ou la reconnaissance par l'organisation et la possibilité de s'approprier ce qu'il fait, d'en situer l'utilité et de s'en sentir responsable. Le point de vue de cet auteur, à propos de l'implication des salariés dans le travail, s'applique parfaitement à leur engagement dans un processus d'apprentissage individuel et collectif.

Le management par les compétences, défendu aujourd'hui par le Medef, constitue une bonne illustration de cette nouvelle vision des hommes au travail, considérés sous l'angle des compétences et donc d'un potentiel susceptible de développement tout au long d'une vie professionnelle. Dans la nouvelle économie du savoir émergente, un enjeu essentiel de la lutte concurrentielle entre les entreprises, va se jouer au niveau des performances individuelles et collectives de leurs politiques de développement professionnel. Elle peut se résumer à la formule de Senge : « *Mettre en place un système de management permettant aux hommes d'apprendre plus vite que les autres.* »

LE DÉVELOPPEMENT DES PERSONNES, CLÉ DU PROCESSUS D'APPRENANCE

Le concept même d'entreprise apprenante met les personnes et leurs capacités d'apprentissage au centre d'une nouvelle logique de développement de l'entreprise.

Les processus d'apprentissage individuels et collectifs, (notamment au niveau des équipes de travail) sont au cœur de ce nouveau paradigme de management. L'objectif du management de l'apprenance est d'accroître en permanence la valeur de l'actif humain de l'entreprise, par le développement de ses connaissances, de ses compétences, de ses capacités créatives, de ses talents, etc. Il s'inscrit dans une approche stratégique différente comme l'ont compris un certain nombre de grandes entreprises ayant investi dans des universités d'entreprises. C'est ainsi qu'un spécialiste britannique des universités d'entreprise, le professeur R. Dealtry montre très clairement les dimensions stratégiques de la mise en place d'une telle démarche d'apprenance pour une entreprise dans le contexte de la nouvelle économie (3).

Précisons qu'il convient de ne pas confondre politique d'apprenance et politique de formation. Le critère-clé est l'apprentissage réel de l'individu et/ou de l'équipe de travail à laquelle il peut appartenir. Une telle perspective d'apprentissage conduit à s'interroger sur les moyens les plus favorables et les plus efficaces pour le développement professionnel des individus.

On constate que les approches formatives classiques n'ont souvent qu'une faible efficacité en termes d'apprentissages professionnels réels, par rapport à d'autres approches comme celles liées à l'action ou à la tâche (*action learning* des Anglo-Saxons) et de nature individualisée comme le tutorat, le *coaching*, le *mentoring*, l'autoformation tutorée, etc. De plus, il existe des différences individuelles dans les modes d'apprentissage des hommes, et par conséquent des styles d'apprentissage spécifiques aux individus, dont ne tiennent pas suffisamment compte les approches formatives courantes de nature collective (4).

■ *Créer une culture d'apprenance*

Mais au-delà d'une politique intensive et prioritaire de développement des personnes, une entreprise qui souhaite évoluer vers une configuration réellement apprenante doit aussi créer un environnement et un contexte favorable à l'apprentissage des hommes, par ses modes de fonctionnement et par ses procédures de travail. L'objectif dans ce domaine est d'offrir un maximum d'opportunités, de stimulations et d'encouragements aux salariés, par le mode de management et la politique de gestion et de développement des hommes.

Les attitudes et les comportements managériaux des responsables hiérarchiques (et notamment de l'encadrement de proximité), auront un impact déterminant à cet égard. Une de leurs responsabilités essentielles sera de contribuer à la construction d'une culture d'apprenance au sein de leur unité organisationnelle.

Le cas, cité précédemment, de la société Roche est à cet égard une excellente illustration de l'importance de cette évolution managériale et du rôle-clé de la hiérarchie et de l'ensemble de l'encadrement. Dans une telle culture d'apprenance, la distinction entre le travail quotidien et les moments de formation disparaît, puisque les processus d'apprentissage professionnel sont permanents et intégrés aux tâches quotidiennes, tant au niveau individuel que collectif (équipe de travail).

Une entreprise apprenante peut être définie comme une organisation, où règne une forte culture d'apprentissage, qui imprègne les attitudes et comportements quotidiens de tous, et en particulier des responsables hiérarchiques. Il existe un parallélisme étroit entre le développement des hommes et le processus d'évolution vers une entreprise apprenante. Ce lien apparaît clairement à l'analyse d'une réelle politique d'apprenance dans une entreprise.

L'expérience de la société britannique Rover, dans le milieu des années 90, a été à cet égard particulièrement intéressante (5). Cette entreprise avait mis en place un dispositif exemplaire d'apprentissage intitulé, *Rover Learning Business* pour promouvoir l'apprentissage permanent et généralisé des hommes, et développer une nouvelle culture d'apprentissage au sein de l'entreprise. Celle-ci devait être le vecteur essentiel de son renouveau après une période de graves difficultés. Cette expérience remarquable a bien des égards n'a pu se poursuivre assez longtemps pour pouvoir porter tous ses fruits, du fait de l'acquisition de l'entreprise par BMW.

> L'idée d'une politique d'apprentissage tout au long de la vie professionnel fait aujourd'hui partie des réflexions, en matière de rénovation du système de formation professionnelle, des responsables gouvernementaux français.

Remarquons au passage, que l'idée d'une politique d'apprentissage tout au long de la vie professionnelle fait aujourd'hui partie des réflexions, en matière de rénovation du système de formation professionnelle, des responsables gouvernementaux français. Il est très probable qu'elle devrait, au moins partiellement inspirer la future loi sur la réforme de la formation professionnelle des entreprises françaises. Cette nouvelle vision de l'apprentissage professionnel devrait, à terme au moins, faciliter la compréhension et la diffusion, en France, du concept d'entreprise apprenante, et réduire le décalage culturel avec la pensée managériale anglo-saxonne qui existe dans ce domaine.

Exemple

L'Université Motorola : illustration d'une philosophie et d'une pratique managériale d'apprenance

L'Université Motorola a pour objectif d'être une organisation stratégique en faveur de l'apprenance à l'intérieur de l'entreprise, afin de jouer un rôle de leader-catalyseur du changement. Ses principales missions sont :

- être l'agent du changement,

- fournir les prestations éducatives, de formation et de développement professionnel à tout le personnel de Motorola dans le monde entier,

- constituer un maillon de la chaîne de valeur ajoutée pour tous les clients et fournisseurs de l'entreprise,

- assurer le respect et l'expression de l'éthique, des valeurs et de l'histoire de l'entreprise auprès de tous.

Sa fonction est de concevoir, développer et réaliser les efforts éducatifs qui peuvent apporter un soutien aux initiatives stratégiques de l'entreprise. Cette formation et ces efforts éducatifs sont destinés à tout le personnel dans le monde entier, et contribuent aux fondements d'une culture unifiée, d'un langage de satisfaction client et d'amélioration continue de la qualité. Elle doit servir à fonder une communauté apprenante au sein de l'entreprise afin de fournir une approche globale de l'apprenance.

L'exemple de l'Université Motorola est particulièrement intéressant dans la perspective du développement et de la mise en pratique d'un management de l'apprenance. Contrairement à beaucoup d'universités d'entreprise – qui ne sont que des centres de formation et de communication interne –, elle apparaît comme le vecteur d'une nouvelle culture managériale fondée sur l'apprenance, dont les dirigeants ont bien pris conscience qu'elle était à la source des performances globales de l'entreprise. À ce titre, il est clair que Motorola constitue un bon exemple d'entreprise progressant sur la voie de l'entreprise apprenante.

(d'après les informations fournies directement à l'auteur par des responsables de la Motorola University). ∎

LA VALORISATION DU POTENTIEL MANAGÉRIAL DE L'ENCADREMENT

■ *Faiblesses du système français*

Le développement des compétences managériales des personnels d'encadrement à tous les niveaux est aujourd'hui un problème d'une brûlante actualité pour la plupart des entreprises. Il est, en effet, une des clés des profonds changements que les entreprises doivent mettre en œuvre pour améliorer leur compétitivité, voire pour assurer leur survie. Beaucoup s'interrogent sur les efforts et les investissements à faire dans ce domaine. En effet, les réponses classiques en termes de formation et autres séminaires de management s'avèrent souvent décevantes par rapport aux objectifs recherchés. Les talents naturels révélés dans ce domaine managérial sont plutôt rares et les produits du système éducatif (grandes écoles et universités) apparaissent en général inadéquats, par rapport aux vrais besoins des entreprises. On a souvent de brillants ingénieurs ou gestionnaires qui s'avèrent être de très médiocres managers d'hommes.

Il s'agit là d'une faiblesse indéniable du système d'enseignement supérieur français. Celui-ci forme d'excellents techniciens et gestionnaires mais s'avère largement incapable de produire de bons managers-leaders. Paradoxalement, le management des hommes est très faiblement représenté dans les programmes des grandes écoles et des universités, alors que nombre d'entre elles se prévalent d'être des établissements d'enseignement du management (commerce ou gestion n'ayant pas une bonne connotation). En réalité ce n'est pas le cas, et le terme de management est abusivement utilisé à la place de celui de gestion. Il suffit de lire le contenu des programmes de ces établissements de formation supérieure pour s'en convaincre rapidement (6).

Les carences de véritables managers-leaders sont aussi imputables au système de recrutement de nombreuses entreprises françaises (cabinets de recrutement comme services des ressources humaines), qui ont fortement tendance à confondre excellence technique des candidats, prestige du diplôme de formation initiale et présomption de compétences managériales et de talents de leader. En réalité, lorsqu'il s'agit de compétences managériales, on touche au comportemental, aux valeurs profondes et réflexes des individus – qui n'ont en général que peu de relations avec leurs aptitudes intellectuelles et leur agilité mentale pour assimiler telle ou telle connaissance ou technique. Or, seules ces dernières sont prises en compte par le système éducatif français dans ses processus de sélection des élites.

■ *Professionnalisation des managers-leaders*

Les DRH s'interrogent sur la pertinence de la formation au management des personnels d'encadrement.

La prise de conscience de l'importance et de la spécificité du métier de manager-leader qui suppose la maîtrise d'un ensemble de compétences managériales, conduit les DRH à s'interroger de plus en plus sur la pertinence de la formation au management des personnels d'encadrement.

– Quels formation ou moyens mettre en place pour développer les compétences managériales de l'encadrement ?

– Quel parcours de développement managérial convient-il de faire suivre aux jeunes cadres pour les professionnaliser ?

– Quels doivent être les critères discriminants de la performance dans ce métier de manager-leader ?

Bien d'autres questions se posent d'ailleurs dans ce domaine, comme :

– Comment repérer les talents naturels pour le management des hommes ?

– Comment développer le potentiel des individus ?

– Comment les fidéliser pour en faire les leaders de l'entreprise de demain ?

Face aux limites des formations classiques, de nouvelles techniques pour contribuer au développement managérial des responsables hiérarchiques se sont développées ces dernières années (surtout dans le monde anglo-saxon). La plupart de ces techniques sont fondées sur des modes d'apprentissage liés à l'action (l'*action learning*) qu'il s'agisse d'approches individuelles ou collectives.

Exemple

Volkswagen coaching ou la promotion de la performance chez VW

Volkswagen a mis en place, dans le milieu des années 90, une approche intégrée du développement managérial pour son encadrement actuel et futur. Celle-ci comprend à la fois un processus de sélection du personnel et un processus de développement continu tout au long de la vie professionnelle. Cette initiative, appelée *Volkswagen coaching*, comprend trois programmes-phares de développement managérial :

• Le programme Jump (*junior management*)
  Il comprend une procédure systématique de présélection, une procédure de sélection par un centre d'évaluation et différents modules de formation intégrés dans un processus complet de développement managérial.

• Le programme GJEP (*Group Junior Executive*)
  Chaque année, 30 à 35 jeunes managers de toutes les sociétés du groupe VW, en font partie. Les critères de sélection pour ce programme sont :
  – un potentiel élevé pour des fonctions de top management,
  – des performances exceptionnelles constantes,
  – 2 ans minimum d'expérience en management de projet ou d' équipe,
  – une ouverture à d'autres cultures,
  – un haut niveau d'orientation client,
  – une bonne connaissance de l'anglais.

Il s'agit d'un programme de neuf mois dont le cœur est un travail par groupe sur un projet. Il est complété par trois modules de séminaires de 5 à 11 jours ayant lieu dans différents pays.

• Le programme GEF (*Group Executive Forum*)

Il concerne les top-managers, de toutes les sociétés du groupe Volkswagen. Ils se retrouvent quatre jours par an pour apprendre ensemble et travailler sur des sujets d'intérêt commun. Les buts de ce programme sont le développement d'une vision d'objectifs, de stratégies et de valeurs communes pour le groupe VW. Chaque année cinq ou six forums sont réalisés avec en moyenne 20 à 30 top-managers. Ils ont lieu dans différentes zones géographiques.

En plus de ces programmes, il existe d'autres possibilités de développement professionnel, telles que des opportunités de postes à l'étranger, du *coaching* individuel et la participation à divers projets de *benchmarking*.

(d'après B. Ulrich et Dr. van Berk, *Shaping the future international management development at Volkswagen* – International Executives Programmes – 1998). ■

Nous évoquerons seulement ici des techniques d'accompagnement ayant un caractère individuel. Parmi celles-ci, le *coaching* et le *mentoring*. Si le *mentoring*, très répandu dans les pays anglo-saxons est encore peu connu et pratiqué en France, en revanche le *coaching* est en plein développement (même si derrière ce terme existent des pratiques différentes, voire parfois discutables…). Nous nous intéresserons ici à ces techniques sous l'angle de leur potentiel de contribution au développement managérial des personnels d'encadrement ou de direction.

Le coaching

L'origine sportive et anglo-saxonne du *coaching* est bien connue. Il s'agit de l'entraîneur qui a pour mission d'améliorer les performances du sportif « coaché » en l'aidant à travailler sur son mental et sur ses prestations physiques. La transposition métaphorique dans le monde de l'entreprise existe depuis longtemps dans le monde anglo-saxon et connaît, depuis quelques années, un grand succès en France.

Le *coaching* est donc une méthode d'accompagnement individuel destinée à aider les dirigeants, cadres et divers responsables d'entreprises à améliorer leurs performances professionnelles, notamment dans le domaine de leurs compétences relationnelles et managériales. La relation de *coaching* est essentiellement axée sur le développement et l'amélioration des capacités comportementales et la maîtrise des attitudes, dans des situations professionnelles précises et délicates. Cette dernière s'inscrit dans une perspective à court terme de quelques mois. Centrée sur des aspects relationnels et comportementaux, elle ne fait pas appel à la compétence professionnelle du *coach* dans le domaine d'activité du « coaché ». Ce qui explique la très large ouverture de cette activité à toutes sortes d'intervenants d'origines les plus diverses. Il est intéressant de remarquer qu'elle vient en partie combler les lacunes du système éducatif supérieur, dans le domaine du management des hommes. Dans cette perspective, le *coaching* constitue une technique du développement du potentiel managérial des personnels d'encadrement et de direction.

Cependant, on observe en France un foisonnement des pratiques et des profils de praticiens qui s'expliquent par la forte croissance du marché, mais aussi par la jeunesse, la faible professionnalisation et normalisation de cette activité au niveau des entreprises. On voit des intervenants de profils très divers (gourous du management, « psy » reconvertis, kyrielles d'ex-consultants en ressources humaines, formateurs, médecins, religieux...). Certaines méthodes de travail de ces intervenants paraissent sérieuses et efficaces, d'autres semblent beaucoup plus fantaisistes, voire très discutables.

Remarquons qu'il existe un *coaching* d'équipe à l'image de la même métaphore sportive. Cette pratique, qui connaît un certain succès auprès d'équipes de direction d'entreprise, relève plus du conseil en animation et méthode de travail d'équipe (le *team building* anglo-saxon). Elle vise à rendre les équipes plus efficaces, productives et collaboratives en insufflant un meilleur état d'esprit entre ses membres, qui ont souvent des comportements et attitudes trop individualistes et insuffisamment solidaires. Dans cette optique, il s'agit pour l'encadrement d'intégrer le *coaching* à son mode de management des collaborateurs, c'est-à-dire de mieux prendre en compte leurs personnalités pour mieux les fédérer et favoriser leur motivation au travail. Le *coaching* est vu ici comme une technique, ou plutôt un style de management, susceptible d'améliorer l'efficacité du manager vis-à-vis de son équipe. De grandes entreprises françaises, telles que Renault ou Danone ont mis en place des démarches de *coaching* concernant essentiellement leurs managers de niveau supérieur. Un débat apparaît en France pour savoir si le manager peut ou ne peut pas être le *coach* de ses collaborateurs. Il existe une indéniable ambiguïté, voire une réelle contradiction, entre la fonction de *coach* et celle de supérieur hiérarchique au sens habituel.

Dans les pays anglo-saxons culturellement plus en avance dans ce domaine, on observe que de grandes entreprises essaient de développer une culture managériale du *coaching*. C'est le cas de *Shell Technology, Exploration et Production* qui a mis en place un programme de *coaching* pour aider au développement personnel de ses managers et pour faire évoluer la culture managériale de l'entreprise. Il est intéressant de noter que cette société a intégré ces aspects de *coaching* dans le système d'évaluation des performances de ses managers.

On peut également citer l'expérience de Motorola qui a développé un système de *coaching* utilisant les technologies de la communication, en les appliquant à un environnement virtuel global, afin de contribuer au développement professionnel accéléré de la prochaine génération de leaders dont l'entreprise aura besoin (7).

Le mentoring

Toujours selon les définitions anglo-saxonnes (auxquelles il convient de se référer puisque ces concepts ont leur origine dans ce contexte culturel), le *mentoring* se distingue nettement du *coaching*. Il est, pour l'instant, beaucoup moins connu et pratiqué en France que ce dernier et parfois confondu avec lui. Le *mentoring* est une relation d'accompagnement individuelle, entre un mentor et un « *mentee* », destinée à aider celui-ci à mieux gérer un parcours professionnel (au sein ou en dehors d'une organisation donnée), et notamment à faire face à des situations de transition professionnelle. À la différence d'une relation de *coaching*, une relation de *mentoring* s'inscrit dans une durée plus longue (souvent de plusieurs années) et comporte une dimension de transfert de connaissances, de savoir-faire, d'expérience professionnelle de la part du mentor. Ce dernier devra donc nécessairement disposer d'une expérience et d'une connaissance du secteur d'activité professionnelle du « *mentee* », voire de l'entreprise, dans laquelle il évolue. C'est pourquoi, le mentor sera le plus souvent un cadre expérimenté de l'entreprise qui n'appartient pas à sa ligne hiérarchique. Il doit pouvoir aider son protégé à faire des choix judicieux mais aussi être en mesure de le conseiller dans la gestion de son parcours de développement professionnel. Le *mentoring* comprend, un ensemble de techniques de savoir-faire et de procédures rigoureuses qui conditionnent naturellement son efficacité et le bon déroulement de tels programmes au sein d'une entreprise ou d'une organisation.

Il constitue, en particulier dans le domaine du développement managérial du personnel d'encadrement, une méthode puissante et particulièrement efficace. À ce titre, il s'inscrit parfaitement dans une logique d'apprenance et peut très opportunément contribuer à favoriser l'évolution de la culture de l'entreprise, pour sa transformation progressive en entreprise apprenante.

Par exemple, le *mentoring* peut s'avérer une technique efficace pour développer les compétences managériales de jeunes cadres et pour accélérer leur apprentissage du métier de manager, afin d'accéder plus rapidement à certaines responsabilités. Il peut également aider à faciliter des reconversions professionnelles ou des changements importants de responsabilités. Le *mentoring* peut prendre une forme collective, avec des programmes concernant des populations spécifiques (au sein d'une organisation ou d'une entreprise donnée).

Un exemple d'application de programmes de *mentoring* est celui d'entreprises confrontées à une pyramide des âges déséquilibrée de leur population de cadres, avec d'une part des départs massifs à la retraite prévus et, d'autre part, des effectifs importants de jeunes cadres devant accéder rapidement à des responsabilités pour les remplacer. Un programme de *mentoring*, utilisant des mentors issus des rangs des cadres les plus expérimentés, pourra faciliter l'apprentissage professionnel des plus jeunes et constituer une excellente réponse à ce problème. Cette pratique présente plusieurs avantages : valoriser le personnel d'encadrement le plus ancien, capter un savoir-faire précieux (qui souvent se perd avec les départs à la retraite), accélérer la formation professionnelle des jeunes cadres, améliorer les relations et la considération mutuelle entre les générations et par conséquent du climat de travail, etc. Le *mentoring* connaît un développement considérable dans les pays anglo-saxons, (notamment dans les grandes entreprises) qui ont perçu toute la valeur de cette technique managériale, pour faciliter et accompagner des processus de changements importants. De nombreuses entreprises ont ainsi mis sur pied des programmes collectifs importants de *mentoring*. À titre d'illustration, on peut citer l'expérience de la Banque mondiale qui a mis en place une véritable culture de *mentoring* à l'occasion d'une profonde réorganisation ; mais aussi celle de la Bank of Scotland qui a fait du *mentoring* l'axe principal de sa stratégie de développement de ses managers-leaders, de leur apprentissage de nouvelles pratiques managériales et de la sélection des hauts potentiels.

La division mobiles d'Ericsson et la société britannique Perkins ont également mis en place, vers la fin des années 90, des opérations importantes de *mentoring* destinées à la préparation accélérée d'une nouvelle génération de managers dans une période de forte croissance pour Ericsson, et à une modernisation en profondeur des modes de management des hommes – à la suite d'une période de difficultés économiques – chez Perkins (8).

Comme pour le *coaching*, le *mentoring* a tendance dans ces pays anglo-saxons à inspirer de plus en plus le nouveau style de management des responsables hiérarchiques. Un nombre croissant d'organismes de *mentoring* interviennent dans les entreprises et les organisations. Ce mouvement s'inscrit bien dans une logique managériale d'apprenance, puisque à la différence du *coaching*, il met l'accent sur le transfert d'expérience et l'accompagnement de processus d'apprentissage et de réflexion de la personne qui en bénéficie. Il est d'ailleurs probable, que dans les années à venir le *mentoring* devienne non seulement une technique managériale répandue (notamment au niveau de l'encadrement), mais qu'il inspire de nouvelles pratiques managériales relevant du management de l'apprenance. En effet, cette technique apparaît clairement comme une dimension importante de la démarche d'apprenance.

On pourrait évoquer plusieurs méthodes de développement des capacités managériales des personnels d'encadrement, autres que les approches classiques de la formation – fondées essentiellement sur des modes d'apprentissage liés à l'action dont on a pu démontrer l'efficacité. Par exemple, des formes de tutorat, de parrainage, d'échanges avec des pairs, d'accompagnement spécifique dans le cadre de prise de nouvelles responsabilités d'encadrement, etc.

Cela dit, quelles que soient les méthodes d'apprentissage des compétences managériales, il est certain que l'évolution des attitudes et des comportements managériaux des personnels d'encadrement est liée à d'autres facteurs contextuels. Citons entre autres : la qualité de la direction de l'entreprise, l'ambiance de travail perçue par les acteurs, les valeurs et l'éthique relationnelle des responsables hiérarchiques, les procédures de gestion des ressources humaines, la transparence et la sincérité de la communication interne, etc. Aussi une approche globale et cohérente du management de l'encadrement est nécessaire pour initier et accompagner dans la durée le processus d'apprenance d'une l'organisation.

L'IMPACT SUR LA GESTION DE L'ENCADREMENT

La mise en pratique du modèle d'apprenance va avoir des conséquences importantes sur les modes de gestion des hommes. Et ce, au-delà du domaine de la formation où, comme nous l'avons évoqué, le concept d'apprenance débouche sur des approches focalisées essentiellement sur l'apprentissage.

Cependant les autres dimensions de la gestion des hommes telles que le recrutement, l'intégration, les modes d'évaluation, le système de rémunération, etc. seront aussi profondément affectées par ce nouveau paradigme de management.

Pour illustrer nos propos, nous prendrons l'exemple du personnel d'encadrement dont le rôle est essentiel dans la mise en œuvre d'une démarche d'apprenance, comme nous l'avons déjà souligné. Il est, en effet, important de faire preuve d'une grande cohérence entre les différents aspects de la gestion des hommes et l'approche globale du changement recherchée. On observe que les entreprises intéressées par une modernisation de leurs pratiques de management se limitent à des changements partiels de leur système de gestion des ressources humaines, comme par exemple un nouveau plan de formation, l'acquisition d'un outil d'évaluation, la mise en place d'un nouveau système de rémunération, etc.

Or, le management de l'apprenance nécessite d'avoir une vision globale de la gestion des ressources humaines. Sans avoir, ici, la prétention d'élaborer un manuel de gestion des ressources humaines, il est intéressant de passer en revue quelques activités de cette fonction (en dehors de la formation déjà évoquée), à la lumière de la nouvelle philosophie managériale de l'apprenance. Toujours à partir de l'exemple du personnel d'encadrement, nous évoquerons brièvement son incidence sur des aspects tels que le recrutement, l'intégration, l'évaluation, la rémunération et la sélection/promotion.

> **Une perspective d'apprenance va conduire à attacher plus d'importance à l'évaluation du potentiel de l'individu, à ses capacités et motivations d'apprentissage et à son ambition professionnelle, qu'à son parcours, son expérience et ses références passées.**

● Le recrutement

Une perspective d'apprenance va conduire à attacher plus d'importance à l'évaluation du potentiel de l'individu, à ses capacités et motivations d'apprentissage et à son ambition professionnelle, qu'à son parcours, son expérience et ses références passées dans des contextes organisationnels différents, où les qualités et les talents de la personne n'auront pas eu forcément l'occasion de s'épanouir. Une importance capitale sera aussi donnée aux caractéristiques de sa personnalité, à ses compétences personnelles, à ses qualités relationnelles par rapport à l'environnement de travail et surtout à son attitude par rapport à une démarche d'apprentissage professionnel.

Le souci du recruteur sera de s'assurer que la personne demeurera à l'aise dans le contexte spécifique de la culture de l'entreprise, voire de la sous-culture de l'unité ou du département qu'il devra rejoindre. Il aura pour mission de trouver (ou de créer) un environnement de travail propice à la valorisation et au développement de ses talents.

Dans la recherche croissante de talents managériaux, ce sera à l'entreprise de vendre au candidat un projet de développement professionnel qui convienne à ses ambitions, ses capacités et son projet personnel – tout en participant à son projet stratégique. Il est clair que dans cette perspective, l'approche classique de recrutement de profils prédéterminés pour des postes précis dans un organigramme, apparaît comme obsolète, inadéquate et une séquelle du taylorisme. En réalité, il s'agira de recruter d'abord, des talents individuels de managers et seulement ensuite, de voir comment leur utilisation pourra être optimisée dans l'entreprise, en fonction de besoins forcément évolutifs. Observons que

© Éditions d'Organisation

cette politique est pratiquée par quelques rares grandes entreprises. C'est le cas d'une société comme Michelin, qui recrute des cadres, indépendamment d'une affectation précise, pour se constituer un vivier de personnes qu'elle va tester, par des missions diverses de terrain, avant de leur confier des responsabilités managériales en fonction des besoins de l'entreprise. L'accent sera mis sur les capacités d'apprentissage managérial du cadre, sur sa flexibilité mentale, sur ses facultés d'adaptation et sur son potentiel de valeur ajoutée lié à ses compétences managériales démontrées dans un contexte collectif.

● L'intégration

La période initiale d'intégration de la personne nouvellement recrutée dans l'organisation, apparaît comme particulièrement cruciale dans une philosophie managériale d'apprenance. Il s'agit, en effet, d'un moment particulièrement riche et intense en apprentissages variés (découverte de l'organisation, du métier, du contexte de travail, de l'environnement professionnel, etc.). Cette période inclut d'ailleurs souvent des modules standards de formation sur l'entreprise et ses différentes activités, sa culture, son organisation, sa technologie, etc. Aussi, s'avère-t-il important dans cette période, souvent déterminante, de concevoir un parcours d'intégration adéquat et personnalisé, mais aussi d'en suivre très attentivement le déroulement.

Il va s'agir d'évaluer les capacités et les motivations d'apprentissage de la personne, de s'assurer qu'elle a de bonnes chances de s'intégrer au contexte de l'organisation et de retenir les talents recrutés. Or, on constate que beaucoup d'entreprises n'accordent pas assez d'importance au suivi de cette période d'intégration, notamment pour leurs jeunes cadres avec pour conséquences néfastes, soit le départ de personnes de valeur au bout de quelques mois (avec la perte que cela représente pour l'entreprise), soit l'embauche de personnes, dont il apparaît qu'elles ne conviennent pas bien ou ne répondent pas aux espoirs mis dans leur recrutement.

La phase d'intégration va, en effet, permettre, si on s'en donne les moyens, d'évaluer la volonté et les capacités d'apprentissage de la personne et de valider certains aspects-clés de son potentiel de futur manager.

Par exemple, une observation attentive de son comportement pendant une période probatoire permettra de se faire une idée assez précise de ses facultés d'écoute, de ses qualités relationnelles et de ses attitudes et comportements dans son environnement de travail, etc. Dans une perspective d'apprenance, il apparaît que cette phase d'intégration, par une mise en situation réelle dans l'organisation, constitue le second volet du recrutement du futur manager. Compte tenu de l'enjeu que cela représente pour l'entreprise, il convient d'y accorder au moins autant, si ce n'est plus d'attention, qu'à la phase de recrutement proprement dite. Un suivi étroit par un tuteur ou un mentor interne, en même temps que par le futur responsable hiérarchique, semble particulièrement opportun. Ce suivi permettra de se faire (à l'aide d'outils appropriés) une juste idée des capacités et des talents du futur manager : capacités d'apprentissage, qualités relationnelles, capacités d'écoute, perception par les différents acteurs, assimilation/intégration dans la culture de l'entreprise, etc. Ce second volet d'intégration, d'une durée de quelques mois, permettra également d'optimiser le pilotage du début du parcours professionnel opérationnel du nouveau cadre, afin de valoriser ses talents et d'exploiter le plus judicieusement possible son potentiel de développement professionnel.

● L'évaluation

L'évaluation des performances managériales du personnel d'encadrement constitue toujours un problème délicat, mais fondamental, pour le développement de la qualité managériale de l'organisation ou de l'entreprise. Cette caractéristique prend aujourd'hui une importance croissante dans le processus de création de valeur par le management des hommes.

> Les managers talentueux sont et seront longtemps la denrée la plus rare et la plus précieuse pour les entreprises.

De plus, l'évaluation des performances des managers conditionne la détermination d'une juste rémunération et permet de sélectionner et de promouvoir les meilleurs talents. Les managers talentueux sont et seront longtemps la denrée la plus rare et la plus précieuse pour les entreprises. Une approche de l'évaluation de l'encadrement, dans une perspective d'apprenance conduit à mettre en relief un ensemble de critères qualitatifs, sensiblement différents des grilles d'évaluation traditionnelles souvent encore trop inspirées par une vision néotaylorienne du management des hommes. Ces critères doivent permettre d'apprécier les qualités, les compétences et les talents de managers-leaders des responsables hiérarchiques, par rapport à la logique managériale de l'apprenance.

Par exemple seront valorisés à l'aide de batteries d'indicateurs spécifiques des compétences managériales telles que :

- Savoir écouter, dialoguer et communiquer avec ses collaborateurs.
- Savoir expliquer, convaincre et susciter l'adhésion aux projets de l'entreprise et aux changements nécessaires.
- Savoir créer un contexte de travail propice aux apprentissages individuels et collectifs.

- Savoir identifier les talents, encourager le développement professionnel de ses propres collaborateurs.
- Savoir susciter un esprit d'équipe, un travail d'équipe et des apprentissages collectifs en équipe.
- Savoir jouer un rôle de médiateur et de mentor auprès de ses collaborateurs.

Dans une telle perspective d'apprenance, on aboutit clairement à d'autres critères d'évaluation de la performance managériale et de la vision du cadre à haut potentiel, évoquée dans le précédent chapitre). Ce nouveau profil du manager-leader devra naturellement être accompagné par un système de rémunération juste des talents, permettant de pratiquer avec succès un tel management de l'apprenance.

● La rémunération

Le système de rémunération des personnels d'encadrement devra tenir compte de ces nouvelles qualités professionnelles recherchées. Il s'agira de concevoir de nouvelles grilles d'évaluation des performances des managers, à l'aide de batteries d'indicateurs spécifiques, permettant d'apprécier dans quelle mesure leurs attitudes et comportements managériaux satisfont les critères de professionnalisme définis pour ce métier de manager-leader. Compte tenu de l'importance des perceptions des différents acteurs, on peut concevoir et utiliser des outils dérivés des évaluations de type 360 degrés. Ces évaluations, dont la nature et la pondération sont à déterminer par chaque entreprise selon ses spécificités, pourront servir à la fixation de la rémunération des managers, et en particulier à la partie variable.

Par ailleurs, nous avons vu qu'une mission très importante du manager, dans une optique d'apprenance, sera sa contribution au développement professionnel de ses collaborateurs et de ses équipes. Ces dimensions d'apprentissage individuel et collectif devront être valorisées par le système de rémunération. Il conviendra donc d'inventer des systèmes de rémunération des managers cohérents avec cette philosophie managériale et qui reflètent bien les missions prioritaires dont ils auront la responsabilité. Ces systèmes devront être élaborés avec le concours des acteurs concernés, se caractériser par leur clarté et leur équité. Ils tiendront compte de nombreux paramètres qualitatifs soigneusement définis. Ces paramètres reposeront sur des ensembles d'indicateurs reflétant les qualités et les compétences professionnelles recherchées, et valorisées par la culture de l'entreprise. Il s'agira nécessairement de systèmes de rémunération individualisés qui tiendront compte des talents spécifiques de chaque individu.

La mise en place d'une démarche d'apprenance au sein d'une organisation implique donc la mise au point de nouveaux systèmes sur mesure de rémunération de l'encadrement, qui permettront d'encourager et de récompenser les attitudes et comportements managériaux recherchés pour une pratique adéquate du management de l'apprenance.

● La sélection/promotion

Dans une démarche de management de l'apprenance les critères d'évaluation des compétences managériales des managers-leaders seront différents des pratiques courantes des entreprises. Ces nouveaux critères conduisent à redéfinir, non seulement les profils des managers, mais les approches traditionnelles de la gestion des ressources humaines. Celles-ci procèdent encore souvent d'une vision de postes à pourvoir avec un profil type prédéfini *a priori* que l'on va rechercher. Il s'agit de mettre l'homme idéal dans la bonne case de l'organisation, selon les principes tayloriens de l'organigramme. Or, selon la logique du management de l'apprenance on se situe dans un schéma inverse où la primauté est donnée aux compétences et talents managériaux des managers-leaders. Cela signifie : faire l'inverse des logiques néotayloriennes habituelles de postes à pourvoir. On adaptera l'organisation aux individus et à leurs talents, au lieu d'essayer de trouver le manager idéal pour le poste hiérarchique en cause. C'est-à-dire, priorité aux compétences managériales et aux talents (prouvés sur le terrain) de manager d'hommes et d'organisations, par rapport à d'autres considérations telles que les diplômes ou les fonctions hiérarchiques préalablement tenues.

Un management de l'apprenance propose donc une démarche révolutionnaire en matière de modes de sélection et de promotion de managers-leaders par rapport à la grande majorité de celles encore pratiquées par les entreprises dans ce domaine (inspirées par une philosophie managériale néotaylorienne, même si certains responsables ne veulent pas le reconnaître).

Remarquons cependant que certaines entreprises, comprenant les enjeux stratégiques (et surtout la rareté du talent managérial), commencent à pratiquer des modes de recrutement et des critères de promotion des managers voisins de la démarche proposée – inspirée par le modèle du management l'apprenance (9).

Pour évoluer progressivement vers une configuration plus apprenante, une entreprise a besoin de dirigeants ayant une vision forte et une volonté sans faille de progresser dans cette voie. Mais encore faut-il que le nouveau *leadership* de l'apprenance soit pratiqué à tous les niveaux hiérarchiques et de façon cohérente par l'ensemble des managers-leaders. L'identification, la formation et la promotion de ces derniers représentent un très fort enjeu stratégique pour l'entreprise, car elles conditionneront la réussite du développement d'une véritable culture d'apprenance. Aussi, il paraît indispensable qu'il y ait une très forte implication directe des dirigeants dans ce processus de sélection/promotion des managers-leaders.

En conclusion de ces quelques réflexions sur l'impact du modèle de management de l'apprenance, sur la gestion des hommes, il est clair qu'il conduit à des changements profonds par rapport aux approches classiques de la gestion des ressources humaines. Par ailleurs, ce management de l'apprenance aura le mérite de faire progresser très sensiblement les modes de gestion des ressources humaines classiques en développant des approches beaucoup plus fines et individualisées des compétences et des talents de chacun, notamment en ce qui concerne l'encadrement.

On rejoint ici encore la démarche de management par les compétences du Medef qui s'inscrit dans une telle logique d'apprenance, et qui conduit à des pratiques de la gestion des hommes qui remettent en cause celles, courantes, de nombreuses organisations, inspirées par un management néotaylorien.

LES FREINS AU DÉVELOPPEMENT DU POTENTIEL HUMAIN

Le premier obstacle – et sans doute le frein le plus puissant – à une approche de la gestion des hommes dans une optique de potentiel humain, tient à nos représentations de l'entreprise, du travail et du management des hommes. Comme le dit très justement Senge, la première chose que nous devons changer pour nous diriger vers une entreprise apprenante ce sont nos modèles mentaux. Et en l'occurrence, le modèle mental dominant est encore fondamentalement hiérarchique et centralisé, même s'il se cache derrière des habillages variant au gré des modes (nouvelles technologies de l'information et de la communication, techniques et vocabulaire de management anglo-saxon, etc.) (10).

Malheureusement, on constatera que ces schémas néotayloriens de plus en plus obsolètes de l'entreprise et du management sont souvent perpétués par le système de formation initiale (universités, grandes écoles), mais également par de nombreux organismes de formation continue. Il suffit, pour s'en convaincre, de feuilleter les programmes des grandes écoles de gestion ou les catalogues des organismes de formation au management. Le phénomène du développement en France – depuis quelques années – des universités d'entreprise, est significatif du décalage qui existe entre les profils de managers, dont les entreprises ont besoin, et les produits qu'offre le système éducatif. Il est sidérant qu'il ne suscite pas plus d'interrogations et de remises en cause, de la part de ceux qui ont la responsabilité de réfléchir à la formation des nouvelles générations de managers et qui devraient donner l'exemple de la modernité et d'une image avant-gardiste. Or, on observe malheureusement le contraire dans ce domaine. Les pratiques managériales d'entreprises ou d'organisations sont souvent en avance sur ce que l'on continue à enseigner dans les établissements de formation (11).

En France, un autre frein puissant, à une évolution dans la gestion des hommes par les entreprises, tient au système juridique de ce pays et tout particulièrement au droit du travail et au droit social. L'essentiel du droit du travail français est toujours inspiré par une philosophie taylorienne de l'entreprise, voire par des schémas qui datent du XIXᵉ siècle. Par exemple, la nature du lien de subordination qui existe entre le salarié et son employeur reflète une conception hiérarchique du pouvoir qui est de plus en plus inadaptée aux pratiques modernes de management des hommes. Le statut du salariat lui-même contribue à figer les représentations dominantes et les nécessaires évolutions dans ce domaine.

On pourrait également citer l'exemple des conventions collectives, de la loi sur la formation professionnelle de 1971, et même de celle récente sur les 35 heures, qui reflètent cette vision dépassée de l'entreprise. Non seulement, cet arsenal législatif tend à scléroser la situation actuelle et à freiner considérablement les initiatives de modernisation du monde du travail, mais il contribue à maintenir les acteurs sociaux dans des logiques d'affrontement archaïques et des comportements de méfiance, lorsqu'il s'agit d'envisager de réels changements. Certains syndicats, mais aussi quelques corporations professionnelles, sont ainsi devenus des bastions du conservatisme et de l'immobilisme. Ils contribuent à figer les schémas mentaux et à maintenir des pratiques managériales obsolètes.

Cependant, à côté de ces freins et obstacles spécifiques au contexte français (et qui d'ailleurs nous donnent une position singulière en Europe), il existe un certain nombre de pistes de modernisation qui vont dans le sens de l'apprenance. Parmi ces tendances susceptibles de renouveler, au moins partiellement, le management des hommes dans une perspective de développement du potentiel humain, nous citerons :

- Les approches du management des hommes par les compétences préconisées par le Medef, depuis 1998, lors des Journées de Deauville, déjà évoquées. Ce type de management devrait avoir, à terme, un impact considérable sur les modes de gestion des ressources humaines. Il s'inscrit en tout cas parfaitement dans une philosophie de développement continu du potentiel humain de l'entreprise qui est une composante essentielle du modèle managérial d'apprenance présenté.

Exemple

Développement des RH et des compétences : sources de performances chez Xerox

La société Xerox a une conception large et complète du développement des ressources humaines, qui va du recrutement jusqu'à la fin du contrat de travail. Elle vise à optimiser le capital humain, le développement de l'individu et le déroulement de sa carrière.

Xerox a mis en place depuis 1998 une démarche compétences organisée autour de la notion de cursus pour identifier et développer les compétences nécessaires aux évolutions de ses métiers. Elle a abandonné la logique des filières traditionnelles, assises sur des définitions de postes et des listes de tâches pour mettre en place une logique mission alliant responsabilité et compétences.

Elle a défini un cursus de développement des compétences à différents niveaux, qui s'appuie sur un référentiel européen d'une cinquantaine de compétences-clés sur lesquelles les différentes entités de Xerox Europe se sont mises d'accord.

Il y a un processus de certification interne pour changer de niveau. La promotion interne est basée sur un mécanisme d'évolution des compétences, tout comme la politique salariale.

Xerox a construit un dispositif de développement des compétences et d'apprentissage qui repose sur :

• Des profils métiers (définis selon 20 à 30 compétences-clés).
• Des cursus métiers avec des parcours d'apprentissage possibles dans l'organisation (cartographie des métiers).
• Un diagnostic ou *assessment* basé sur un logiciel d'autoévaluation des compétences d'un individu pour chaque profil.
• L'accréditation ou une certification interne des compétences par laquelle l'entreprise officialise la montée en compétences d'un collaborateur.

La société a également mis en place un centre de ressources pouvant être utilisé, soit dans une démarche d'autoformation (*e-learning*), de formation, ou de développement personnel pour que le processus soit dynamique et fluide. Toute la démarche de développement des ressources humaines et d'évaluation des compétences vise à améliorer la réactivité et la compétitivité de l'entreprise.

Par la mise en place de cette démarche compétences, Xerox montre bien qu'elle considère le développement de son potentiel humain comme la clé de sa compétitivité et de ses performances économiques.

(d'après l'interview de J.-F. Beauvillard – directeur du développement des ressources humaines et de la formation – Xerox-France – *Business Digest* n° 118 – avril 2002). ■

• Le projet de la loi sur la formation professionnelle, qui doit en principe intégrer le concept de la formation tout au long de la vie professionnelle (*long life learning* des Anglo-Saxons). Il devrait en résulter un changement des pratiques de développement professionnel des hommes qui seront davantage orientées vers une vision en terme de potentiel humain. Une telle législation devrait également aider à la diffusion du concept d'entreprise apprenante et de la démarche d'apprenance en France qui sont encore peu connus et mal compris. Ils devraient favoriser l'émergence de nouvelles pratiques de développement des hommes.

- Les nouvelles démarches qualité, avec notamment la diffusion croissante (y compris dans les grandes entreprises françaises) du modèle européen d'excellence ou EFQM qui fait une place significative et croissante aux aspects de *leadership* et de management des hommes et des organisations, et qui commence à intégrer une doctrine d'apprenance. On pourrait citer l'exemple de la nouvelle norme ISO 9000 (version 2000 applicable à partir de 2003), qui va dans cette direction, en faisant une place importante aux différents aspects de *leadership* susceptibles de contribuer à une dynamique d'apprenance, notamment de nature collective.

- Les nouvelles politiques de développement managérial de l'encadrement de certaines entreprises, notamment autour du concept d'université d'entreprise dont la mode se développe en France. Remarquons qu'elles sont encore assez éloignées des formes de *corporate learning centres* qui mettent explicitement l'accent sur une véritable philosophie d'apprenance. On observe, que les universités d'entreprises françaises telles que celles d'Accor, de Thales, de ST Microelectronics, de Suez, etc., restent encore dans des schémas assez classiques de centre de formation et de communication interne évolués. Les exemples d'universités d'entreprise qui commencent à se situer dans une logique de *leadership* de l'apprenance restent essentiellement des sociétés étrangères : Motorola, BP, Shell Oil, Lufthansa, General Electric, Natwest, Ericsson, etc.

Les nouvelles approches managériales de l'entreprise inspirées par le paradigme de l'apprenance impliquent une perspective de développement de son potentiel humain. Elles nécessitent aussi des réflexions et des démarches innovantes en matière d'organisation afin d'inventer des structures organisationnelles et de procédures de travail plus apprenantes.

Innover pour rendre l'organisation plus apprenante

L
a création d'une dynamique d'apprenance dans l'entreprise soulève diverses questions, sur les caractéristiques organisationnelles qui seront les plus cohérentes avec ce paradigme de management des hommes et des organisations. Par exemple :

- Quels sont les types de structures organisationnelles les plus pertinents ?
- Quels sont les modes de dévolution du pouvoir les plus efficaces ?
- Combien doit-il y avoir de niveaux hiérarchiques ?
- Comment doivent être réparties les tâches ?
- Quelles sont les meilleures procédures de travail ?
- Quels sont les modes de coordination les plus favorables ?

Mais la question essentielle est sans doute la suivante :

- Quel est le type d'organisation qui permet d'optimiser à la fois les apprentissages des hommes et d'augmenter les performances opérationnelles de l'entreprise ?

Le modèle du management de l'apprenance que nous avons présenté, implique une vision des finalités de l'organisation différente. En effet, il va s'agir de mettre l'accent sur la création de contextes organisationnels aussi favorables et stimulants que possible, pour les processus d'apprentissages individuels et collectifs de tous les acteurs de l'organisation. Ce qui va conduire à réfléchir sur de nouveaux principes organisationnels et d'autres configurations, inspirés par une logique d'apprenance et par un souci d'efficacité et de performance opérationnelle.

Il est clair par exemple, qu'un schéma organisationnel pyramidal, hiérarchisé et centralisé constitue un frein puissant aux processus d'apprenance. En revanche, certains modes organisationnels d'apparence chaotique de jeunes entreprises ou de start-ups peuvent s'avérer performants dans une optique d'apprenance, malgré leur caractère irrationnel et désordonné. C'est donc à une vision très différente des organisations que conduit le nouveau paradigme managérial de l'apprenance.

L'ORGANISATION APPRENANTE : UNE AUTRE VISION DES FINALITÉS

▷ Les organisations sont d'abord au service des hommes. Elles ont pour objectif essentiel le développement et la valorisation de leurs capacités et de leurs talents.

Rappelons, que selon les principales définitions de l'organisation apprenante citées précédemment, celle-ci se caractérise par sa capacité à créer des contextes favorables et stimulants pour les apprentissages des individus et des groupes (équipe, département, unité, entreprise). Selon cette philosophie managériale, les organisations sont d'abord au service des hommes. Elles ont pour objectif essentiel le développement et la valorisation de leurs capacités et de leurs talents. Or, comme on l'a déjà souligné, c'est en général la démarche inverse qui prédomine dans les organisations traditionnelles d'inspiration néotaylorienne, régies par une logique d'organigramme et de postes. C'est l'homme qui doit s'insérer dans les postes prédéfinis de l'organisation et s'inscrire dans des procédures de travail prédéterminées. Ces schémas organisationnels, conçus *a priori* par la hiérarchie dans une logique de ressources humaines interchangeables, présentent l'inconvénient majeur de n'exploiter ni toutes des compétences, ni surtout tout le potentiel et les talents des individus.

■ Capacités d'autotransformation

Par ailleurs, une caractéristique essentielle de l'organisation apprenante est sa capacité à se renouveler et à se transformer en fonction de l'impact de facteurs internes et externes. Cette capacité d'autotransformation, et donc de changement intrinsèque, résulte des apprentissages collectifs et de forces internes liées aux hommes et à leurs apprentissages individuels.

Elle va s'adapter à des pressions de son environnement économique, technologique ou réglementaire, etc. mais elle va aussi changer sous l'influence, par exemple, d'une politique de management des dirigeants différente, de l'implantation dans de nouveaux locaux, etc. Une organisation apprenante aura, par conséquent, une vision opportuniste et évolutive de ses structures organisationnelles, de ses procédures de fonctionnement, de ses modes d'organisation du travail et de dévolution du pouvoir en fonction de ses intérêts stratégiques supérieurs.

Les caractéristiques de l'organisation résulteront des processus d'apprentissage collectifs des acteurs et de leurs capacités à remettre en cause des modèles mentaux inadaptés et les schémas organisationnels obsolètes. Dans l'optique du management de l'apprenance, l'organisation devient une variable au service des finalités opérationnelles et d'apprentissage des hommes dans le cadre de la stratégie de l'entreprise.

On est loin des changements organisationnels ponctuels (et souvent mineurs) fréquemment décidés par des dirigeants qui prennent de nouvelles fonctions ou qui sont confrontés à un contexte de crise, tels qu'un changement de l'organigramme de direction, la mise en place d'une autre structure organisationnelle matricielle, la création de divisions autonomes, etc. Observons que cette vision ancienne des schémas organisationnels est toujours répandue dans les ouvrages de management et les cours de nombreux MBA (depuis plus d'une trentaine d'années !). Aussi continue-t-elle à imprégner encore profondément les mentalités des responsables d'entreprises.

Enfin, comme le souligne de Geus avec beaucoup de pertinence, une organisation est d'abord une communauté humaine et doit être considérée et gérée comme telle par les dirigeants (1). La prise en compte des contributions modernes de la sociologie et de la psychosociologie des organisations sont aujourd'hui incontournables, pour bien comprendre leur fonctionnement réel mais aussi pour exercer le métier de manager avec efficacité, perspicacité et surtout discernement (2).

Le concept d'apprenance implique une vision du management de l'organisation centrée sur le service des hommes. Il s'agit de leur offrir le contexte le plus favorable possible pour leur travail, leurs apprentissages professionnels, leurs capacités de créativité et d'innovation afin qu'ils concourent le plus efficacement possible, au projet stratégique de l'entreprise et améliorent ses performances globales. Cette vision de l'organisation à travers le prisme de l'apprenance conduit à une sérieuse remise en cause des organisations hiérarchiques et centralisées, ainsi qu'à de nombreuses pratiques organisationnelles courantes se traduisant par des dysfonctionnements. Citons l'exemple bien connu, du manque de communication horizontale et de coordination entre services ou fonctions différentes des organisations pyramidales.

> On assiste aujourd'hui à l'émergence des notions d'innovation et de compétitivité organisationnelles.

On assiste aujourd'hui à l'émergence des notions d'innovation et de compétitivité organisationnelles. Les caractéristiques de l'organisation et de ses modes de management des hommes apparaissent de plus en plus comme des composantes majeures des performances globales et durables de l'entreprise (3).

Par exemple, les nouveaux modes d'évaluation et de notation des entreprises (qui servent à certains investisseurs importants pour faire des choix ou aux dirigeants pour évaluer leur image), prennent en compte quelques-uns de ces aspects. Les travaux d'agences de notation des entreprises telles que ceux de l'Arese en France (qui dépend de la Caisse des dépôts et consignations) illustrent cette tendance. La méthode anglo-saxonne du *balanced scorecards*, déjà évoquée, s'inscrit dans le même esprit en soulignant aussi l'impact des caractéristiques organisationnelles et managériales, parmi d'autres facteurs, sur les performances de l'entreprise.

■ *Développement durable et management des hommes*

Cette tendance est aujourd'hui accentuée par l'importance donnée à la notion de développement durable de plus en plus populaire et très à la mode dans les discours officiels. Si elle a jusqu'à présent, surtout concerné les aspects externes et l'impact sur l'environnement naturel, il est très probable qu'à l'avenir elle touchera aussi les aspects internes, c'est-à-dire les caractéristiques de l'organisation, les modes de gestion et de management des hommes, l'éthique managériale, etc.

La nouvelle législation française sur le harcèlement moral est un symptôme de cette évolution. On parlera sans doute davantage dans les années à venir de qualité et de valeur ajoutée durable du management des hommes et des organisations. La notion de développement durable s'appliquera donc aussi au management des hommes et aux caractéristiques des organisations.

Il est clair que le paradigme du management de l'apprenance (qui représente une véritable alternative aux schémas néotayloriens) a l'énorme mérite d'offrir des réponses beaucoup plus en phase avec les demandes de nos sociétés postindustrielles, telles que celles du développement durable ou des aspirations qualitatives des jeunes générations dans leur travail.

LE POUVOIR HIÉRARCHIQUE CONTRE L'APPRENANCE

L'exercice du pouvoir de commandement par la hiérarchie – selon le schéma pyramidal et centralisé de type militaire (ou *top down*) est, à l'évidence, un puissant inhibiteur des processus d'apprentissage individuels et collectifs. En effet, une logique d'obéissance à des ordres d'exécution stérilise la créativité, la réflexion, le recours à l'intelligence des subordonnés (4) et, plus grave encore, nuit gravement à leurs possibilités de développement professionnel. Aussi, est-il possible d'affirmer, que l'exercice d'un pouvoir hiérarchique fort est à la source de dysfonctionnements graves, et de coûts cachés. Il se traduit aussi par une gestion médiocre (voire parfois désastreuse) du potentiel humain de l'organisation. Ce phénomène est aujourd'hui exacerbé par le décalage qui existe entre d'une part, les valeurs dominantes de nos sociétés, telles que : liberté, initiative, démocratie, débats, transparence, participation, etc. et d'autre part, les pratiques réelles de management des hommes de nature hiérarchique, arbitraire et centralisée qui perdurent dans beaucoup d'entreprises et d'organisations.

■ *Spécificité culturelle française*

Malgré les discours réitérants sur la participation, la délégation, la décentralisation, l'autonomie des équipes et des entités, et autres thèmes de management à la mode, on observe qu'un nombre important d'entreprises et organisations françaises (et notamment les plus grandes) sont encore caractérisées par de tels schémas hiérarchiques. Par ailleurs, ces réflexes hiérarchiques imprègnent les mentalités des subordonnés, dont il faut remarquer que les comportements habituels de soumission ne font que contribuer au maintien de la situation actuelle.

Notons, qu'il s'agit d'une spécificité culturelle française, qui a des racines historiques lointaines (l'ancien régime monarchique), comme des sociologues des organisations, tels que Crozier, l'ont bien analysée. Ce blocage culturel du monde organisationnel français résulte d'une longue histoire de centralisation et de la place hypertrophiée de l'État, par rapport à d'autres pays européens. Les traditions jacobines, le poids de l'administration et de la culture bureaucratique (depuis la période napoléonienne), les modes de sélection des élites dirigeantes avec le système des grandes écoles et notamment l'ENA (qui dispense depuis 50 ans une idéologie étatique et centralisatrice auprès de générations de hauts fonctionnaires), la reproduction des schémas néotayloriens par le système éducatif (université, écoles de gestion, MBA, etc.), qui façonnent les mentalités des élites de ce pays, constituent autant d'obstacles, de freins et de sources d'inertie au développement de l'apprenance dans les entreprises et les organisations françaises.

> ➤ On peut observer que la question de la dévolution du pouvoir dans les organisations et les entreprises est restée, en France, un sujet tabou.

Par ailleurs, on peut observer que la question de la dévolution du pouvoir dans les organisations et les entreprises est restée, en France, un sujet tabou. Par exemple, dans les innombrables colloques, conférences, symposiums, etc. sur le management et la gestion des entreprises, il n'y en a pratiquement aucun sur le thème du pouvoir dans les entreprises et sur ses effets pervers ! Il faut croire qu'ils ne feraient pas recettes auprès des dirigeants et cadres actuels, tant les schémas mentaux dominants sont encore marqués par des réflexes hiérarchiques et élitistes ! Ce contexte organisationnel dominant français, de pouvoir hiérarchique fort et centralisé, explique en partie le faible succès mais surtout les difficultés de compréhension et les mauvaises interprétations de ce concept d'organisation apprenante ou d'apprenance.

À la différence des pays anglo-saxons où le concept de *learning organization* ou de *learning company* est beaucoup plus familier, a un sens clair et connaît un succès croissant, si l'on en juge par l'abondante littérature sur le sujet mais aussi par les nombreuses entreprises qui souhaitent s'inspirer de ce nouveau paradigme de management. Les pouvoirs publics britanniques soutiennent très officiellement le développement du concept de *learning company* et même, à un niveau plus général, celui de *learning society*, comme des modèles organisationnels souhaitables, pour la modernisation sociale et managériale des organisations et des entreprises dans les années à venir.

■ *Évolution du contexte des organisations françaises*

On remarquera quelques signes d'évolution du contexte des organisations françaises, certes encore timides, mais intéressants. D'abord, il y a depuis une dizaine d'années, la remise en cause par de nouvelles catégories d'actionnaires (notamment les fonds d'investissements anglo-saxons) des modes de management et du pouvoir quasi absolu, qui caractérisait les pratiques des dirigeants de certaines grandes entreprises françaises. Une pression s'est exercée pour des modes de direction de nature plus collégiale à la tête de ces grands groupes. Il n'empêche que les réflexes, les comportements et les mentalités demeurent encore très imprégnés par une conception centralisée et hiérarchique du pouvoir, et les remises en cause des pratiques dans ce domaine sont laborieuses. Une autre évolution très significative, même si elle n'a pas encore un impact important, a trait à l'évolution des doctrines patronales et en particulier du Medef, depuis la fin des années 90, avec la promotion du management par les compétences. Cette vision moderne du management des hommes ne manquera pas d'avoir de profondes répercussions sur les schémas de dévolution du pouvoir dans les organisations. Elle suscitera une réflexion sur les schémas organisationnels (et les modes de dévolution du pouvoir) les plus opportuns pour développer les compétences individuelles et collectives des hommes. La révolution managériale de l'apprenance se situe précisément dans cette perspective. Il est clair, qu'elle exige des principes organisationnels différents et d'autres modes de dévolution du pouvoir que ceux qui caractérisent les organisations néotayloriennes classiques.

DES PRINCIPES ORGANISATIONNELS INSPIRÉS PAR UNE LOGIQUE DIFFÉRENTE

Une vision de l'organisation en terme d'apprenance va conduire à s'interroger, sur les caractéristiques de celle-ci qui encourageront le plus les apprentissages des hommes et les inciteront à être créateur de valeur, tout en visant l'excellence opérationnelle. En somme, il va s'agir de réfléchir aux principes organisationnels qui donneront à l'entreprise la possibilité de devenir réellement apprenante. Les contributions des principaux auteurs sur le thème des organisations apprenantes s'accordent sur un ensemble de principes organisationnels. Nous présenterons ci-après une synthèse de ceux favorisant les processus d'apprenance, notamment de nature collective

L'aplatissement et la décentralisation des structures organisationnelles

La réduction du nombre de niveaux hiérarchiques, notamment dans les grandes organisations, est apparue déjà depuis plusieurs années comme un moyen de lutter contre les dysfonctionnements induits par les structures lourdes de fonctionnement lent. Dans une perspective d'apprenance, il est clair que la multiplication des niveaux hiérarchiques a un effet très négatif, car elle inhibe les processus d'apprentissage et freine le changement. Un mode de management essentiellement inspiré par un principe d'autorité hiérarchique va, en effet, jouer contre la responsabilisation des hommes et des équipes, contre leurs prises d'initiatives et leurs possibilités d'apprentissage. Les logiques d'obéissance hiérarchique ont des effets catastrophiques sur la créativité, l'initiative, les motivations des hommes et d'une façon générale sur leurs performances.

Il est surprenant de savoir que de nombreux responsables n'ont pas conscience de l'impact de ces phénomènes, qui se traduisent par des gaspillages considérables d'énergie, d'intelligence et de créativité du capital humain. Il convient cependant de remarquer, que la suppression de niveaux hiérarchiques dans une organisation ne peut se faire sans repenser ses modes de fonctionnement. En effet, elle se traduit, à court terme au moins, par un surcroît de responsabilités des niveaux hiérarchiques intermédiaires. Les entreprises qui réduisent le nombre de niveaux hiérarchiques de l'encadrement et de ce fait augmentent brusquement les responsabilités managériales de l'encadrement risquent de créer un profond malaise, si il n'y a pas eu préalablement une phase de préparation adéquate.

La multiplication des niveaux hiérarchiques a un effet très négatif, car elle inhibe les processus d'apprentissage et freine le changement.

137

Au-delà de la réduction du nombre d'étages hiérarchiques, une organisation apprenante va s'efforcer de supprimer le principe d'une autorité résultant du seul statut hiérarchique (comme dans les organisations bureaucratiques). L'autorité va résulter de la compétence professionnelle et de l'expérience du responsable. Une logique dominante d'apprenance va remplacer une logique dominante d'obéissance hiérarchique, aujourd'hui obsolète et pourtant encore très répandue.

Un autre aspect important des modes d'organisation et des structures organisationnelles d'une entreprise apprenante, tient à la décentralisation du pouvoir de décision au plus près du terrain. Parce que les effets d'apprentissage dans l'exercice d'un métier sont en général plus forts au contact du terrain.

Ainsi, ce sont les équipes commerciales, en relation permanente avec la clientèle, qui ressentiront les besoins d'adapter l'offre pour répondre à une évolution de sa demande tant au niveau des produits qu'à celui des services.

Aussi est-il opportun, dans un cadre préalablement défini, de laisser un maximum d'initiatives et donc de pouvoirs de décision au *front office* ou aux personnes en relation directe avec la clientèle, par exemple. Les effets maximaux d'apprentissage individuels et collectifs ne peuvent intervenir que dans un contexte de responsabilisation et de liberté d'action. Le réflexe de la recherche de l'accord de la hiérarchie pour chaque décision est la négation même de l'apprenance. Certes, déléguer du pouvoir accroît la prise de risque, mais il ne peut pas y avoir apprentissage sans autonomie de décision et donc délégation de pouvoir. Les grandes entreprises qui testent leurs cadres à potentiel dans des fonctions de managers d'unités autonomes le comprennent bien. La liberté d'expérimentation par les acteurs de l'organisation est une condition essentielle, pour favoriser l'apprentissage professionnel des hommes mais aussi, pour susciter l'énergie et accroître leurs capacités d'initiative et d'innovation.

Exemple

La réorganisation réussie de la division Agro de la société Rhône-Poulenc

Le succès de cette réorganisation, initiée dans les années 90 par son responsable A. Godard, repose clairement sur la mobilisation de toutes les forces vives de l'entreprise. Elle a été fondée sur la décentralisation, la responsabilisation et l'autonomie des acteurs à tous les niveaux. Les dirigeants apparaissent comme des entrepreneurs agissant en conformité avec les valeurs du groupe et mettant en accord le discours managérial et les actes.

L'expérience de Rhône-Poulenc Agro illustre les difficultés du passage d'un monde industriel néotaylorien à un univers postindustriel, fondé sur la mobilisation des intelligences et des énergies des hommes. Elle montre l'importance de la responsabilité qu'ont les dirigeants pour donner du sens à leur action.

Ce qui implique un nouveau style de management favorisant la coresponsabilité et une dynamique d'intelligence collective au sein d'équipes autonomes et motivées. Cette logique de coresponsabilité nécessite de développer toutes les dimensions de la personne·(et donc toutes les compétences du manager), qui doit avoir un nouveau rôle à plusieurs facettes. Du classique rôle néotaylorien de donneur d'ordres et de superviseur il devient homme-ressources, mentor et même *coach* pour soutenir et faciliter l'action de ses collaborateurs et de ses équipes.

Il est évident, que la transformation très réussie de cette division de l'entreprise est intervenue grâce à la mise en place, d'une nouvelle organisation et d'un autre style de management des hommes facilitant leur mobilisation et leurs apprentissages. À ce titre, on a ici l'illustration d'une organisation ayant progressé sur la voie de l'entreprise apprenante.

(d'après l'ouvrage d'A. Godard et V. Lenhardt : *Engagements, espoirs, rêves* – Village mondial – 1995). ∎

Une organisation des tâches fondée sur des équipes autonomes, flexibles et temporaires

Une logique d'apprenance organisationnelle requiert la responsabilisation des hommes et des équipes, dans le cadre d'objectifs clairement définis et concourant aux objectifs de la stratégie de l'entreprise. D'où l'accent mis par de nombreux auteurs sur l'importance du développement des équipes autonomes ou semi-autonomes (5).

Exemple

Équipes autonomes, contexte responsabilisant et initiative individuelle chez Toshiba Tec Europe

La création d'une usine de montage en France par Toshiba Tec Europe, appliquant des méthodes de production japonaise, a favorisé le passage aux équipes autonomes dès 1990.

Ces équipes d'une douzaine de personnes sont animées par un opérateur, appelé *subleader*, qui partage son temps entre animation et production, mais n'a pas de rôle hiérarchique. Les opérateurs doivent pouvoir être polyvalents (3 postes au minimum) et peuvent choisir de s'impliquer dans des domaines spécifiques (sécurité, environnement, qualité...).

Cette participation est prise en considération et rémunérée de façon individuelle. La motivation est entretenue par des réunions quotidiennes. Lorsqu'un nouveau produit va entrer en production des opérateurs participent à l'analyse du nouveau produit et, ensuite, partent au Japon pour observer les méthodes du concepteur.

À leur retour, ils seront chargés de les enseigner à leurs collègues, notamment au sein des équipes autonomes, qui constituent un terrain propice à l'apprentissage. Les opérateurs se répartissent les postes, fixent eux-mêmes les cadences et dialoguent directement avec les fournisseurs si les pièces posent des problèmes au montage.

La réorganisation de la production sur la base de ces équipes autonomes a permis d'augmenter la productivité de 10 à 25 % selon les chaînes de production placées chacune sous la responsabilité d'une telle équipe.

Il est particulièrement intéressant de constater que cette organisation de la production, selon les méthodes de travail japonaises, fait une large place aux processus d'apprentissage des acteurs. En cela, l'on peut affirmer que les modes de management japonais des organisations s'inscrivent dans une logique d'apprenance beaucoup plus développée que les modes classiques et néotayloriens d'organisation du travail que l'on trouve encore dans une large majorité d'entreprises françaises.

(d'après *Responsabilisation tous azimuts chez Toshiba* – article paru dans *Les Échos* du 21 novembre 2000). ■

Elles sont, en effet, les mieux placées pour savoir quelles décisions prendre face à un contexte donné. C'est le sens de ce que les Anglo-Saxons appellent *l'empowerment*, où le pouvoir de décision et les responsabilités sont donnés aux niveaux inférieurs de la hiérarchie. Cette vision progressiste et moderne du management des organisations a été brillamment défendue par Carlzon, ancien directeur de la compagnie aérienne SAS dans son célèbre ouvrage, paru au début des années 80, et déjà cité, *La pyramide inversée*.

Les équipes autonomes savent développer leurs capacités d'autoorganisation et s'avèrent beaucoup plus flexibles et efficaces que celles résultant d'une organisation hiérarchique pyramidale classique. Mais surtout les équipes autonomes deviennent des lieux privilégiés de puissants processus d'apprentissages collectifs. Au-delà d'un travail d'équipe, elles deviennent capables, si elles évoluent dans un contexte managérial adéquat, d'apprendre ensemble en optimisant naturellement les synergies qui peuvent résulter des compétences professionnelles et personnelles de leurs membres. Nous avons évoqué précédemment à ce sujet l'expérience de Volvo Cars Europe Industry et son concept d'équipes autonomes d'apprentissage, qui est une excellente illustration de la prise en compte de ce principe organisationnel.

Il s'agit là d'une dimension essentielle du concept d'organisation apprenante qui a été notamment soulignée par Mack (6). Elle requiert des modes de management des équipes spécifiques non seulement pour créer un contexte propice et stimulant en matière d'apprentissages collectifs mais aussi pour valoriser l'ensemble des talents individuels et créer toutes les synergies possibles. Cette nouvelle approche du management des équipes a des conséquences managériales et organisationnelles assez révolutionnaires, par rapport aux démarches classiques néotayloriennes en termes de postes. Il est évident qu'une démarche managériale d'apprenance va contester cette logique de poste. Elle proposera même la démarche inverse, c'est-à-dire une organisation flexible qui s'adapte aux individus afin de valoriser au mieux leurs talents, leurs potentiels et leurs capacités d'apprentissage.

Une organisation apprenante est donc essentiellement une organisation qui se construit autour des individus, des équipes et des talents. Ce concept d'organisation à géométrie variable, en particulier au niveau des équipes de travail, implique une autre idée force de l'organisation apprenante, qui est celle du caractère temporaire des structures organisationnelles en fonction de besoins et d'objectifs évolutifs.

Une illustration de ce concept de temporalité structurelle concerne précisément les équipes projets ou *task forces* qui ont de plus en plus tendance à se développer aujourd'hui dans les grandes entreprises. Il s'agit de faire face à des objectifs de réactivité, par exemple pour mieux répondre aux exigences des clients, pour résoudre des problèmes internes ou pour innover. Un exemple célèbre est celui d'IBM qui, dans le début des années 80, a mis en place une telle organisation pour développer son micro-ordinateur alors que, malgré sa toute-puissance, ses structures organisationnelles la rendait incapable de réaliser un tel projet dans les délais nécessaires.

Un fonctionnement horizontal fondé sur une logique de réseau apprenant

Les modes de fonctionnement verticaux des organisations hiérarchiques en silos qui prédominent encore dans beaucoup d'entreprises ont, derrière une apparente rationalité, de nombreux effets néfastes et sont à la source de fréquents et graves dysfonctionnements. Ils inhibent les possibilités d'apprentissage, la prise d'initiative, la responsabilisation et se traduisent par un impact négatif sur la motivation du personnel, sa confiance, son énergie, sa créativité, etc. Il est surprenant d'observer que malgré la dénonciation de ces phénomènes par des sociologues et de nombreux experts en management, et ce depuis fort longtemps, ces schémas organisationnels hiérarchiques verticaux continuent à se perpétuer. La complicité du système de formation des élites (grandes écoles, universités), mais aussi l'inertie et le conservatisme, jusqu'à une période récente, de certaines sphères patronales y ont leur part de responsabilités.

Les dysfonctionnements des organisations hiérarchiques classiques ont généré des relations et modes de fonctionnement informels, voire clandestins, pour atténuer leur impact négatif.

Les dysfonctionnements des organisations hiérarchiques classiques ont généré depuis longtemps des relations et modes de fonctionnement informels, voire clandestins, pour atténuer leur impact négatif. C'est le cas de réseaux officieux guidés plus par une logique d'efficacité que par un souci de respecter les préséances hiérarchiques. Le développement de tels réseaux est souvent présenté, et parfois encouragé, comme remède organisationnel par certains dirigeants et consultants. L'ouvrage intitulé, *Mettez du réseau dans vos pyramides* (7) est une excellente illustration de cette réaction et de la tendance à la mode de faire l'éloge des réseaux.

On observera cependant, que d'un point de vue systémique, il s'agit typiquement d'une préconisation de changement de premier ordre visant à compenser un défaut évident du système organisationnel hiérarchique traditionnel, mais pas à le changer fondamentalement. Or, le défi des organisations apprenantes est précisément de concevoir de nouveaux schémas organisationnels ne générant pas les dysfonctionnements des organisations hiérarchiques classiques, permettant plus d'efficacité opérationnelle et créant des opportunités d'apprentissages des hommes. C'est par exemple le concept d'entreprise horizontale (8) ou d'entreprise circulaire que l'on voit apparaître en réaction aux inconvénients des structures verticales.

■ Organisations en réseau

Certaines grandes entreprises ont pris conscience de l'intérêt d'encourager officiellement le développement de réseaux comme solution organisationnelle efficace pour atteindre certains objectifs. On citera le cas de la société Solvay-France et son réseau d'Innov'acteurs, mis en place et épaulé par la direction générale afin de favoriser l'innovation et le lancement de nouveaux produits et activités (9). Cette expérience qui a connu un indéniable succès se poursuit et s'élargit dans le groupe. Remarquons qu'elle a été initiée par des dirigeants résolument ouverts aux concepts d'entreprise apprenante et de gestion des savoirs.

Une autre illustration d'une telle dynamique de réseaux est celle d'une grande société internationale de produits pharmaceutiques, dont une unité belge a mis en place une opération visant au développement de réseaux de techniciens, pour résoudre divers problèmes de fonctionnement internes qui freinaient la mise sur le marché de nouveaux produits. Il s'agit d'une méthode appelée Turbo, développée par un cabinet belge, basée également sur le volontariat, la constitution de réseaux horizontaux transservices, l'échange et la réflexion collective sur un problème concret. Son objectif est non seulement de trouver une solution efficace au problème posé mais, après l'aval de la hiérarchie, d'en assurer la mise en œuvre et le suivi opérationnel. Cette démarche s'est imposée et a fait progressivement tâche d'huile dans l'entreprise avec un franc succès (10).

Il convient de remarquer que la hiérarchie, qui faisait preuve de scepticisme au départ, l'a ensuite soutenue timidement, puis récupérée et enfin étendue, quand elle a perçu les résultats auxquels elle aboutissait ainsi que son caractère d'antidote aux pesanteurs et dysfonctionnements d'une grande organisation hiérarchique. Il est clair, que cet exemple de réseau interne horizontal s'est révélé efficace car il a mobilisé et responsabilisé une catégorie de personnel en général soumis à des directives hiérarchiques d'exécution. Ces réseaux lui ont permis de s'impliquer dans une logique d'initiative et d'autogestion qui s'est avérée motivante et valorisante pour les membres. De plus, cette expérience qui se poursuit et même s'élargit dans l'entreprise à d'autres catégories de personnel, a démontré les effets bénéfiques des phénomènes d'appropriation par les participants de cette démarche transversale et autonome de travaux en réseaux.

Un autre exemple, de l'effet de cette logique de développement des réseaux et de son impact sur les schémas organisationnels de l'entreprise, est encore fourni par France Télécom. Cette entreprise a décidé de revoir complètement son organisation sur la base d'un nouveau mode de fonctionnement, selon lequel la hiérarchie et la direction centrale définissent seulement les grandes orientations et la stratégie générale. Les acteurs opérationnels sur le terrain, notamment au niveau régional, bénéficient de la liberté pour construire l'organisation qui leur semblera la plus adaptée aux réalités spécifiques de leurs marchés et aux principaux défis à relever dans leur secteur géographique ou d'activités. Elle a développé et mis en place, à cet effet, le concept intéressant de plate-forme décentralisée de management (PFDM) qui représente une révolution organisationnelle, par rapport aux structures pyramidales et centralisées antérieures (12).

Il convient également de citer les travaux de recherche réalisés par l'association Sol-France – en collaboration avec l'École de management de Lyon –, sur les réseaux d'apprentissage de grandes entreprises. Un outil d'évaluation des caractéristiques d'apprentissage de ces réseaux internes a été mis au point et testé (11). Cette démarche reflète la prise de conscience croissante de réseaux transversaux comme moyen efficace de développement de nouvelles logiques managériales non hiérarchiques et, à l'évidence, beaucoup plus apprenantes.

Il est de plus en plus évident, que le développement de relations de travail horizontales axées sur des logiques managériales réciproques d'apprentissages en équipe vont s'imposer dans les organisations modernes performantes. On voit se multiplier les entreprises qui se réorganisent autour d'équipes projets insérées dans un contexte organisationnel de type matriciel ou qui favorisent l'émergence de réseaux internes pour améliorer l'efficacité et la souplesse de leur fonctionnement. Mais au-delà de l'aspect formel de ces schémas organisationnels horizontaux, il convient de bien voir que leur valeur ajoutée va résider dans la dynamique managériale, les modes de fonctionnement et les procédures de travail nouveaux qu'ils vont obligatoirement susciter.

Des procédures de travail et des modes de fonctionnement organisationnels favorisant les apprentissages

Une logique managériale d'apprenance va impliquer non seulement de repenser les schémas des structures organisationnelles formelles de l'entreprise, mais aussi et en même temps ses procédures de travail et ses modes de fonctionnement au quotidien. Il va s'agir de créer un nouveau contexte managérial pour améliorer l'efficacité opérationnelle globale de l'organisation et les processus d'apprentissage des hommes. Ces deux aspects étant bien entendu étroitement liés puisqu'il ne peut y avoir ni amélioration durable des performances ni changements opportuns de l'organisation, sans un ensemble d'apprentissages des acteurs. Cela signifie qu'une organisation qui cherche à devenir réellement apprenante doit repenser et mettre en place un ensemble cohérent de procédures de travail et de modes de gestion des hommes.

Prenons l'exemple d'une entreprise qui décide d'une procédure selon laquelle les managers seront responsables du développement professionnel de leurs collaborateurs, devront y consacrer régulièrement un temps minimal et seront évalués sur ce sujet à l'aide de grilles d'appréciation spécifiques. Cette procédure aura un impact très positif sur le développement professionnel de l'ensemble de son personnel.

Exemple

La responsabilisation du personnel et le nouveau rôle des chefs d'équipe : sources d'apprenance chez Air France Industries

Cet exemple concerne Air France Industries à Roissy, division du groupe Air France chargée de la maintenance et des travaux de modifications des avions de la compagnie, mais également, et de plus en plus, de tiers clients.

À partir du constat de l'insuffisance des résultats de l'activité de gestion et de maintenance des équipements hydrauliques des avions, les responsables ont donné aux opérateurs les moyens de s'impliquer davantage, par une démarche de management par la qualité et de repositionnement des missions des chefs d'équipes.

Pour atteindre cet objectif, ils ont choisi de redéfinir la fonction des chefs d'équipe. Cela s'est traduit par un stage d'observation des méthodes de management (selon une logique de *benchmarking*) dans une entreprise d'un secteur totalement différent (puisqu'il s'agissait d'une grande surface), mais qui avait des pratiques managériales performantes dans les relations maîtrise-opérateurs.

Ce stage d'observation a convaincu les chefs d'équipe concernés de la pertinence de cet autre management des hommes. Leurs attributions ont changé, elles sont maintenant d'expliquer les méthodes de travail et d'inciter les membres de l'équipe à trouver eux-mêmes les solutions pour atteindre les objectifs fixés. Il est évident que d'un rôle principal de superviseur-contrôleur de style taylorien, ils sont passés à celui de mentor et d'aide à l'apprentissage et à l'autonomie de leurs collaborateurs. L'impact de ce type de management sur les performances de l'entreprise est rapidement apparu puisque cette nouvelle organisation du travail a suscité une nette amélioration de la productivités, (augmentation de 30 à 50 % selon les secteurs...).

(d'après le rapport M. Greif – cabinet Proconseil, intitulé *Les équipes autonomes* – Paris – Juin 2000). ∎

LES MANAGERS-LEADERS : ARCHITECTES ET MÉDIATEURS

La construction d'une dynamique d'apprenance au sein d'une organisation va exiger un nouveau mode de management des hommes et se traduire par des responsabilités différentes des managers-leaders. Ainsi, ils conduiront une réflexion régulière sur l'optimisation des caractéristiques organisationnelles de leur unité, afin de s'assurer de la permanence de contextes favorables à l'apprenance. Ce qui se traduira en pratique par :
- L'existence d'espaces de liberté, de possibilités d'initiatives et d'expérimentations dans le travail de chacun.
- Un climat de confiance réciproque entre le manager-leader et ses collaborateurs, avec un principe de responsabilisation des individus et des équipes dans un cadre contractuel clair.
- Des modes de communication permettant un maximum de transparence dans le fonctionnement de l'organisation.
- Des règles de jeux équitables en matière de gestion des hommes (procédures d'évaluation, de promotion, de rémunération, etc.).
- Une proximité entre le manager-leader et ses collaborateurs, pour un suivi attentif des individus et une aide pour leur développement professionnel.
- Une reconnaissance juste des efforts d'apprentissage des individus et des équipes avec un système d'encouragement et d'appui aux initiatives dans ce domaine.

■ *Nouvelle valeur ajoutée managériale*

Une nouvelle valeur ajoutée des managers-leaders apparait. Ils ont ainsi des rôles de mentors, de conseils, de soutien et d'aide.

Une nouvelle valeur ajoutée des managers-leaders apparaît dans le service qu'ils apportent à leurs collaborateurs. Ils ont ainsi des rôles de mentors, de conseils, de soutien et d'aide à leur égard. Un objectif essentiel devient leur contribution au progrès professionnel, à l'amélioration des performances et à l'épanouissement des talents de ces derniers. Ce qui exige non seulement une organisation du travail adéquate, mais également un mode de management des hommes encourageant l'apprenance. Ces managers-leaders ont aussi une responsabilité majeure dans l'animation et le développement de leurs équipes, de l'apprentissage collectif, de la valorisation de leurs capacités créatives, de leur apport d'énergie et d'enthousiasme pour susciter l'adhésion et le dépassement de soi, etc. La fonction pédagogique des managers-leaders devient essentielle pour développer une organisation véritablement apprenante. Leur rôle d'architecte social et organisationnel permet d'exploiter au mieux le potentiel d'apprentissage des individus et des équipes.

Les managers-leaders ont des responsabilités d'ingéniérie organisationnelle visant à optimiser en permanence les structures organisationnelles et leurs modes de fonctionnement, afin de rechercher une adéquation optimale entre les objectifs stratégiques de l'organisation et son potentiel humain. C'est l'organisation qui devient une variable flexible et se construit autour des compétences et des talents des hommes.

Dans cette perspective, l'organisation s'adapte aux compétences des hommes et à leurs évolutions au lieu du schéma inverse classique. Selon cette philosophie managériale, il est clair que le rôle du manager et ses responsabilités vis-à-vis de ses collaborateurs changent énormément. Il devient un gestionnaire et un développeur des compétences professionnelles et des talents des hommes dont il a la responsabilité.

UNE CAPACITÉ D'AUTOTRANSFORMATION DE L'ORGANISATION

Une caractéristique essentielle d'une organisation apprenante est sa capacité d'autotransformation et de renouvellement permanente. Comme le rappelle Senge, une organisation apprenante est : « *une organisation qui sait clarifier mais aussi, et surtout, remettre en cause de façon permanente les modèles mentaux qui limitent ses pensées, ses actions, sa façon de voir et de percevoir le monde dans lequel elle évolue.* »

> Une caractéristique essentielle d'une organisation apprenante est sa capacité d'autotransformation et de renouvellement permanente.

Celle-ci résulte directement des phénomènes d'apprentissages collectifs qui la définissent, comme on l'a déjà présenté. L'apprenance collective génère le changement et la plasticité de l'organisation. Dans une optique d'apprenance, on se situe dans le contexte de la métaphore biologique de la cellule, qui a été souvent reprise par des théoriciens des organisations et qui met l'accent sur les mécanismes d'adaptation de celle-ci à son environnement. Cette adaptation permanente la conduit à s'autotransformer pour mieux survivre dans le contexte évolutif de son environnement. De la même manière, une organisation apprenante va constamment rechercher la meilleure configuration vis-à-vis de ses marchés, de son environnement technologique, réglementaire, culturel, etc.

Changement d'organisation du groupe Royal Dutch/Shell

Dans le milieu des années 90, le groupe Royal Dutch/Shell a souhaité réfléchir sur l'amélioration de son organisation malgré son apparente réussite économique. Il a commencé ses réflexions par l'analyse des relations et des rôles respectifs des services centraux et des unités opérationnelles. Ce qui a rapidement abouti au démantèlement de la structure matricielle qui s'avérait trop compliquée, trop lourde et trop bureaucratique et qui, de plus, offrait trop de possibilités de dissimulation de contre-performances.

Les changements intervenus quelques années auparavant dans la filiale américaine Shell Oil, qui avait adopté un schéma beaucoup plus décentralisé et autonome avec succès, ont aussi inspiré cette réflexion sur la transformation de son organisation.

Les dirigeants ont pris conscience qu'une telle restructuration passait par un profond changement d'état d'esprit dans l'entreprise et donc, par la nécessité d'une démarche pédagogique à l'égard des salariés et de l'encadrement, afin de leur permettre de voir le monde et de réfléchir différemment.

L'entreprise a mis en place, à cet effet, une équipe appelée Leap (*Leadership improvement and performance*), afin de catalyser et d'accélérer ce processus de transformation. Elle avait pour mission d'apporter son soutien aux entités opérationnelles pour la réalisation d'objectifs ambitieux, la recherche de synergies et le partage des savoirs entre les différentes unités. Elle devait aussi, et surtout, encourager une démarche managériale d'apprentissage.

Cette équipe de 45 personnes fonctionnant en réseau se déplaçait, en fonction des besoins dans les entités opérationnelles des différents pays, en assurant des séminaires sur le développement du *leadership*, les stratégies d'amélioration des activités, la création de valeur et la pratique d'une démarche d'apprentissage professionnel permanent.

Il est apparu qu'une clé de ce processus de transformation a été l'accompagnement de l'encadrement par un *coaching* permanent, car si les hommes apprécient d'avoir plus de pouvoir ils ne se rendent pas toujours compte qu'ils doivent aussi assumer davantage de responsabilités. Il a fallu apprendre aux équipes et à leurs responsables à se gérer de manière autonome, dans le cadre d'orientations générales définies par la direction et ce, afin de libérer au maximum leur créativité sans cependant générer le chaos.

L'aspect visibilité et proximité du terrain de cette démarche est apparue comme un élément important pour son impact positif. D'où l'importance accrue des enquêtes réalisées auprès des salariés dans l'ensemble de l'organisation. Les dirigeants ont compris que la transformation organisationnelle recherchée de l'entreprise impliquait un apprentissage et un changement continu, ce qui voulait dire la pratique d'un *leadership* inédit, fondé sur une philosophie managériale de confiance et d'apprenance.

(d'après *La transformation stratégique chez Royal Dutch /Shell* dans P. Senge : *La danse du changement* – op. cit.). ■

■ *Construction stratégique*

Ce qui va amener l'entreprise à réviser régulièrement sa stratégie, mais aussi son organisation, ses procédures de travail et ses priorités managériales afin d'améliorer ses performances et d'assurer sa pérennité. Cette capacité d'autotransformation de l'organisation, construite par ses acteurs, devient la clé de son efficacité opérationnelle mais aussi de sa créativité et de sa production de valeur. La configuration de l'organisation devient une variable stratégique de la performance globale de l'entreprise au lieu d'une simple infrastructure logistique comme dans la vision traditionnelle de la définition *a priori* des structures organisationnelles.

Une intéressante illustration de l'adoption de cette nouvelle approche de l'organisation est fournie par France Télécom qui a revu ses schémas organisationnels en s'inspirant de principes inspirés par le concept d'organisation apprenante. Ayant pris conscience dans un environnement changeant (du fait du développement de la concurrence) de l'inadéquation et des dysfonctionnements graves de sa lourde organisation hiérarchique, cette société a complètement modifié sa stratégie organisationnelle. Seules les grandes orientations générales et la stratégie globale restent l'apanage de la direction générale et du sommet hiérarchique. En revanche, liberté est laissée, aux acteurs opérationnels de terrain dans les différentes régions, pour construire l'organisation qu'ils pensent la plus adaptée aux réalités et défis spécifiques à relever dans leur contexte géographique.

■ Modèle entrepreneurial

Un autre aspect important de la faculté d'autotransformation de l'organisation apprenante, de la plasticité et du caractère temporaire de ses structures organisationnelles, est lié à ses objectifs d'apprentissages individuels et collectifs des hommes et de valorisation de leurs compétences et de leurs talents.

Une bonne illustration est fournie par la façon dont des jeunes entreprises ou *start-ups* s'organisent. Elles ont, en général, des besoins d'apprentissages rapides et importants et elles doivent utiliser au mieux les compétences des hommes dont elles disposent. Leurs organisations sont souvent informelles et mouvantes en fonction des problèmes à résoudre. Elles fonctionnent selon des logiques de réseaux, qui permettent un maximum de communication et d'apprentissage mais qui apparaissent souvent chaotiques de l'extérieur. La hiérarchie est peu développée, on est dans des logiques horizontales de fonctionnement en équipe, où chacun contribue à la bonne marche de l'entreprise quand il le faut, en fonction de ses compétences. On se situe typiquement dans un contexte organisationnel flexible, opportuniste et évolutif au service du développement du projet de la jeune entreprise. Celui-ci permet de rapides apprentissages et crée une ambiance de travail en équipe souvent euphorisante, du moins au départ. Mais, avec la croissance des effectifs et les contraintes d'organisation qui s'imposent, la plasticité et la flexibilité initiale disparaissent. L'entreprise tend à rigidifier ses structures organisationnelles dans un organigramme, dans des postes, dans des procédures qui vont nuire aux possibilités d'apprentissage de ses membres, changer le climat de travail et souvent contrarier le dynamisme initial. Un grand nombre de témoignages de jeunes entreprises illustrent cette évolution organisationnelle et son impact négatif sur ses capacités de changement. Cet exemple montre bien que l'optimisation des apprentissages collectifs et individuels (et donc des capacités de changement et d'autotransformation de l'organisation) ne peut intervenir que dans un contexte organisationnel et managérial spécifique.

C'est typiquement le modèle entrepreneurial, souvent cité en exemple. Il en résulte un vrai mythe managérial : celui du management entrepreneurial qui a donné lieu depuis quelques années à une abondante littérature. Ce thème est d'ailleurs actuellement utilisé par les entreprises, cherchant à améliorer leur efficacité et à combattre les pesanteurs et rigidités organisationnelles et hiérarchiques qui caractérisent les grandes organisations (13). C'est la démarche d'intrapreneuriat ou de réseaux projets que mettent en place de grandes entreprises pour développer des programmes inédits en dehors des structures organisationnelles habituelles (dont on reconnaît ainsi implicitement le caractère étouffant). Remarquons, que la mise en œuvre d'un tel management entrepreneurial ne constitue qu'un changement de premier ordre dont la portée ne pourra être que limitée – même s'il représente une étape intéressante – car il ne remet pas fondamentalement en cause le modèle classique de management néotaylorien. C'est bien le sens des réflexions de nombreux observateurs de l'entreprise qui militent pour des efforts d'innovations organisationnelles, comme une condition-clé de l'amélioration des performances et de la pérennité de nombre d'organisations.

En conclusion, il est clair que le paradigme de management de l'apprenance conduit à de nouveaux principes d'organisation. Une nouvelle ingénierie organisationnelle (dont nous avons, ici, seulement esquissé quelques principes) sera nécessaire pour assurer l'évolution vers de véritables caractéristiques d'entreprise apprenante. Mais c'est à chaque entreprise d'inventer sa propre organisation et ses propres procédures de travail apprenantes, à travers une démarche expérimentale spécifique, qui elle même sera riche d'apprentissages, individuels, collectifs (au niveau des équipes et des groupes de travail) et organisationnels.

Un nombre croissant d'entreprises (notamment dans le monde anglo-saxon) expérimentent et mettent en œuvre de nouveaux modes d'organisation qui s'inspirent de ces principes novateurs. Leurs dirigeants ont compris l'importance des enjeux économique, social et sociétal de cette révolution organisationnelle et managériale.

Partager et gérer les savoirs dans un esprit d'apprenance

D epuis quelques années, on assiste à un fort développement de la gestion des savoirs (*knowledge management*) dans le monde des entreprises et, plus particulièrement dans celui des grandes entreprises. Ce mouvement – voire cette mode – a le mérite de refléter la prise de conscience de la valeur croissante des actifs immatériels et, en particulier, des connaissances et savoir-faire des hommes, dans le contexte actuel de l'émergence d'une nouvelle économie du savoir.

« L'art du management est de plus en plus celui du management de la connaissance. »

Comme le remarque très justement Argyris, dans une interview datant de 1998 : « *L'art du management est de plus en plus celui du management de la connaissance. Ce qui veut dire qu'on ne manage pas les hommes en tant que tels, mais les connaissances et savoirs dont ils sont porteurs. Et le sens du* leadership *est, aujourd'hui, de créer les conditions qui permettent aux hommes de produire des connaissances à valeur ajoutée pour l'action, et de le faire de façon à encourager leur responsabilité personnelle.* »

De nombreuses entreprises mettent en place des outils informatiques, souvent perfectionnés et onéreux pour gérer les savoirs. Mais les résultats pratiques s'avèrent décevants, et éloignés des espoirs que de tels systèmes avaient initialement suscités. Il y a sans doute plusieurs raisons à cela. Elles sont dues, en grande partie, aux carences des préalables d'ordre managérial, et à l'insuffisante prise en considération de la psychologie des acteurs des organisations.

Les entreprises ont tendance à rester dans des approches trop instrumentales de la gestion des savoirs au lieu d'avoir recours, surtout dans un premier temps, à des approches managériales.

Or, la création préalable d'un contexte adéquat pour la mise en place d'un esprit de partage, d'échange et d'enrichissement réciproque des savoirs dans l'entreprise est une condition primordiale pour initier une véritable dynamique d'apprenance.

■ Une question de management

Une clé essentielle de la gestion des savoirs repose sur la connaissance et l'analyse des réseaux humains existant à l'intérieur de l'organisation (1). Ce point de vue est repris par d'éminents spécialistes américains du *knowledge management* qui font observer que : « *les connaissances sont liées aux individus qui décident de créer, d'utiliser, de partager leurs idées et leurs savoirs. Aussi la gestion des connaissances est autant une question de management des hommes qu'une question de gestion des informations et des technologies.* » (2).

L'intérêt croissant des responsables d'entreprises pour la gestion des savoirs s'avère une excellente introduction au développement des processus managériaux caractérisant l'entreprise apprenante. Elle reflète, en effet, l'importance accordée à la valorisation et surtout au partage des connaissances et des savoir-faire, comme source de création de valeur pour l'entreprise. Le thème de la gestion des savoirs apparaît comme une excellente porte d'entrée pour initier et amorcer une certaine dynamique d'apprenance au sein d'une organisation. Une démarche d'apprenance doit en effet commencer par une réflexion préalable sur la question-clé, qui est celle des conditions psychologiques des acteurs, nécessaires au partage et à la gestion performante des savoirs au sein de l'organisation. C'est pourquoi la gestion des savoirs constitue une composante essentielle du modèle d'évolution vers l'entreprise apprenante que nous proposons dans cet ouvrage. Cependant, elle ne doit pas conduire à des confusions, comme souvent, entre deux concepts distincts que sont la gestion des savoirs ou des connaissances et l'entreprise ou l'organisation apprenante, même si, en réalité, ils sont étroitement liés et complémentaires.

© Éditions d'Organisation

LA GESTION DES SAVOIRS ET L'ENTREPRISE APPRENANTE

Comme nous l'avons déjà souligné dans le chapitre sur la signification du concept d'entreprise apprenante, il existe des définitions fluctuantes et des périmètres pas encore très bien stabilisés pour ces nouvelles notions de management. On observe une certaine confusion, voire des avis divergents, quant aux sens et aux relations existantes entre la notion de gestion des savoirs (KM) et celle d'organisation apprenante (LO). Pour certains, la gestion des savoirs définit l'entreprise apprenante et constitue la voie d'accès à privilégier vers ce type d'organisation. Pour d'autres, l'entreprise apprenante a, parmi ses caractéristiques, la volonté de gérer efficacement les savoirs individuels et collectifs des hommes dans le cadre de ses différents processus de management.

En réalité, si on se rapporte au consensus des meilleurs experts de l'entreprise apprenante, il apparaît :

- Que la gestion des savoirs (KM) ne constitue qu'un aspect, certes important du processus global, de la construction d'une organisation apprenante (puisqu'il s'agit d'un outil, même si, de façon tactique, il peut constituer une porte d'entrée utile et efficace pour initier des pratiques d'apprenance).

- Qu'un système de gestion des savoirs (KM), aussi élaboré soit-il, ne représente qu'un outil susceptible de faciliter des apprentissages individuels et collectifs s'il est suffisamment performant et correctement utilisé. Mais il ne peut, à lui seul, caractériser une entreprise apprenante, concept qui comprend en réalité bien d'autres dimensions.

- Qu'il existe évidemment une interdépendance et des liens étroits entre un système de gestion des savoirs et le développement d'un processus d'apprenance global dans une organisation. En effet, un tel système pourra, sous certaines conditions, contribuer à favoriser les apprentissages des individus et des équipes, à améliorer l'efficacité de leurs tâches, à susciter la créativité et l'innovation, à construire de nouvelles compétences, etc.

En conclusion, il est clair que la mise en place d'un système de gestion des savoirs dans une entreprise, ne constitue qu'une des composantes de la démarche managériale globale de l'apprenance. Elle s'avère utile pour l'obliger à se poser les bonnes questions, en matière de management des hommes, pour favoriser l'apprenance. Enfin, un tel système de gestion des savoirs constitue indiscutablement un levier potentiellement puissant pour contribuer au développement d'une réelle culture d'apprenance.

LA DIMENSION MANAGÉRIALE DE LA GESTION DES SAVOIRS

Les performances de la gestion individuelle et collective des savoirs et des connaissances des hommes vont reposer d'une part, sur l'éthique managériale en vigueur (valeurs de partage, d'échange, de confiance réciproque, d'esprit d'équipe, de solidarité, de transparence, etc.) et d'autre part, sur les pratiques managériales (comportements des responsables hiérarchiques face à leurs subordonnés, style de management des hommes, aide au développement professionnel des collaborateurs, attitudes vis-à-vis des savoirs et des connaissances, modes d'évaluation des hommes, etc.).

■ Limites des approches par l'outil

Nombre d'entreprises et d'organisations commettent l'erreur d'aborder la gestion des savoirs seulement par des approches instrumentales, sans avoir au préalable suffisamment réfléchi aux conditions humaines et psychologiques nécessaires à leur bon fonctionnement.

« Les outils ne servent à rien s'il n'y a pas une organisation humaine adéquate autour. »

Comme le constate, de façon lucide, Frei, responsable du *knowledge management* chez Swiss Re (deuxième groupe mondial de réassurance) : « *Les outils ne servent à rien s'il n'y a pas une organisation humaine adéquate autour.* » (3).

Il faut remarquer que les entreprises sont, d'ailleurs, souvent induites dans ce type d'erreur par des cabinets conseils en systèmes d'informations, qui souhaitent vendre non seulement des logiciels spécialisés complexes et onéreux, mais aussi toutes les prestations rémunératrices liées à leur mise en place.

Cette approche par l'outil de ces cabinets conseils a des limites évidentes, même si l'on constate qu'elles séduisent souvent des directions de grands groupes. Il y a plusieurs raisons à ce phénomène qui méritent d'être évoquées :
- La fascination pour la technologie moderne de l'information et de la communication, son apparente rationalité et le prestige qu'elle peut susciter en terme d'image.
- La croyance dans l'outil miracle, bien vendu par les prestataires extérieurs aux noms prestigieux, comme solution rationnelle à des problèmes complexes dont on occulte les dimensions humaines gênantes et irrationnelles !
- Les processus de décision habituels font qu'il est plus facile et rapide de décider d'un investissement, même onéreux, dans des systèmes d'informations que de changer les modes de management des hommes par la hiérarchie et l'encadrement.

• L'effet de mode dans la mesure où la gestion des savoirs devient un must de l'univers actuel de la gestion, comme en témoignent les conférences, colloques, séminaires et ouvrages de management en tous genres.

Précisons bien qu'il ne s'agit pas du tout de nier l'intérêt de certains outils du type progiciel de gestion des connaissances, surtout si leur mise en place peut donner lieu à une réflexion et à des démarches nouvelles et mobilisatrices sur le sujet.

■ *Clé du contexte managérial et humain*

Mais notre argument, dans la perspective du développement d'un management de l'apprenance, est d'affirmer que l'efficacité d'un tel système de gestion des savoirs, quel qu'il soit, va largement dépendre des caractéristiques de l'environnement humain et managérial dans lequel il s'inscrit. Aussi, convient-il d'abord de créer un contexte managérial et organisationnel, perçu par l'ensemble des acteurs comme propice à un véritable partage des connaissances.

La détention de certaines informations est souvent un enjeu important de pouvoir dans nombre d'organisations.

Tout le monde sait bien – mais fait semblant de l'oublier – que la détention de certaines informations et connaissances est souvent un enjeu important de pouvoir dans nombre d'organisations. Cela constitue un frein psychologique et culturel très important à la logique de partage des savoirs qu'implique le KM et la démarche d'apprenance. De nombreux échecs de tels systèmes s'expliquent essentiellement par la sous-estimation de ces freins psychologiques et des aspects humains que suscitent ces nouveaux outils de gestion. La mise en place d'un outil, aussi perfectionné et performant soit-il dans ses fonctionnalités techniques, s'avérera insuffisante pour transformer les comportements des hommes.

Et cela, contrairement à ce que laissent penser des cabinets conseils en systèmes d'informations dont l'intérêt est naturellement de promouvoir la vente et la mise en place de ces outils.

Il est clair qu'un ensemble de préalables humains, managériaux et organisationnels sont indispensables pour créer les conditions nécessaires à une gestion efficace et performante des savoirs. Ces préalables doivent s'inscrire dans une approche globale et cohérente du management de l'apprenance du type de celle que cet ouvrage propose. Ils relèvent d'abord de considérations éthiques et de pratiques managériales adéquates.

■ *Préalables éthiques des pratiques managériales*

Les bonnes questions à se poser à ce sujet sont par exemple :
  – Des valeurs de transparence, de partage, de coopération, de solidarité, etc. inspirent-elles effectivement les attitudes, les comporte-

ments et les pratiques managériales quotidiennes des hommes, et en particulier des responsables hiérarchiques de l'entreprise ?

– Se situe-t-on encore dans des logiques dominantes de préséances hiérarchiques, de rétention de l'information, de cloisonnement fonctionnel, de carence de communication et de coopération horizontale, de jeux de pouvoirs liés à la détention de connaissances, etc. et le cas échéant, que doit-on commencer par changer ?

À titre d'illustration de ces propos nous évoquerons le cas d'une importante entreprise de produits biologiques qui a souffert de ce type de contradiction. Elle a été obligée de revoir complètement l'approche de son système de gestion des connaissances. Elle avait, en effet, privilégié une approche instrumentale de la gestion des savoirs, sur les conseils d'un cabinet en systèmes d'informations. Celle-ci s'est avérée non seulement très coûteuse mais incapable de répondre, en pratique, à ses attentes de création d'une nouvelle dynamique managériale d'apprentissage, parce que le mode de management des hommes de l'entreprise était encore de type néotaylorien.

On peut citer également, l'expérience du groupe Axa et de son programme Atlas, caractérisé par une approche instrumentale et informatique, qui s'est heurté en pratique à de sérieuses difficultés et limites dans le domaine du partage des savoirs et ce, de l'avis même d'un responsable de cette opération. Il souligne notamment le besoin d'une meilleure communication et la nécessité de persuader les acteurs et il regrette le rôle trop passif de la hiérarchie dans ces domaines (4).

L'expérience de la division RH de France Télécom, en matière de capitalisation des compétences afin d'améliorer la gestion des personnels dans un contexte de changement, est à cet égard également intéressante. En effet, elle s'est appuyée, dès le départ, sur une méthode de changement organisationnel et managérial avec un effort de professionnalisation de tous les acteurs. Elle a demandé et obtenu l'implication des managers et de la hiérarchie, et a été caractérisée par une démarche volontariste d'évolution de la culture de l'entreprise, ce qui explique son succès (5).

Comme le remarque le responsable du KM, du cabinet Andersen qui a réalisé une étude sur le sujet en 2001 : « *De plus en plus, les projets de gestion des connaissances sont pris en main par les opérationnels… et on note un vif recentrage sur les enjeux internes de l'entreprise, comme la capitalisation des meilleures pratiques et le travail en équipe.* » (6).

■ *Organisation détaylorisée*

Il est clair que les modes de management néotayloriens des hommes, de nature hiérarchique et centralisé, iront contre les pratiques de partage de l'information et des connaissances. Un véritable partage des savoirs ne peut intervenir que dans une organisation détaylorisée. Le cas échéant, on plaque un système de gestion qui est en contradiction avec les modes de fonctionnement réel et les enjeux de pouvoir de l'organisation. Par conséquent, il aura de fortes chances de se traduire par un échec. La mise en place d'un tel outil ne peut suffire seul à induire une nouvelle dynamique comportementale des hommes, comme le pensent parfois un peu naïvement, certains responsables d'entreprises.

C'est la démarche inverse qui doit prévaloir. Il convient, en effet, d'abord de créer un contexte managérial et organisationnel propice et stimulant, pour favoriser le partage d'informations et de connaissances entre tous les acteurs. Cette révolution managériale préalable s'avère la responsabilité de la direction générale, relayée par l'ensemble de la hiérarchie. Ce nouveau contexte ne pourra résulter que de la conjonction d'un ensemble de facteurs cohérents tels que :

- Le respect de valeurs et d'une éthique managériale qui se traduira par des comportements exemplaires de la direction et de l'encadrement en matière de partage et de diffusion des savoirs individuels et collectifs.
- Des styles de management des hommes mettant l'accent sur la transparence, la loyauté, la confiance, la solidarité, l'esprit d'équipe, le souci d'apprentissage et de développement professionnel des hommes et des équipes, etc.
- Des règles et procédures de gestion des ressources humaines (évaluation, récompense, promotion, etc.) intégrant clairement la valorisation des efforts de partage des connaissances et de contribution à la dynamique d'apprenance collective.
- L'action de nouveaux profils de managers-leaders agissant comme pédagogues et diffuseurs de savoirs dans leurs entités et comme promoteurs d'une culture d'apprenance.

On constate qu'aujourd'hui encore très peu d'entreprises ont une approche pertinente en matière de gestion des savoirs. Il semble qu'elles n'aient pas encore bien pris (ou voulu prendre) conscience des conditions managériales et organisationnelles que cela impliquait. Il en résulte fréquemment un ensemble d'erreurs classiques qui nuisent à l'efficacité de ces approches, dont l'enjeu est pourtant capital dans la nouvelle économie du savoir où elles doivent évoluer.

QUELQUES ERREURS MANAGÉRIALES
EN MATIÈRE DE GESTION DES SAVOIRS

La gestion des savoirs est un domaine complexe et relativement nouveau pour les entreprises, où de mauvaises approches peuvent sérieusement compromettre l'efficacité et l'intérêt d'une démarche, en théorie séduisante. Parmi les erreurs fréquemment commises dans les projets de ce type, il convient de distinguer des erreurs d'ordre technique et celles d'ordre managérial. Nous n'évoquerons pas ici les problèmes liés aux aspects techniques, tels que ceux relatifs à la définition, à la mise en forme du savoir, aux fonctionnalités des systèmes d'information, aux technologies de collecte, de stockage, de transfert et d'accès aux informations, etc.

La gestion des savoirs est un domaine complexe et relativement nouveau pour les entreprises.

En revanche, nous nous intéresserons aux erreurs d'ordre managérial et organisationnel qui sont souvent commises en matière de gestion du savoir. D'abord parce qu'elles sont beaucoup moins fréquemment évoquées dans la très vaste littérature sur le sujet, mais surtout parce qu'elles ont des implications plus graves sur les processus d'apprenance qui nous intéressent ici. Parmi celles-ci, nous relèverons les suivantes (7) :

● Considérer le savoir comme un stock d'informations et non comme un flux en constante évolution lié aux relations entre les hommes

Ce sont les individus qui créent, entretiennent et transmettent à d'autres les savoirs. Aussi la gestion des savoirs ne peut être traitée séparément de l'organisation et du mode de fonctionnement de l'entreprise. L'implication permanente des managers et leurs rôles, dans ce processus de circulation des flux de savoirs au sein de l'entreprise, sont essentiels.

● Sous-estimer ou mal appréhender l'intelligence humaine dans le processus interactif de création et d'enrichissement du savoir, dans sa circulation, sa transmission et son utilisation à bon escient

Ce qui est typiquement en contradiction avec des approches courantes de gestion des savoirs, reposant sur des bases de données où l'on fait implicitement l'hypothèse que le savoir a une vie propre indépendante des hommes…

L'analyse après action comme source d'apprentissage : l'exemple de la procédure de révision des contrats clients dans une PME du secteur des transports.

L'analyse après action est une procédure très courante dans l'armée, qui permet de capitaliser les apprentissages et d'en tirer des enseignements pour l'avenir afin d'être plus performant. Elle peut se définir comme une discussion professionnelle consacrée aux normes de performance, qui permet aux participants de découvrir, par eux-mêmes, ce qui s'est passé, pourquoi cela s'est passé ainsi et, comment maintenir les points forts tout en améliorant les points faibles.

Cette procédure a été mise en œuvre dans une PME du secteur des transports à l'occasion d'une réflexion objective sur les contrats perdus. Elle a eu des effets très bénéfiques sur la politique commerciale et les résultats de l'entreprise.

Cette analyse a stimulé considérablement les processus d'apprentissage des principaux acteurs concernés. Ils ont amélioré leurs performances, en faisant évoluer leurs pratiques contractuelles et de négociation avec les clients. Des résultats très intéressants en ont résulté, avec notamment une baisse des affaires perdues à la concurrence, une augmentation du taux de fidélisation des clients, de meilleurs résultats économiques et une meilleure image externe.

(d'après une observation directe de l'auteur auprès de cette entreprise). ■

● Ne pas assez partager, utiliser et renouveler les savoirs

Une gestion juste des savoirs suppose un partage et une forte interactivité entre les acteurs intéressés. Cela implique que les managers prennent le temps d'organiser des rencontres et de favoriser le dialogue entre les individus concernés par le savoir, en particulier pour le savoir tacite souvent mal pris en compte en dépit de son importance dans le savoir global. Par ailleurs, leur valeur est étroitement liée à leur possibilité d'utilisation dans l'action quotidienne. Un rôle essentiel des managers sera ainsi d'établir un lien étroit et permanent entre les connaissances disponibles et les besoins de savoirs liés au fonctionnement de l'entreprise. Ils devront veiller à ce que les savoirs ne soient pas séparés de l'action.

Enfin, la connaissance est par définition évolutive. La gestion de ce processus qui exige la prise en compte des modes de pensée et de raisonnement s'avère de la responsabilité des managers. En effet, une entreprise qui ne remet pas en cause régulièrement ses croyances, ses postulats, ses façons d'agir et qui n'est pas ouverte à des modes de réflexion novateurs a peu de chance de réussir durablement.

● Favoriser l'exploitation plus que l'exploration des savoirs

De nombreux systèmes de gestion des connaissances se focalisent sur des modes de collecte, de transfert et d'accès standardisés à l'information avec une vision en termes de stocks de données, orientée vers le passé. Or, la connaissance doit être plus utilisée pour influencer des décisions concernant l'avenir que pour comprendre le passé.

De plus, le savoir est d'abord un flux évolutif et pas une donnée figée assimilable à un stock qui pourrait être géré comme tel.

Enfin et surtout, une finalité essentielle de la gestion du savoir est de créer de la valeur par l'innovation, à l'aide de nouvelles connaissances. Or, c'est dans l'exploration de nouveaux savoirs, dans leur expérimentation que se situent les racines de démarches innovantes. Le rôle des managers est, à cet égard, essentiel. Ils devront agir pour inciter leurs équipes à s'engager dans de telles démarches exploratoires et dans des processus d'expérimentation, seuls susceptibles d'enrichir l'action et de créer de la valeur.

● Ne pas accorder assez d'importance aux contacts humains et à l'échange pour enrichir les savoirs

On observe souvent une approche trop technologique (voire technocratique) de la gestion des savoirs en termes de systèmes d'information sophistiqués. On oublie qu'elle ne peut se substituer à la richesse inhérente au dialogue entre les hommes, qui seul permet au savoir d'être valorisé et surtout de se régénérer. Là encore, le rôle des managers est fondamental pour créer le contexte organisationnel, le climat de travail et les conditions matérielles propices à ce dialogue sur les savoirs et pour gérer de façon performante et évolutive les flux de connaissances et de savoirs stratégiques.

Exemple

Le récit d'apprentissage comme technique de gestion des connaissances et du changement : le cas de Ford

Le récit d'apprentissage est un document qui relate une histoire cruciale de l'organisation, généralement une démarche d'innovation, avec les mots de ceux qui y étaient impliqués, chacun donnant son propre point de vue. Il s'appuie sur des techniques issues de la recherche en sciences sociales, de l'anthropologie et du journalisme.

Ces récits font ensuite l'objet de discussions collectives dans le cadre d'ateliers. Ils permettent de se poser les bonnes questions sur les actions, ou décisions, ayant eu un impact sur les freins apparus. Cela permet de faciliter une réflexion sur la propre situation des participants et leur problématique de changement.

Cette méthode peut aussi être utilisée pour évaluer l'impact et la valeur d'un projet de changement. La richesse d'un récit d'apprentissage vient du fait qu'il permet aux émotions, liées à un processus de changement ou d'innovation, de ressortir. Il relie la compréhension des forces en jeu et les processus décrits dans le système, à la capacité de l'action pragmatique et efficace.

Cette technique a été utilisée par Ford et Visteon, pour aider les nouvelles recrues à comprendre un projet de production de voitures et les processus qu'il implique. Les documents étaient discutés en réunion. Certains dysfonctionnements sont apparus, au sein des groupes de réflexions, sur ces récits d'apprentissage. Mais, de l'avis des participants, cela leur a permis de sortir de leurs propres émotions, de débattre des vrais problèmes, d'avoir davantage de dialogues et moins de sujets tabous. Les cadres dirigeants ont lu ces récits d'apprentissage entièrement et y ont accordé une grande importance.

En effet, ces documents constituaient de vrais révélateurs des problèmes : ce qui avait marché et ce qui n'avait pas marché en expliquant pourquoi. Parfois, ils allaient même plus loin, en expliquant pourquoi l'entreprise n'avait délibérément pas produit le meilleur d'elle-même. Ils illustraient des résultats spectaculaires mais aussi les failles dans le travail. Ils prouvaient que la société avait des problèmes et la nature profonde de ces problèmes, mais aussi les efforts que l'entreprise faisait pour les traiter. Ce qui a contribué à crédibiliser cette démarche auprès des différents acteurs.

Cet exemple est remarquable car il met en évidence la valeur ajoutée du récit d'apprentissage, dans une perspective de gestion des connaissances, en intégrant la dimension émotionnelle essentielle à tout apprentissage.

(d'après G. Ruth et A. Kleiner cité dans *La danse du changement* de P. Senge). ■

■ Enjeux de pouvoir

Une réflexion sur les dimensions managériales essentielles d'une gestion des savoirs aboutit rapidement à s'interroger, sur les freins qui existent à une telle démarche au sein des organisations, et qu'il conviendra au préalable de lever si l'on veut véritablement bénéficier de ses avantages théoriques.

Parmi ces freins, il faut souligner que l'information et les savoirs restent des enjeux de pouvoir dans nombre d'organisations de type néotaylorien, et que l'on se situe dans un univers culturel fondamentalement individualiste. Il existe donc des freins psychologiques très forts au partage des connaissances. Ces aspects humains sont donc extrêmement importants et devront faire l'objet, au préalable, d'une approche managériale adéquate pour réussir à mettre sur pied un système réellement efficace.

Par ailleurs, les systèmes courants de gestion des ressources humaines et notamment les règles d'évaluation des performances individuelles jouent clairement contre le partage et la diffusion des savoirs-clés dans beaucoup d'organisations. Aussi, d'un point de vue managérial, est-il nécessaire de réfléchir aux ressorts de la motivation des hommes envers le partage et la diffusion des savoirs au sein de l'organisation.

Il est clair qu'il y a un ensemble de conditions préalables d'ordre humain et managérial à la mise en place d'un système de gestion efficace des savoirs au sein d'une entreprise. Ne pas en tenir compte, c'est aller à l'échec de la façon la plus sûre, comme beaucoup d'entreprises en ont fait l'amère expérience !

■ Nouvelle culture d'entreprise

> Une gestion performante des savoirs passe d'abord par la création d'une culture d'entreprise encourageant le partage et l'échange des connaissances et des informations.

En résumé, une gestion performante des savoirs passe d'abord, par la création d'une culture d'entreprise encourageant le partage et l'échange des connaissances et des informations, entre tous les acteurs concernés. Une telle culture ne pourra résulter que de la pratique d'un *leadership* de l'apprenance, par les dirigeants et l'ensemble de la hiérarchie. Un tel *leadership* devra être conforté, par des règles de jeux cohérentes dans la gestion des hommes et, par des systèmes d'évaluation récompensant les attitudes et comportements recherchés en matière de partage, de diffusion, d'échange, d'actualisation des connaissances-clés. Une place particulière devra être faite dans ce domaine à la notion de contribution collective, quasiment absente des systèmes traditionnels d'évaluation des individus et notamment de ceux concernant les managers.

Il est clair que dans une optique d'apprenance, l'approche managériale de la gestion des savoirs est essentielle. La transformation des entreprises en véritables entreprises apprenantes ne pourra intervenir sans une mutation profonde du management des hommes et des organisations. La création de contextes favorables au processus d'apprenance est un préalable indispensable à la mise en place d'une démarche efficace de gestion des savoirs. Beaucoup d'entreprises, s'étant lancées dans des projets de gestion des savoirs avec une approche essentiellement instrumentale ne l'ont pas encore bien compris. C'est pourquoi J.-F. Ballay, responsable du *knowledge management* à EDF appelle de ses vœux de nouvelles approches managériales. Il souhaite à l'avenir : « *un autre knowledge management qui mette l'accent sur la communication, l'acculturation et la professionnalisation des managers.* » (8).

UNE NOUVELLE CULTURE DE PARTAGE DES SAVOIRS

La gestion des savoirs est incontestablement une dimension essentielle du concept d'entreprise apprenante et une source majeure des processus d'apprentissage collectifs. Aussi, le management de l'apprenance doit-il s'appuyer sur le développement d'une forte culture de partage et d'échange des connaissances entre les individus. En effet, la construction d'une entreprise apprenante procède d'apprentissages collectifs reliant les compétences individuelles. Elle est fondée sur des réseaux humains invisibles reliant des personnes qui représentent le capital de connaissance de l'organisation. Il va donc s'agir de créer les conditions, les procédures et la culture adéquates pour connecter entre elles de façon pertinente et cohérente les savoirs des individus, pour multiplier ces connaissances et initier des processus permanents d'apprentissage.

■ *Nouveau leadership*

En matière managériale, il est clair qu'il s'agit de repenser les modes de fonctionnement classiques de l'entreprise et les principes de management des hommes à partir d'une logique de production, de diffusion et d'échanges des savoirs au service de sa stratégie. Le développement d'un management de l'apprenance exige de réfléchir en premier lieu aux valeurs et aux pratiques managériales quotidiennes dans le domaine des informations, des savoirs, des savoir-faire. La nécessaire mise en place d'une forte culture d'apprenance va nécessiter des attitudes et des comportements spécifiques de tous les acteurs en matière de production, de partage, de diffusion et d'utilisation des connaissances. Un défi majeur à relever dans ce domaine, par rapport à des comportements fréquents au sein des organisations classiques, sera de dépolluer au maximum la circulation des informations et des savoirs, des enjeux de pouvoir et des calculs d'intérêts personnels. Ce qui passe par un autre *leadership*, par la création de contextes organisationnels et surtout par des processus de gestion des hommes différents, tels que par exemple, des systèmes d'évaluation des performances des individus inédits.

Cette nécessaire métamorphose managériale, pour mettre en œuvre efficacement un système de gestion des savoirs, a été soulignée dans plusieurs ouvrages (récents) de spécialistes américains (9). Pour développer progressivement une telle culture de partage et d'échange des connaissances, il va falloir mettre en place un ensemble de structures, de procédures et d'outils qui faciliteront une circulation autant horizontale que verticale des informations. Il faut, en effet, réfléchir à la façon de relier et de multiplier les savoirs individuels pour les intégrer dans un processus collectif permanent et multiforme d'apprentissage. L'intégration du niveau individuel et du niveau collectif des processus d'apprentissage est le nœud et le défi majeur d'un réel management de l'apprenance.

Un tel management de l'apprenance exige à l'évidence de savoir créer un fort sentiment de confiance et de solidarité entre pairs, supérieurs hiérarchiques et subordonnés, au plan horizontal entre services et entre fonctionnels et opérationnels. On retrouve ici, certaines des caractéristiques organisationnelles et managériales des organisations apprenantes qui seront bâties plus sur des modèles réticulaires, polycellulaires ou circulaires que pyramidal comme les modèles classiques.

■ Activités éducatives

> L'entreprise devra se considérer comme une organisation ayant des responsabilités et des activités éducatives.

Un facteur majeur d'accélération de cette profonde mutation culturelle sera sans doute la prise de conscience de l'impact de telles évolutions managériales et organisationnelles sur le maintien et le développement de positions compétitives sur les marchés. En effet, plus les atouts concurrentiels se déplacent vers la maîtrise de l'information, les connaissances et les compétences dans la nouvelle économie du savoir, plus l'entreprise devra se considérer comme une organisation ayant des responsabilités et des activités éducatives. Ce qui implique une profonde évolution du métier de manager-leader, dont deux responsabilités capitales deviennent d'enseigner aux autres et d'apprendre pour eux-mêmes. De plus, ils auront un rôle prépondérant pour faciliter la circulation des connaissances et développer les flux de savoirs pertinents, notamment au niveau horizontal dans l'organisation.

Par ailleurs, la promotion d'une telle dynamique managériale propice à l'apprentissage collectif, au partage et à l'échange des savoirs privilégiera des modes de fonctionnement reposant sur une organisation des tâches autour d'équipes projets, de groupes spécialisés mettant l'accent sur l'esprit et la solidarité d'équipe, mais aussi et surtout sur la maîtrise de l'apprentissage collectif permanent au niveau de l'équipe de travail. Ce qui nécessite, là aussi, le partage et l'échange d'informations, de connaissances, de savoir-faire, etc., dans le cadre du travail quotidien. Ce type d'organisation favorisera, en outre, la production collective permanente de nouveaux savoirs, selon une dynamique d'apprenance au service de la stratégie de l'entreprise.

À titre d'illustration de ces approches locales de la gestion des savoirs, on citera les expériences suivantes :

• La société GSK Bio, fabricant belge de vaccins, a monté un projet pilote de KM dans le domaine des adjuvants avec des groupes de travail, des comités d'experts, une implication de la hiérarchie et surtout l'élaboration d'une nouvelle méthode de travail intéressante, résultant de l'apprentissage des acteurs. L'entreprise envisage d'étendre progressivement cette démarche à d'autres domaines notamment dans son département R et D (10).

• La société Solvay-France a mis en place un réseau spécifique d'acteurs selon une logique transversale, afin de favoriser l'innovation (réseau Innov'acteurs) qui a donné de bons résultats et notamment permis de créer de nouvelles activités à partir de savoir-faire internes (11).

Une étude du cabinet Andersen réalisée en 2001 et intitulée *Le KM à l'épreuve du réalisme opérationnel* recense un ensemble de projets concrets et limités de gestion des savoirs s'appuyant notamment sur des outils de type intranet, tels qu'un instrument de gestion pour les acheteurs chez Valeo, un outil de transmission de savoirs spécialisés dans la conduite de hauts fourneaux chez Usinor, un outil de capitalisation des connaissances pour aider les technico-commerciaux dans leurs négociations de projets avec des clients chez Air Liquide, etc. (12). Il s'agit d'une approche limitée à de petits groupes professionnels unis par un centre d'intérêt commun. Cette étude souligne aussi les nombreux obstacles et freins culturels aux pratiques de gestion des savoirs.

C'est encore le sens de la stratégie de la tribu que défend un spécialiste français du KM. Il préconise de partir des initiatives locales et des communautés de pratiques, en s'assurant du soutien des responsables des ressources humaines et d'une démarche volontariste de la hiérarchie (13).

■ Nouveaux systèmes d'évaluation

Sur le plan managérial, le développement d'une culture de partage et d'échange des savoirs nécessite une profonde remise en cause des systèmes traditionnels d'évaluation des hommes, reposant trop sur des critères individuels et quantitatifs. Ils ont pour effet de susciter de nombreux dysfonctionnements dont souffrent de façon endémique les organisations (esprit de clocher, défense de territoires, individualisme, démotivation, etc.) et qui bloquent ou inhibent fortement les processus d'apprentissages collectifs. Aussi, est-il indispensable, pour sortir de ce cercle vicieux, de développer de nouveaux systèmes d'évaluation des hommes afin de mieux mesurer et prendre en compte des dimensions collectives et qualitatives telles que :

> Il est indispensable de développer de nouveaux systèmes d'évaluation des hommes.

- Les efforts de partage et de diffusion des connaissances, les efforts de développement des compétences professionnelles des collaborateurs.
- Les contributions aux processus d'apprentissages collectifs au niveau de l'équipe de travail, etc.

Ces évaluations pourront être faites à l'aide d'outils multicritères orientés spécialement vers le développement d'une culture d'apprenance au sein de l'entreprise. D'une façon générale, il est clair que seul un nouveau type de *leadership* (tant de la part des dirigeants que de l'ensemble de l'encadrement) pourra permettre de créer la véritable culture de partage, d'échange et de production collective de savoirs et de compétences qui constitue une composante clé de la construction d'une véritable entreprise apprenante. Un tel *leadership* de l'apprenance permettra d'instaurer un contexte basé sur la confiance, la responsabilisation des hommes et un climat de convivialité où les gens pourront non seulement donner le meilleur de leurs énergies, de leurs compétences et de leurs talents mais aussi apprendre à les conjuguer.

CARACTÈRE STRATÉGIQUE DE LA GESTION DES SAVOIRS

La gestion des savoirs est une composante essentielle du modèle proposé pour permettre de créer une dynamique générale d'évolution vers l'entreprise apprenante. Elle doit être judicieusement intégrée aux autres dimensions du modèle, pour créer progressivement la nécessaire culture d'apprenance qui caractérise ce nouveau paradigme de management. Sinon, elle a de fortes chances de ne rester qu'un outil à l'impact limité sur le travail et sans véritable effet sur les performances générales de l'entreprise.

Il est absolument essentiel qu'il y ait une cohérence globale de toutes les dimensions de la stratégie de développement de l'entreprise pour la rendre véritablement apprenante : style de *leadership*, organisation, GRH, gestion des savoirs, stratégie générale, etc.

Si ces conditions de cohérence sont remplies, alors un système de gestion des savoirs peut avoir un effet de levier considérable sur la stratégie de l'entreprise par plusieurs aspects :

- Comme accélérateur des processus d'apprenance qui susciteront changements, innovations et performances.
- Comme créateur de valeur par l'enrichissement des savoirs des individus et des équipes.
- Comme vecteur de changement du climat de travail, au sein de l'organisation, en instituant de nouvelles attitudes et comportements dans les tâches quotidiennes.
- Comme source de compétitivité et d'atouts concurrentiels, par une meilleure réactivité face aux besoins des marchés, et par une meilleure anticipation de ses évolutions.

D'une façon générale, le système de gestion des savoirs constituera un aspect capital pour de nouvelles stratégies fondées sur l'apprenance, comme nous le verrons ultérieurement. Cette nouvelle vision stratégique conduit à s'interroger sur ses modalités pratiques et opérationnelles (organisation, procédures, outils, compétences, etc.) et sur les caractéristiques du nouveau métier de manager-leader dans une entreprise apprenante. Remarquons que, dans un esprit d'apprenance, la fonction gestion des savoirs ne peut être considérée comme une simple fonction supplémentaire à côté des autres départements fonctionnels, comme ont tendance à le faire certaines entreprises qui créent par exemple un poste de *chief knowledge officer,* voire un département spécifique ! Certes, l'entreprise a naturellement le droit de mobiliser quelques spécialistes, pour la mise en place d'outils informatiques de type systèmes d'informations. Mais la fonction gestion des savoirs, dans le contexte d'un management de l'apprenance, apparaît avant tout comme une compétence managériale transversale qui devra imprégner l'ensemble de l'encadrement.

Comme l'indiquait pertinemment et de façon prémonitoire Drucker : « *À l'avenir, le rôle des managers va consister de plus en plus à gérer les connaissances des autres et notamment des personnes qu'ils supervisent...* » Dans le cadre de pratiques managériales d'apprenance, le rôle de gestionnaire des savoirs va devenir une tâche essentielle des managers. En effet, ils auront pour objectif le développement professionnel de leurs collaborateurs en même temps que leur propre développement professionnel et personnel. Ils seront sans doute évalué à l'avenir sur leurs capacités à gérer et à optimiser les compétences des hommes dont ils auront la responsabilité, tant au plan individuel qu'au niveau des équipes qu'ils supervisent.

En conclusion des relations existantes entre le management de l'apprenance et la gestion des savoirs, il convient de souligner deux aspects importants dans une perspective stratégique (14). D'abord, la définition du projet stratégique de l'organisation va guider la conception et la mise en œuvre d'un système de gestion des savoirs pertinent et efficace. Son pilotage par les finalités stratégiques permettra d'éviter la réalisation de projets complexes, inefficaces et coûteux aux effets néfastes sur les hommes sans contribuer à une vraie démarche d'apprenance. Ensuite, la mise en place d'un management de l'apprenance va susciter une nouvelle vision de la stratégie d'entreprise. En effet, il va créer de nouveaux types d'avantages concurrentiels résultant des processus d'apprentissage des hommes et des changements de leurs schémas mentaux. D'une approche classique de la stratégie en terme de contenu du type produits/marchés, on va évoluer vers une vision stratégique en terme de processus d'apprentissage/compétences/savoirs des hommes et des équipes. C'est le sens des approches de la stratégie d'entreprise fondées sur le paradigme du management de l'apprenance.

Chapitre 9

Réinventer la stratégie de développement par l'apprenance

L e modèle de management de l'apprenance que nous proposons dans cet ouvrage va avoir des conséquences importantes pour la stratégie de développement de l'entreprise. La démarche d'apprenance ouvre, en effet, des perspectives nouvelles en matière de gestion stratégique et permet de construire d'autres types d'avantages concurrentiels. Certes, les développements récents de la gestion des savoirs, et de la gestion par les compétences, reflètent la prise de conscience de la valeur des actifs immatériels liés aux hommes (connaissances, compétences, talents, etc.). Mais l'impact de ces nouvelles approches managériales, sur les processus stratégiques et sur les contenus des stratégies de développement des entreprises est encore peu abordé et étudié. Pourtant le management de l'apprenance soulève des questions aux enjeux essentiels pour la réflexion stratégique des entreprises telles que :

– Comment valoriser et développer le potentiel humain de l'entreprise qui représente sa principale source de création de valeur ?
– Quelles sont les pratiques managériales qui permettent le mieux de favoriser l'éclosion de talents des individus et des équipes performantes ?
– Quelle doit être la place de la stratégie de développement des hommes dans la stratégie globale de l'entreprise à côté des considérations économiques, commerciales, technologiques et financières ?
– Comment intégrer une logique d'apprenance au processus stratégique de l'organisation ?

– Comment améliorer les capacités stratégiques de l'entreprise par un management de l'apprenance ?

Ces questions, et bien d'autres encore, conduisent à repenser les conceptions et les méthodes classiques de l'approche de la stratégie d'entreprise. Selon le paradigme du management de l'apprenance, l'homme n'est plus considéré comme une simple ressource devant s'adapter à la stratégie technico-économique de l'entreprise mais il devient l'atout majeur et le cœur même de la stratégie. Il se révèle, en effet, la source potentielle d'avantages concurrentiels importants. Une démarche d'apprenance conduit donc à inventer d'autres processus de gestion stratégique et des stratégies différentes.

Ce point de vue a été exprimé depuis quelques années par Drucker dans sa vision prémonitoire sur la nouvelle économie qui est d'ailleurs plus celle du savoir que des NTIC, contrairement à l'opinion répandue.

Une entreprise apprenante bénéficiera non seulement de nouveaux avantages concurrentiels fondés sur la valorisation du potentiel humain mais elle sera capable de répondre de façon plus intelligente et efficace aux aspirations de la société contemporaine.

METTRE L'HOMME AU CŒUR DE LA STRATÉGIE DE DÉVELOPPEMENT

À partir du moment où l'on change sa vision de l'homme dans l'entreprise et où l'on prend conscience que, dans la nouvelle économie du savoir, il constitue le principal actif et la source majeure de création de valeur, la réflexion stratégique change de nature. Il va, en effet, s'agir d'exploiter et de développer au maximum le potentiel des actifs humains de l'entreprise qui deviennent plus importants que ses actifs matériels. Remarquons, que le marché reflète déjà ce phénomène avec la valorisation importante d'entreprises pauvres en actifs matériels mais riches en savoirs. Le cœur de la gestion stratégique se déplace donc vers les savoir-faire, les talents, la créativité, les capacités d'apprentissage des hommes. Cette évolution se justifie d'autant plus que le capital humain de l'entreprise représente un potentiel de croissance considérable s'il est géré et développé de façon appropriée. Peu de responsables d'entreprises ont encore réalisé que l'investissement opportun dans l'homme peut être, à moyen terme, le plus rentable. Cette prise de conscience simple (mais pourtant non évidente dans le cadre des schémas mentaux traditionnels encore dominants) conduit à un changement des pratiques managériales et à de nouvelles approches de la stratégie. Certes, depuis une vingtaine d'années la pensée managériale a intégré partiellement l'importance du facteur humain dans la réflexion stratégique avec diverses techniques de management telles que : l'excellence, la gestion de la qualité, la gestion des savoirs, la gestion des compétences, des outils d'évaluation des hommes, etc. Mais on constate que les modèles dominants de la réflexion stratégique (y compris ceux sur lesquels s'appuient les consultants en stratégie) n'ont pas fondamentalement changé depuis une trentaine d'années et sont toujours essentiellement – pour ne pas dire exclusivement – dominés par des considérations économiques, commerciales, technologiques et financières.

■ Faiblesse de la réflexion stratégique

Dans ces schémas les hommes restent considérés et traités comme des ressources, et donc des variables, qui doivent s'adapter à des logiques technologiques, à des modèles économiques et à des objectifs financiers (souvent à court terme) qui constituent le cœur du management stratégique. Les politiques de gestion et de développement des ressources humaines apparaissent clairement comme au service de stratégies technico-économiques prioritaires, comme le montrent des enquêtes réalisées auprès des grandes entreprises. Notons, d'ailleurs, que ce constat est beaucoup plus net pour les entreprises françaises que pour celles des pays anglo-saxons et d'Europe du nord, qui semblent aujourd'hui mieux prendre en compte leur capital humain dans leurs stratégies de développement (1).

Une faiblesse de la réflexion stratégique des entreprises tient à leur insuffisante intégration des dimensions humaines managériales et organisationnelles.

Une faiblesse de la réflexion stratégique courante des entreprises tient à leur insuffisante intégration des dimensions humaines managériales et organisationnelles des entreprises. Or, la place des hommes dans la stratégie globale de l'entreprise devient un enjeu central dans la nouvelle économie du savoir. D'autres schémas et modèles de management stratégique incluant ces dimensions s'avèrent nécessaires. Il s'agit de développer de nouvelles stratégies d'apprenance qui mettent l'homme au cœur de sa stratégie de développement. Cette révolution stratégique contribuera à améliorer les performances globales de l'entreprise et son intégration dans la société du XXIe siècle.

L'APPRENANCE, SOURCE DE NOUVEAUX AVANTAGES CONCURRENTIELS

Comme l'a fort bien exprimé de Geus repris par Senge, ce sont les capacités et les vitesses d'apprenance des hommes, au sein d'une organisation, qui vont à l'avenir constituer les principaux atouts concurrentiels.

Apprendre mieux et plus vite que ses concurrents sont des ingrédients essentiels au succès dans le monde économique changeant d'aujourd'hui.

Cette observation est essentielle, d'un point de vue stratégique, car elle donne toute sa valeur au nouveau paradigme que représente le management de l'apprenance. La réflexion stratégique de l'avenir sera centrée sur l'homme, considéré comme source essentielle de création de valeur.

Quand l'homme devient la clé de la stratégie de développement de l'entreprise, les priorités managériales et stratégiques évoluent considérablement.

Une bonne illustration de ce phénomène est fournie par le processus d'innovation. Tout le monde s'accorde à reconnaître que l'innovation sous tous ses aspects est, dans une économie de marché très concurrentielle, le principal moyen de créer de la valeur, de développer d'autres marchés et, par conséquent, de dégager des résultats financiers qui permettront la croissance. La capacité d'innovation qui dépend elle-même de la créativité, de l'imagination, de l'énergie et des compétences des hommes devient un enjeu stratégique majeur. Or, il est clair que cette capacité d'innovation de l'entreprise va être liée d'une part à la dynamique d'apprenance des individus et des équipes, et donc à leurs modes de management et au contexte organisationnel dans lequel ils évoluent. C'est ainsi qu'il a été maintes fois démontré que de petites structures autonomes étaient beaucoup plus propices à l'innovation que de grandes organisations hiérarchiques et bureaucratiques.

■ Atout stratégique des compétences

Le développement de la gestion des savoirs reflète la prise de conscience croissante de l'importance stratégique des compétences des hommes, notamment pour favoriser l'innovation. Mais le lien opérationnel entre le système de gestion des savoirs et la stratégie de l'entreprise est encore rare, même dans les entreprises ayant recours à ces outils. Il est fort probable qu'il se développe à l'avenir. En effet, certaines connaissances et surtout compétences individuelles et collectives des hommes vont apparaître de plus en plus comme des atouts essentiels à exploiter pour développer de nouvelles stratégies concurrentielles.

Par exemple, les savoirs et compétences spécifiques des équipes de recherche et développement de la société Dassault Aviation – issues d'une expérience d'avions de combat – ont permis de mettre sur le marché des produits civils avions d'affaires, particulièrement performants et qui connaissent un réel succès commercial. Et cela avec des moyens humains plus faibles que ceux de la concurrence (grâce à un processus performant de valorisation des savoirs des hommes et des équipes).

Le capital intellectuel humain devient un atout stratégique majeur de l'entreprise. Il est à l'origine des ressources essentielles qui font la différence avec d'autres : brevets, processus spécifiques, accès aux clients, maîtrise de certains environnements, réseaux relationnels, etc. Ainsi, l'avantage compétitif n'est pas le résultat du positionnement adéquat d'un produit à un moment donné sur le marché, mais celui de la capitalisation et de la combinaison de différentes connaissances spécifiques au sein de l'organisation. Il faut bien voir, que la possession de ces ressources est insuffisante en elle-même pour créer de la valeur et pour innover. Car, encore faut-il être capable de les exploiter judicieusement, ce qui suppose un mode de management des hommes pertinent et un contexte organisationnel propice.

L'approche du management par les compétences que souhaite aujourd'hui développer le Medef constitue, à cet égard, une orientation managériale tout à fait intéressante. Car, elle est fondée sur la valorisation des capacités d'apprentissage et du développement du potentiel humain de l'entreprise. Elle constitue l'exemple d'une philosophie managériale qui met l'homme au centre d'une nouvelle stratégie de développement. Celle-ci s'inscrit en grande partie dans une logique managériale d'apprenance avec des implications profondes sur les modes de gestion des hommes et des organisations mais aussi implicitement sur sa vision stratégique.

■ *Nouveaux avantages concurrentiels*

La pratique du management de l'apprenance va permettre à une entreprise de créer des avantages concurrentiels, de quatre types :

● Avantages managériaux

Il s'agit là de la qualité du contexte organisationnel et de celle du climat de travail créés par le type de *leadership* des dirigeants et des managers. Cette qualité managériale va avoir un impact direct sur les motivations, les énergies et les performances individuelles et collectives des hommes. Les caractéristiques du système de gestion des ressources humaines et les procédures en vigueur auront, également, une incidence importante sur cette qualité managériale perçue par le personnel. La dimension stratégique du management des hommes et des organisations (dont toutes les enquêtes montrent l'importance croissante) est en général très sous-estimée par les stratèges d'entreprise, car elle n'entre pas dans leurs schémas mentaux habituels et leurs théories familières.

Une bonne illustration de l'importance de la qualité du management ou de la qualité du *leadership* est celle accordée par le modèle européen d'excellence de la qualité EFQM. Celui-ci met cet aspect à la première place de la démarche qualité et y accorde un poids croissant dans ses versions les plus récentes. Il traduit bien la philosophie d'apprenance en partie sous-jacente à la démarche qualité qu'il propose, et qui devient la référence des entreprises européennes les plus avancées dans ce domaine.

● Avantages organisationnels

> *Une démarche d'apprenance comporte une dimension collective capitale, appelée couramment apprentissage organisationnel.*

Une démarche d'apprenance comporte une dimension collective capitale, appelée couramment apprentissage organisationnel. Elle intervient au niveau de l'équipe de travail, du département, de l'unité ou de l'organisation tout entière. Cette capacité d'apprentissage collectif est essentielle, dans tout processus de remise en cause des manières traditionnelles de penser et d'agir, pour déboucher sur un changement en profondeur de l'organisation. C'est la capacité de l'organisation à s'autotransformer en fonction de forces internes et/ou de défis externes qu'il convient de surmonter. Il s'agit d'une compétence-clé de l'organisation qui constitue un fondement essentiel du concept d'entreprise apprenante, comme nous l'avons vu dans sa définition. Cette compétence d'autotransformation face aux défis et évolutions de l'environnement apporte un atout concurrentiel évident.

À titre d'illustration de ce type d'avantage organisationnel, nous évoquerons la façon dont la société Air Liquide a complètement réorganisé, depuis quelques années, son implantation régionale en passant d'un schéma hiérarchique et fonctionnel classique à un concept de plates-formes locales autonomes, avec une très faible hiérarchie, pour être encore plus à l'écoute et proche de ses clients et leur offrir un meilleur service.

On pourrait évoquer également l'exemple déjà cité de France Télécom qui a adopté une structure régionale très décentralisée afin de mieux coller aux spécificités et contraintes de chaque terrain régional et développer des politiques commerciales spécifiques.

● Avantages génératifs

Un autre avantage d'une démarche d'apprenance est qu'elle favorise considérablement la libération du potentiel de créativité des hommes et des équipes, qui accroît les capacités d'innovation de l'organisation, dans tous les domaines. Cet avantage sera amplifié par des pratiques managériales d'apprenance pour détecter, développer et valoriser les talents des individus et des équipes.

Pour illustrer ce type d'avantage génératif, nous citerons le cas de la société Schneider Electric qui a développé une organisation en pôles de compétences (fonctionnant selon une logique de gestion des savoirs). Elle appuie sa démarche stratégique sur la valorisation de ses compétences-clés. Cette approche lui a donné l'occasion de mieux connaître, mobiliser et utiliser ses compétences et des talents (tant individuels que collectifs), pour améliorer ses capacités de créativité et d'innovation face au marché, et donc générer de nouvelles affaires.

Exemple

Génération de nouvelles stratégies d'affaires : Point de vue de T. Sattelberger, senior vice-président du personnel cadre et du développement des RH chez Lufthansa

T. Sattelberger explique qu'un principe de base en matière de développement des ressources humaines, est de ne pas tomber dans le piège de l'évaluation, mais d'être sûr que la stratégie de l'entreprise soit mise en œuvre correctement. Être *business driven* peut être trop limité, parce que cela signifie agir en fonction du business actuel. Il est en faveur d'une définition élargie du développement managérial qui n'est pas juste d'attirer et d'agréger du capital intellectuel pour exécuter les stratégies mais, pour générer les nouvelles stratégies. En sachant que le capital intellectuel sera au cœur du processus, le développement managérial devra permettre de créer de nouvelles stratégies. C'est la croissance (ou les limites) du capital intellectuel qui déterminera à l'avenir les capacités de développement de nouvelles affaires. Ce sera, à son avis, le nouveau paradigme de management pour le XXIe siècle.

Aujourd'hui, dit-il, nous sommes d'excellents exécutants faisant le lien entre l'apprentissage et le business. La formation et l'apprentissage aident à mettre en œuvre les stratégies d'affaires, mais un nouveau défi sera de générer de nouvelles opportunités d'affaires aujourd'hui imprévues.

Il pense qu'il faut aller plus loin et que l'on doit évoluer vers de nouvelles conceptions des organisations. Les organisations excellentes, selon lui, se développent comme des associations de volontaires. Les gens travaillent ensemble pour une cause commune, pour laquelle ils sont motivés et où ils ont la liberté de travailler en réseau, d'interagir, de débattre. C'est ce qu'il appelle la première phase de la déréglementation des organisations. La seconde phase est la libéralisation des ressources humaines avec l'aide d'hommes ressources. La troisième phase est la création du type de lien et de mode de fonctionnement qui existe dans une organisation de volontaires. Le modèle d'organisation de l'avenir se caractérisera à son avis par :

• La liberté de travail en réseau.

• La libération des talents des individus.

• La déréglementation de la gestion des carrières.

• La protection de l'énergie du changement.

> (d'après un extrait de *Unleashing the power of learning : executive education and development in Europe* – EFMD report – Janvier 1999) ∎

● Avantages relationnels

Il est clair que le management de l'apprenance va se caractériser par une meilleure ouverture et permettre une plus grande écoute de l'environnement, par les membres de l'organisation. Les apprentissages individuels et collectifs interviennent aussi en grande partie dans le cadre des échanges avec tous ses partenaires extérieurs. Il s'agit d'une autre philosophie des relations de l'entreprise avec ses interlocuteurs extérieurs.

Sur le plan commercial, elle va se traduire par une meilleure écoute des clients et des prospects, une volonté d'apprentissage à travers ces contacts, la recherche de création de valeur pour les clients, l'anticipation de leurs besoins, une démarche permanente d'innovation, etc. Ce qui conduira à une fidélisation accrue des clients, une meilleure image de l'entreprise, une plus grande valeur ajoutée des transactions, la construction de nouveaux marchés, etc.

On retrouvera ces avantages relationnels à travers les relations qu'une entreprise apprenante saura développer avec tous les partenaires de son environnement : banques, pouvoirs publics, médias, groupes de pression, partis politiques, syndicats communauté financière, etc. Ces relations intégreront davantage de considérations éthiques et de citoyenneté, qui auront un impact fort sur l'image sociétale de l'entreprise. Par exemple, elle lui permettra d'attirer de façon moins onéreuse de véritables talents, ou de mieux valoriser aux yeux du marché ses produits et ses marques. Il est aisé d'observer aujourd'hui l'impact croissant de cette image citoyenne de l'entreprise face à une société de plus en plus exigeante dans ce domaine.

À titre d'illustration, on citera le cas de certaines sociétés pétrolières telles que Shell et surtout BP. Elles ont réussi à transformer en profondeur leur image, grâce à une politique de communication habile qui leur a permis de passer d'une image de pollueur à celle de défenseur et protecteur de l'environnement naturel ! Elles ont su développer des relations constructives et aussi apprendre d'organismes de protection de l'environnement. Compte tenu des enjeux économiques, il est probable que ce type de démarche apprenante vis-à-vis de l'environnement devrait s'amplifier dans les années à venir. Le mouvement actuel grandissant et très à la mode en faveur du développement durable est un autre aspect des avantages relationnels qu'implique une démarche d'apprenance.

Dans une entreprise apprenante, l'homme est mis au centre de la stratégie de développement de l'organisation. La recherche et la construction d'avantages concurrentiels reposent essentiellement sur les processus d'apprenance individuels et collectifs qui vont être des sources de créativité, d'innovation et d'énergie. La stratégie d'apprenance se construit en amont, par le pari qu'elle fait sur la valorisation et le développement du potentiel humain, comme moyen essentiel de création de valeur pour l'organisation. Elle a aussi le mérite de prendre en compte l'interdépendance des différentes dimensions de la stratégie d'entreprise (produits/marchés, management des hommes et des organisations, aspects sociaux, aspects environnementaux, etc.) dans une optique systémique. Cette vision systémique de la stratégie d'entreprise conduit à repenser les modèles classiques de gestion stratégique des entreprises ainsi que les hypothèses et les schémas conceptuels qui les sous-tendent.

L'APPRENANCE, VECTEUR D'AUTRES PROCESSUS STRATÉGIQUES

La stratégie d'entreprise s'élabore, se construit et devient une réalité tangible avec l'intelligence et l'énergie de tous les hommes de l'entreprise. Comme le soulignait Napoléon, la stratégie est d'abord un art d'exécution qui concerne tout le monde. Aussi, dans une perspective d'apprenance, convient-il de sortir des schémas centralisés et bureaucratiques et de réviser le mythe du stratège génial et solitaire. Il ne s'agit, certes, pas ici de nier le rôle déterminant de certaines personnalités à la tête d'entreprises quant à leurs capacités à porter un projet et une vision stratégique, à savoir la communiquer et à susciter l'adhésion de plus grand nombre. Il est clair que la qualité et la force du *leadership* du dirigeant sont essentielles pour la réussite d'une stratégie économique, même si la personnalisation de celle-ci est souvent exagérée par les médias. Cela dit, quelle que soit la pertinence technico-économique et financière du projet stratégique porté par le leader, il risque fort de n'avoir qu'un impact limité, s'il n'y a pas un processus d'appropriation par un maximum d'acteurs de l'entreprise qui puisse le traduire dans leurs tâches quotidiennes.

C'est également à ce niveau qu'intervient la pertinence d'une pratique managériale d'apprenance.

■ La stratégie comme processus d'apprentissage

Celui-ci part de l'hypothèse que tous les hommes de l'entreprise ont un potentiel d'intelligence, d'énergie et de compétences qui peut être mieux exploité, par une participation active au processus de réflexion stratégique de l'entreprise. Une telle vision se différencie de l'approche courante, selon laquelle la réflexion stratégique est le domaine réservé de la haute hiérarchie et des dirigeants. Dans une perspective d'apprenance, c'est donc l'ensemble des hommes, forces vives et intelligences, qu'il convient d'impliquer dans le processus de réflexion stratégique. Mais au-delà d'une simple consultation des acteurs, comme le font certaines organisations, le management de l'apprenance va considérer le processus de réflexion stratégique comme un processus d'apprentissage en soi, permettant par des exercices idoines, de contribuer à l'appropriation d'une vision partagée des finalités de l'entreprise et des moyens les plus pertinents pour y parvenir. C'est dans ce sens que l'apprenance apparaît comme le vecteur essentiel d'une nouvelle approche de la démarche stratégique.

Une excellente illustration des implications méthodologiques d'une telle démarche stratégique est donnée par des auteurs américains qui ont une conception de *La stratégie en tant que conversation* (2). Ils proposent une méthode permettant de faire émerger la stratégie de façon organique et informelle. Elle a le mérite de contribuer à l'apprentissage stratégique de l'organisation et d'associer un maximum d'acteurs. Elle est fondée sur le principe du développement de conversations stratégiques entre les différents acteurs. Ce processus d'apprenance stratégique va concerner les individus et les équipes à tous les niveaux.

Une telle démarche d'apprenance stratégique va permettre de créer et d'explorer de nouvelles idées et connaissances, des concepts innovants, etc. Elle sera fortement créatrice de valeur pour l'organisation et pourra constituer une véritable spirale vertueuse dans ce domaine.

> Le processus d'apprenance a le mérite de ne pas dissocier la réflexion de l'action, ce qui est une condition-clé de la réussite d'une stratégie.

Une telle démarche stratégique apprenante conduit à une dynamique de construction de la stratégie de l'entreprise avec le concours d'un maximum d'acteurs. Les modes d'expression, les débats, les échanges entre eux vont être non seulement une occasion d'enrichissement collectif mais vont aussi efficacement aider à la compréhension et à l'appropriation de la stratégie globale par tous. Chacun comprendra comment y contribuer dans son domaine de responsabilités et dans ses tâches quotidiennes. Il est clair que ce processus d'apprenance stratégique a le mérite (et le net avantage sur les démarches stratégiques classiques de type *top-down*, élaborées par les dirigeants et la haute hiérarchie), non seulement d'impliquer tous les acteurs principaux mais surtout de ne pas dissocier la réflexion de l'action, ce qui est une condition-clé de la réussite d'une stratégie.

Remarquons que cette démarche est voisine de celle pratiquée par certaines grandes entreprises japonaises, où le processus de réflexion stratégique part des acteurs de terrain en bas de la hiérarchie, pour remonter progressivement vers le sommet (processus de type *bottom up*) avec à chaque niveau la recherche d'un consensus entre les acteurs, selon les principes connus de la philosophie orientale visant à rechercher l'harmonie. Ce processus d'apprenance stratégique est voisin de ce que Mintzberg appelle les stratégies émergentes (3). La différence, qu'introduit cependant une telle démarche d'apprenance stratégique, est que cette émergence résulte d'un processus maîtrisé à forte valeur ajoutée, mobilisant l'ensemble des savoirs, des énergies et des intelligences individuelles et collectives des hommes de l'entreprise.

Une illustration de ce type de démarche d'apprenance stratégique est fournie par le laboratoire de recherche industrielle de la société Hewlett-Packard (4). Cette entreprise a précisément eu la volonté d'impliquer l'ensemble des acteurs dans sa réflexion stratégique, notamment à travers une démarche de questionnement et de débats internes. Celle-ci a permis de renouveler de façon très positive et consensuelle la vision stratégique de cette entreprise à partir d'une logique managériale d'apprenance collective tout en favorisant son appropriation par tous les acteurs de l'entreprise.

Exemple

Grandes questions et conversations stratégiques chez Hewlett-Packard

Le point de départ fut la question posée par le directeur du laboratoire de recherche industrielle de Hewlett-Packard aux États-Unis. Il se demandait pourquoi ce laboratoire n'était pas considéré comme le meilleur du monde.

Une étude interne, avec tous les salariés de labos de l'entreprise, coordonnée par un membre-clé de la direction, fut chargée d'y réfléchir. Un vaste processus d'observations et d'échanges se déroula sur ce thème pendant plusieurs mois. Il en est ressorti un réseau riche, créé par des contacts informels entre toutes les personnes ayant contribué à ce débat. Il a permis aux savoirs et aux compétences collectives des laboratoires de s'exprimer face à l'ensemble de l'entreprise et auprès de l'extérieur. Des principes directeurs en ont découlé qui ont profondément modifié les orientations stratégiques de l'entreprise.

Cette démarche d'interrogation collective, sur de grandes questions stratégiques, est fondée sur l'hypothèse que les différents acteurs de l'organisation ont la sagesse et la créativité nécessaires, pour faire face aux questions stratégiques les plus difficiles, et y apporter des réponses intelligentes et pertinentes. Cela, bien sûr, à condition d'être placé dans un contexte adéquat et avoir le soutien de la hiérarchie.

Remarquons, que la dimension managériale apparaît, ici, comme une clé de la découverte des opportunités stratégiques, susceptibles d'assurer le succès de l'entreprise.

Par ailleurs, l'intérêt de focaliser le débat stratégique sur de grandes questions a le mérite de sortir du piège classique d'une orientation de résolution de problèmes, qui conduit à focaliser la réflexion sur des solutions immédiates et des problèmes de court terme.

Dans une économie du savoir, la démarche axée sur de grandes questions permet de développer la capacité de pensée stratégique de tous, de bénéficier de l'intelligence collective et de favoriser une mobilisation génératrice de valeur sociale et de performances économiques durables.

Ce type de démarche s'inscrit parfaitement dans le cadre d'une approche stratégique inspirée par une philosophie managériale d'apprenance.

(d'après *Se poser les grandes questions*, de J. Brown, D. Isaacs et N. Margulies mentionné dans l'ouvrage de P. Senge *La danse du changement*). ∎

Un autre exemple, de ce management de l'apprenance stratégique, est celui de la société suédoise Ikea, donné par Carstedt (5) qui fut un de ses dirigeants. Le succès de cette entreprise, explique-t-il, revient en bonne partie à sa philosophie de management des hommes et à son mode d'opérationnalisation de la stratégie, qui mettent l'accent sur les processus d'apprenance de tous les acteurs. Il précise que dans cette optique, les pratiques managériales doivent inciter les acteurs à interpréter les orientations générales de la stratégie globale de l'entreprise en faisant appel à leur intelligence et à leur capacités d'initiative, dans l'exercice de leurs tâches et de leurs responsabilités. Et cela, à la différence des processus stratégiques classiques qui procèdent d'une logique selon laquelle les acteurs doivent, avant tout, exécuter des décisions prises au sommet de la hiérarchie selon le schéma *top down* courant.

Dans une entreprise apprenante, les acteurs n'ont donc plus à appliquer et à obéir à des directives précises pour la mise en œuvre d'une stratégie définie par les dirigeants, mais ils doivent, après avoir été étroitement associés à son élaboration, l'interpréter dans le cadre de leur action quotidienne à partir des grandes orientations retenues, en faisant appel à leur intelligence et à leur capacité de discernement. La stratégie devient l'affaire de tous les acteurs à tous les niveaux. Elle se construit tous les jours dans l'action, s'enrichit et évolue par leurs apprentissages permanents. On est dans une vision vivante de la stratégie pour reprendre le qualificatif utilisé par de Geus.

Cette nouvelle approche des processus stratégiques inspirée par une logique managériale d'apprenance conduit, non seulement à d'autres processus stratégiques, mais aussi à une écologie différente de la stratégie, qui permet de renouveler les approches classiques dans ce domaine.

L'ÉCOLOGIE STRATÉGIQUE DE L'ENTREPRISE APPRENANTE

L'écologie est la science des relations entre l'organisme et le monde environnant. À partir du moment où l'on considère l'entreprise comme un organisme vivant fonctionnant au sein d'un environnement donné, le regard apporté par l'écologie apparaît très intéressant. Il permet, en effet, de critiquer le modèle traditionnel de la stratégie mais aussi de proposer une nouvelle vision du management stratégique et d'autres principes d'action dans ce domaine.

■ *Coévolution stratégique*

Les contributions de certains scientifiques neurobiologistes sont à cet égard particulièrement éclairantes. En rejoignant la vision de l'apprenance, elles remettent en cause les schémas hiérarchiques au profit des réseaux et renouvellent la philosophie du *leadership* et les approches de la stratégie. Selon Maturana (6), par exemple, une organisation constitue un système en réseau, ayant une faculté d'auto-organisation et d'autoréférence, et donc elle constitue un système cognitif et apte à apprendre. De plus, comme explique ce scientifique, la conduite d'un organisme vivant est plus déterminée par sa structure interne que par des forces externes. Celle-ci n'est guère prévisible car les changements internes de la structure sont libres et autonomes.

Contrairement à la théorie de l'évolution qui prône des adaptations continues aux conditions de l'environnement, les changements organisationnels selon cet auteur, répondent d'abord à la nécessité de produire de la nouveauté. Il y a en réalité coévolution entre les changements intrinsèques des organismes vivants et celle de leur environnement. Toujours selon ce modèle écologique, la vie relève davantage de la coopération et de la créativité que de la lutte et de la compétition. Ce qui implique des relations partenariales et flexibles basées sur la confiance et le concept de symbiose. La diversité apparaît aussi comme un facteur favorable, car elle facilite l'adaptation au lieu d'un repli sur le conformisme et la normalisation.

Cette vision écologique permet de jeter un regard novateur et très différent des approches traditionnelles de la stratégie d'entreprise qui sont inspirées essentiellement par la théorie de l'évolution et le principe d'adaptation à l'environnement. Elle propose, en fait, une nouvelle démarche qui s'inscrit dans une logique d'apprenance (elle-même de nature constructiviste).

■ *Vision écologique de la stratégie*

Sans entrer ici dans une analyse détaillée de toutes les implications de cette vision écologique de la stratégie liées à une démarche d'apprenance, nous en soulignerons quelques idées-forces.

- L'organisation ou l'entreprise est un système cognitif, apte à apprendre. Il est donc important de mobiliser les compétences et le potentiel d'apprentissage collectif dans le processus stratégique.
- L'organisation ou l'entreprise fonctionne avec des réseaux et elle a une faculté d'auto-organisation et de création en continu de relations intrinsèques aux réseaux qui vont influencer sa perception de l'environnement. Sa vision de l'environnement ne va donc pas résulter

d'une réalité extérieure objective, mais de la construction qu'elle va en faire, du fait de ses caractéristiques organisationnelles et managériales.

Aussi les spécificités du processus stratégique auront un impact certain sur le contenu même de sa stratégie. Un *leadership* de l'apprenance devra donc gérer de façon performante les forces et le processus internes, qui auront un impact déterminant sur la construction de la stratégie.

- Le principe de coévolution entre les changements intrinsèques de l'organisation et ceux de son environnement conduisent à rechercher des stratégies de coopération, de partenariat, de créativité communes avec les partenaires extérieurs, pour établir des relations fructueuses et durables. Elles seront fondées sur la confiance, la flexibilité et l'interdépendance. Le leadership de l'apprenance s'appuiera sur un ensemble de relations de coopération et de partenariat judicieusement choisies au sein de son environnement.

- Pour survivre et prospérer, l'organisation doit produire de la nouveauté. Pour cela, elle doit s'appuyer et rechercher la diversité et rejeter conformisme et normalisation.

Sur le plan stratégique, il est clair que l'on retrouve, ici, l'accent mis sur la créativité et l'innovation mais en soulignant l'influence prépondérante des conditions organisationnelles internes du développement de ces processus (ex : réseaux, auto-organisation, ouverture à l'originalité et aux déviances liées à d'autres cultures, etc.). Ce qui a d'évidentes implications sur les pratiques de *leadership* qui rejetteront les conceptions hiérarchiques, mécanistes, normalisatrices et conformistes du management des hommes et des organisations qui ne débouchent que sur des stratégies peu performantes.

A. de Geus (7) souligne dans son ouvrage, *The living company*, les liens étroits entre le type de *leadership* et les performances stratégiques à moyen et long terme des entreprises remarquablement pérennes.

- L'écologie stratégique de l'entreprise montre tout l'intérêt et le besoin d'un leadership de l'apprenance. Celui-ci mettra l'accent sur les réseaux internes, la création de contextes organisationnels propices aux réflexions et aux échanges tous azimuts et sur de nouveaux schémas organisationnels, par exemple de type circulaire. Au lieu de se concentrer sur la hiérarchie, la répartition des pouvoirs et des responsabilités, une vision écologique de la stratégie conduira à se polariser davantage sur la mission, les objectifs et surtout sur le mode réel de fonctionnement interne de l'organisation.

Selon ce modèle écologique de la stratégie d'entreprise, il apparaît clairement que celle-ci sera, en fait, plus déterminée par les forces et les processus internes que par une réaction à la perception de l'environnement. Les processus managériaux deviennent un facteur déterminant et une dimension capitale du management stratégique. Ce qui est une caractéristique du management de l'apprenance que présente le modèle décrit dans cet ouvrage. On peut encore citer, à cet égard, l'exemple de General Electric, dont les capacités stratégiques et les performances ont été bien davantage liées aux principes de *leadership* que son dirigeant avait mis en place, à l'évolution de sa culture interne, aux apprentissages de ses acteurs, qu'à des manœuvres stratégiques particulièrement géniales en réaction aux changements de son environnement et de ses marchés. Il est intéressant de constater que cette approche écologique de la stratégie, rejoint ce qui a été dit précédemment sur l'importance déterminante du *leadership* de l'apprenance pour valoriser les compétences, les capacités, l'énergie et la créativité des hommes de l'organisation. Il s'agit donc bien, d'un nouveau modèle stratégique pour les entreprises, qui a le mérite de mieux intégrer les dimensions managériales. Ce modèle écologique de la stratégie conduit également à une autre vision de la valeur ajoutée d'aides extérieures dans ce domaine.

UN DIALOGUE STRATÉGIQUE FAVORISANT L'APPRENANCE

Nous venons de voir qu'à partir du moment où l'on considère l'entreprise comme un système vivant, sa conduite est en réalité plus déterminée par sa structure et ses forces internes, c'est-à-dire par ses modes d'organisation et de management, que par les influences externes de son environnement.

Cette perspective a des implications révolutionnaires en matière de réflexion et d'action stratégiques. Elle remet en cause, au moins en partie, non seulement les processus stratégiques courants des entreprises mais aussi la nature des prestations extérieures classiques de type conseil en stratégie !

En effet, selon cette vision, le processus stratégique va devoir d'abord s'appuyer sur une démarche réflexive interne concernant l'ensemble des acteurs. Elle aura pour objet d'analyser et d'explorer les valeurs, les schémas mentaux, la vision des dirigeants, la vocation de l'entreprise, les métiers des acteurs, etc. On retrouve ici l'étape initiale de la vision partagée de la démarche d'apprenance telle que la décrit bien Senge. Nous l'avons repris dans notre modèle, mais en mettant particulièrement l'accent sur les dimensions de management des hommes et des organisations ainsi que de *leadership* qu'implique, en réalité, la pratique de cette nouvelle philosophie managériale de l'apprenance.

■ *Dialogue stratégique*

Ce processus de réflexion préliminaire indispensable constitue ce que des auteurs (8) du management de l'apprenance appellent dialogue stratégique. Le terme de dialogue est pris, ici, dans un sens très fort – qu'il a d'ailleurs dans la langue anglo-saxonne – et pas dans celui d'une simple discussion. Il s'agit d'un échange en profondeur sur les sujets les plus importants et notamment ceux qui donnent du sens à l'action de l'organisation : valeurs, vision, vocation, projet stratégique, contribution à la société, etc. Remarquons qu'un tel dialogue s'inscrit complètement dans une logique d'apprenance. Il va permettre à chacun (ou du moins aux principaux acteurs et volontaires) de contribuer, par un processus interactif d'expression, à la réflexion stratégique de l'entreprise par l'apport de compétences, d'expériences, d'intelligence et d'intuitions.

En pratique, le processus pourra s'appuyer, par exemple, sur des équipes et des groupes de travail à géométrie variable fonctionnant sur la base d'un volontariat et selon un rythme approprié pour ce type de réflexion. La stratégie va émerger de ces échanges et travaux collectifs qui offriront aux individus et aux équipes un contexte propice à la créativité, l'exploitation des connaissances, l'exploration de nouvelles idées, l'élaboration de projets et la recherche de sens pour l'action.

Selon cette approche écologique de l'apprenance, il apparaît que c'est le changement managérial et organisationnel interne qui va permettre de transformer les comportements et les modes de pensée de l'entreprise. Il va, aussi, favoriser la mobilisation intelligente et productive (en terme de valeur ajoutée) de l'expérience, des apprentissages, des émotions, de l'imagination et de la créativité du plus grand nombre d'acteurs. Dans cette perspective de codéveloppement harmonieux et intelligent des individus et des équipes au sein de l'organisation, de nouvelles stratégies performantes émergeront.

Pour la conduite adéquate de ce processus de dialogue stratégique, les dirigeants d'une entreprise apprenante auront un rôle essentiel de catalyse, d'échange, de synthèse, de communication et de formalisation. Ils pourront, bien sûr, s'appuyer le cas échéant sur des ressources extérieures.

La question de l'opportunité de ressources extérieures se posera en des termes différents du recours classique à des consultants en stratégie.

Elle devient essentiellement celle de la facilitation des processus de réflexion internes, et de la contribution à l'enrichissement du dialogue stratégique à l'intérieur de l'organisation. Des intervenants extérieurs ne pourront avoir qu'un rôle limité et différent de partenaire de ce dialogue stratégique. D'abord, au niveau du processus lui-même en aidant l'entreprise à mettre en place l'organisation et les procédures managériales internes nécessaires à son bon fonctionnement opérationnel, et ce, à l'aide d'une ingénierie managériale pertinente. Ensuite, au niveau du contenu de la stratégie, par une aide au questionnement, et le cas échéant, par l'apport d'éléments susceptibles d'avoir un impact sur les processus d'apprentissage des acteurs.

On est, dans cette perspective de facilitation et de contribution au dialogue stratégique, loin des méthodes et prestations habituelles bien connues des consultants en stratégie qui s'avèrent souvent discutables.

■ Coaching stratégique

Cette approche, écologique et apprenante de la stratégie, exige d'inventer de nouvelles méthodes d'intervention en entreprise. Elle nécessite aussi des compétences autres pour faciliter ce processus de dialogue stratégique. Un tel processus pourra être favorisé, par exemple, par des prestations de *coaching* et de *mentoring*. Remarquons, que l'on voit apparaître sur le marché le qualificatif de « *coaching* stratégique ». Mais ces prestations ne concernent en général que les dirigeants et les équipes dirigeantes et s'inscrivent toujours dans une vision néotaylorienne de l'entreprise. De même, le recours à une démarche de *mentoring*, tant au niveau individuel que collectif, peut très bien se concevoir pour faciliter un tel processus de dialogue stratégique. Une démarche de *mentoring* va, en effet, permettre l'accompagnement d'une réflexion en profondeur, qui incitera la personne ou le groupe à réfléchir sur des questions d'importance stratégique, telles que l'évolution du métier, du contexte technico-économique, des marchés, des axes de la stratégie actuelle, etc. Elle peut donc faciliter et accompagner un tel processus de dialogue, qui se situe au cœur de la démarche stratégique inspirée par le modèle managérial de l'apprenance. Avec le *coaching*, le *mentoring* apparaît comme une technique particulièrement intéressante et féconde pour un dialogue collectif de portée stratégique au sein de l'entreprise.

En conclusion de la présentation des implications stratégiques du management de l'apprenance, il convient de souligner le changement profond de vision qui caractérise cette nouvelle philosophie managériale. D'un processus de réflexion stratégique fondé sur les choses, on passe avec cette philosophie à un processus basé sur les hommes. La stratégie d'entreprise a été caractérisée, depuis plus d'une trentaine d'années, par un modèle réactif ou la priorité était donnée aux dimensions externes (produits/marchés, technologie, concurrence, réglementation, etc.) par rapport aux dimensions internes (type de *leadership*, management des hommes, caractéristiques organisationnelles, contextes de travail, modes de gestion des hommes, etc.) supposées être essentiellement des variables dépendantes et des contraintes. Or, le nouveau paradigme de management de l'apprenance aura tendance à inverser, du moins en partie, cette approche stratégique classique et à donner la priorité au management des hommes et à leurs processus d'apprenance. Dans cette perspective managériale d'apprenance, on se situe dans le concept de stratégies émergentes, résultant directement des processus d'apprenance des hommes et des équipes à tous les niveaux de l'organisation. Il est alors clair, que l'excellence du management des hommes devient la capacité des responsables à mobiliser leurs compétences, leurs talents leurs intelligences et leurs énergies, mais aussi leur puissance à les engager dans un processus permanent d'apprentissage individuel et collectif pour les mettre au service du projet stratégique de l'entreprise. C'est le sens profond d'un nouveau *leadership* de l'apprenance.

Il ouvre des perspectives très intéressantes pour le renouvellement des modèles et des principes de gestion stratégique des entreprises, comme nous l'avons esquissé (9).

Les enjeux immenses de la révolution stratégique qui en résultera, et apparaîtra de plus en plus clairement dans les années à venir, devrait inciter un nombre croissant de dirigeants clairvoyants à conduire leurs entreprises sur cette voie de l'apprenance (10).

Après la description et les commentaires relatifs aux principales composantes de ce modèle de développement d'une dynamique managériale d'apprenance dans l'entreprise, il nous paraît opportun, dans un dernier chapitre de suggérer quelques orientations pour l'opérationnalisation pratique d'un tel management de l'apprenance.

Mais, pour être cohérent avec la philosophie managériale d'apprenance, il convient de souligner l'importance capitale de l'expérience d'apprentissage propre que doit réaliser chaque organisation – compte tenu de ses spécificités – pour sa propre évolution. Un enjeu majeur de l'apprenance est en effet d'abord de s'engager dans un processus collectif de changement. Il permettra que tous les acteurs vivent une expérience unique et partagée d'autotransformation. Celle–ci est la condition *sine qua non* des changements en profondeur que suppose la mise en pratique d'un management de l'apprenance. Car, c'est en travaillant et en apprenant ensemble que l'on peut créer de nouvelles voies et ouvrir de nouveaux horizons. Ce n'est pas en suivant un chemin prédéterminé (par la hiérarchie ou par des consultants extérieurs) que l'on peut vraiment progresser vers une entreprise apprenante.

Chapitre 10

Engager l'entreprise
dans une démarche d'apprenance

près la présentation de ce modèle de développement d'un management de l'apprenance au sein d'une entreprise, il semble opportun de conclure cet ouvrage par quelques pistes utiles pour l'action. Elles devraient aider les dirigeants, qui auront compris tout l'intérêt de ce nouveau paradigme de management, à engager leurs organisations sur la voie de l'entreprise apprenante. Ce livre n'a cependant pas pour vocation d'être un guide pratique (*fieldbook*) ou de proposer les recettes managériales de l'apprenance.

À la différence d'autres modèles ou outils de management (dont les modes se sont succédées depuis une trentaine d'années), le nouveau paradigme de l'entreprise apprenante n'a pas la prétention de définir un schéma idéal et universel qu'il suffirait d'appliquer pour réussir. Il est d'abord une nouvelle philosophie managériale qui constitue, comme on l'a montré tout au long de cet ouvrage, une véritable alternative (et sans doute la seule valable à terme) au management taylorien et à ses avatars.

La pratique d'une démarche d'apprenance exigera de l'énergie, de la persévérance et de la force de conviction de la part de l'ensemble de la hiérarchie.

Comme tout changement en profondeur touchant les schémas mentaux, les représentations, les valeurs, les attitudes et les comportements managériaux, la pratique d'une démarche d'apprenance exigera, au moins dans la phase initiale, de l'énergie, de la persévérance et de la force de conviction de la part de l'ensemble de la hiérarchie. Il s'agira, non seulement, de donner l'impulsion initiale mais ensuite d'accompagner le processus de changement dans le temps pour le faire aboutir. Aussi, la question du : pourquoi changer ? ; c'est-

187

à-dire celle de la motivation profonde des responsables, pour s'impliquer personnellement dans une telle démarche d'apprenance, est primordiale. Les dirigeants devront être porteur de cette nouvelle vision du management des hommes pour s'engager personnellement dans une autre direction, en expliquer les enjeux et surtout les bénéfices à en attendre d'une part, sur les résultats et les processus de création de valeur pour l'entreprise et d'autre part, sur le climat de travail et les nouvelles possibilités d'épanouissement professionnel des hommes.

Comme l'indique Senge, une telle démarche s'inscrira dans une perspective de modernisation managériale, à la fois de nature proactive et générative, du fait même de son potentiel considérable de contribution aux performances globales de l'entreprise.

C'est seulement lorsqu'il y aura un consensus et une adhésion de la vaste majorité des acteurs à cette philosophie de management des hommes et de l'organisation que l'on pourra avancer, en se posant la question du : comment changer ? Pour y répondre, le modèle de développement d'une dynamique managériale d'apprenance proposé, qui s'appuie sur un travail conjoint relatif à quatre processus de management constituera un canevas méthodologique utile. Il présente, en effet, l'avantage d'une approche à la fois globale, cohérente et systémique. Il permet d'orienter la réflexion et de faciliter la mise en œuvre opérationnelle des changements concernant les processus de management des hommes, puis d'en évaluer l'impact en termes d'amélioration des capacités et des performances générales de l'organisation.

Enfin, nous conclurons ce chapitre en mentionnant quelques écueils à éviter dans la mise en œuvre opérationnelle d'une telle démarche managériale d'apprenance. Ces remarques résultent de l'observation de diverses expériences relevant d'une démarche d'apprenance (au moins partielle) qui ont été menées dans diverses organisations de plusieurs pays occidentaux depuis une dizaine d'années.

POURQUOI CHOISIR LE MANAGEMENT DE L'APPRENANCE ?

Faire le choix du management de l'apprenance et des nouveaux principes de *leadership* qui en découlent se justifie aujourd'hui par une triple exigence : stratégique, managériale et sociétale.

■ *Exigence stratégique*

D'abord, une exigence stratégique, car pour être compétitives dans un environnement hautement concurrentiel et atteindre à l'excellence dans leurs métiers, les entreprises doivent obligatoirement adopter un processus d'amélioration continu. Celui-ci ne peut résulter que d'une dynamique managériale de changement reposant sur l'implication forte de l'ensemble du personnel. Or, le concept d'entreprise apprenante, qui vise à créer et à maintenir une culture, ainsi qu'un contexte propice et stimulant pour l'apprentissage permanent de tous ses membres, constitue la meilleure réponse managériale à ce défi économique et stratégique des entreprises.

■ *Exigence managériale*

Ensuite, une exigence managériale, liée à la problématique du changement humain dans les organisations. Il est clair, pour la majorité des responsables d'entreprises, que la principale difficulté à laquelle se heurtent les modes de management traditionnels des hommes hérités du taylorisme, est celui du changement des schémas mentaux, des attitudes et des comportements des hommes. Cet obstacle se situe au cœur de la problématique des pratiques du *leadership* et du management des hommes dans les entreprises d'aujourd'hui.

De nouvelles demandes se font jour, quant aux modes de gestion des hommes, à la qualité du climat humain, au respect des hommes, à l'ergonomie du travail, etc.

> Les jeunes générations de salariés et de diplômés, ne sont plus prêtes à travailler dans les contextes organisationnels où leurs parents ont eu l'habitude d'évoluer.

Ces exigences managériales apparaissent, nettement, à travers les enquêtes auprès des jeunes générations de salariés et de diplômés, qui ne sont plus prêtes à travailler dans des contextes organisationnels où leurs parents ont eu l'habitude d'évoluer. Elles refusent tous les dysfonctionnements qui résultent de modes de management tayloriens. Le récent ouvrage d'Albert, au titre évocateur, *N'obéissez plus !*, illustre cette tendance. L'importance croissante donnée par la société médiatique à l'image des entreprises contribuera, aussi, à les inciter à se préoccuper de leurs performances managériale et organisationnelle. Une démarche managériale d'apprenance constituera sûrement, à cet égard, la preuve d'une vision moderne et d'une pratique avancée et performante de leur management humain.

■ *Exigence sociétale*

Enfin, une exigence sociétale, qui correspond aux nouvelles demandes de nos sociétés occidentales vis-à-vis des entreprises, tant sur le plan externe qu'interne.

Il est clair que la société contemporaine met la pression sur les entreprises pour qu'elles soient plus citoyennes, plus responsables de leurs effets sur leur environnement social et naturel. L'émergence du concept de développement durable, reflète ce phénomène qui aura un impact croissant sur l'image de l'entreprise. On voit, ainsi, se multiplier les procédures d'évaluation et de notation des entreprises basées sur ces critères de performances en matière de relations avec leur environnement social, naturel et même culturel.

COMMENT CE MODÈLE PEUT-IL ORIENTER UNE DÉMARCHE D'APPRENANCE ?

Dans le chapitre 4, nous avons présenté un modèle managérial de développement d'une telle démarche d'apprenance. Ses principales composantes ont été décrites et commentées dans les chapitres suivants. Ce modèle a le mérite d'offrir un cadre méthodologique global et cohérent pour faire évoluer une organisation ou une entreprise vers une configuration plus apprenante. Il reflète également la philosophie systémique qui caractérise l'apprenance et les relations entre les divers processus de management des hommes. Il montre, enfin, l'importance de la création et du développement continu d'une culture d'apprenance dans l'organisation. Celle-ci apparaît, en effet, comme la clé de l'amélioration de ses capacités et de ses performances globales.

Rappelons que ce modèle repose sur une démarche managériale comprenant trois phases principales :
• Une phase préparatoire consacrée à l'intégration du nouveau paradigme de management de l'apprenance et à la réunion des conditions préalables (notamment d'ordre psychologique) au niveau des acteurs. Elle est essentielle pour réussir la mise en œuvre des changements nécessaires dans les divers processus de management qu'implique ce nouveau type de management des hommes.
• Une phase opérationnelle relative à la mise en œuvre conjointe des changements concernant quatre processus fondamentaux de management des hommes dans une perspective systémique. Ils permettront d'amorcer une dynamique de processus d'apprentissages sur les plans individuel, collectif et organisationnel.
• Une phase résultante orientée vers l'évaluation du développement des diverses capacités de l'organisation, et des progrès au niveau de ses performances globales comme de ses résultats en termes de création de valeur et de qualité du management.

Modèle de développement d'un management de l'apprenance

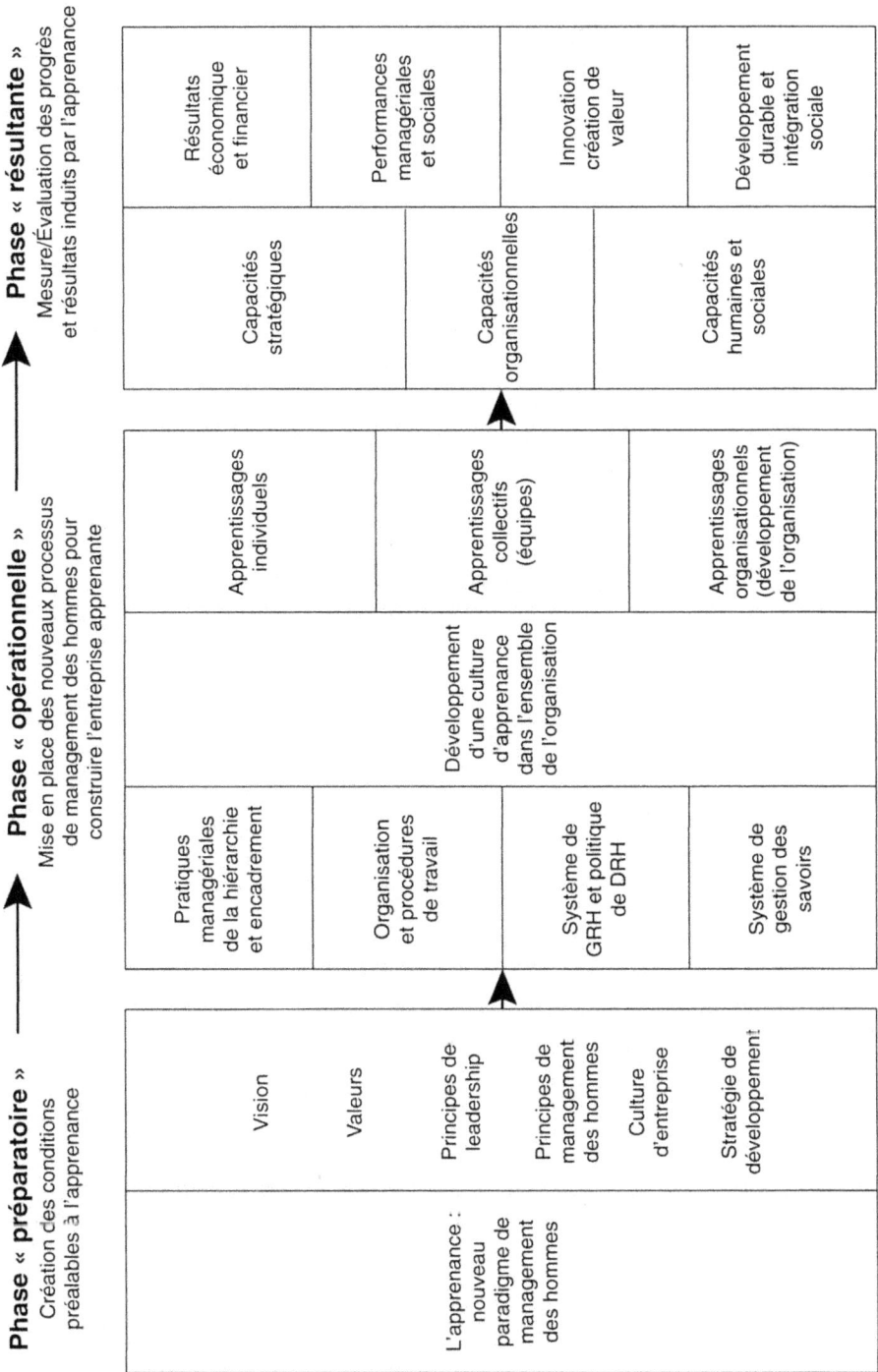

Phase « préparatoire »
Création des conditions
préalables à l'apprenance

Phase « opérationnelle »
Mise en place des nouveaux processus
de management des hommes pour
construire l'entreprise apprenante

Phase « résultante »
Mesure/Évaluation des progrès
et résultats induits par l'apprenance

L'apprenance : nouveau paradigme de management des hommes		
Vision	Pratiques managériales de la hiérarchie et encadrement	Apprentissages individuels
Valeurs		
Principes de leadership	Organisation et procédures de travail	
Principes de management des hommes	Développement d'une culture d'apprenance dans l'ensemble de l'organisation	Apprentissages collectifs (équipes)
Culture d'entreprise	Système de GRH et politique de DRH	
Stratégie de développement	Système de gestion des savoirs	Apprentissages organisationnels (développement de l'organisation)

Capacités stratégiques	Résultats économique et financier
Capacités organisationnelles	Performances managériales et sociales
	Innovation création de valeur
Capacités humaines et sociales	Développement durable et intégration sociale

Il convient de remarquer que la présentation schématique de ce modèle ne doit surtout pas induire une vision mécaniste et linéaire du processus de développement d'une démarche d'apprenance. Celle-ci, s'inscrit bien dans une logique de nature systémique et circulaire caractérisée par l'interdépendance et les synergies entre les différentes composantes de ce modèle de management.

Le schéma ci-après, reprend celui présenté au chapitre 4 en mettant l'accent sur les aspects méthodologiques du modèle présenté. Il offre un modèle conceptuel global et cohérent permettant d'appréhender la logique managériale d'apprenance. Il peut servir d'outil opérationnel pour aider les managers-leaders à programmer une réelle dynamique d'apprenance au sein de leurs organisations.

La démarche méthodologique proposée peut ainsi servir par exemple :
• à l'analyse de la situation et du degré de maturité d'une organisation face à une démarche d'apprenance.

C'est par exemple l'idée d'une grille d'apprenance. Un tel outil a d'ailleurs été développé à l'association Sol-France à partir des critères retenus par Senge pour caractériser une entreprise apprenante.
• à la réflexion sur les conditions préalables à l'instauration d'une démarche d'apprenance au sein d'une organisation.

Ce qui peut comprendre d'abord, un aspect de diagnostic managérial et organisationnel de la situation présente de l'organisation, puis, un travail de définition d'actions de progrès dans différents domaines pour baliser et piloter une évolution vers une configuration plus apprenante de celle-ci.
• Au pilotage du développement de certaines composantes importantes du management de l'apprenance, telles qu'une nouvelle politique de développement des ressources humaines, une organisation du travail différente, une autre approche de la professionnalisation des managers, un système de gestion des savoirs inédit, etc.
• à la mesure de l'impact et à l'évaluation des progrès résultant d'initiatives d'apprenance : nouvelles capacités de l'organisation, meilleures performances globales de l'entreprise, meilleure intégration sociétale, politique de développement durable, etc.

Selon ce nouveau paradigme de management de l'apprenance, il est clair que le véritable changement ne peut résulter que d'un processus de construction par l'ensemble des acteurs. Cette vision se distingue complètement d'un changement de type *top down* et imposé par la direction.

Certes, la mise en place opérationnelle d'une telle démarche d'apprenance pourra être facilitée par l'intervention de spécialistes extérieurs. Leurs rôles ne seront pas ceux d'experts (au sens d'apporteurs extérieurs de solutions), selon la démarche classique des cabinets de conseil en management, mais ceux de catalyseurs ou facilitateurs de processus internes de progrès. L'aide extérieure éventuelle à la mise en œuvre d'une démarche d'apprenance requiert donc une nouvelle ingénierie managériale fondée sur une démarche d'accompagnement de processus d'apprentissages multidimensionnels.

Cette ingénierie de l'apprenance de nature essentiellement processuelle, devra s'appuyer sur des méthodes spécifiques d'accompagnement et sur des compétences spécialisées dans ce nouveau domaine du management.

CRÉER LES CONDITIONS PRÉALABLES À UNE DÉMARCHE D'APPRENANCE

Une démarche d'apprenance procède d'un nouveau paradigme de management des hommes et, par conséquent, d'un autre type de *leadership* de la part de l'ensemble de la hiérarchie. Il s'agit, nous l'avons vu, d'un changement de second ordre, selon la terminologie systémique. Aussi, exige-t-il pour réussir, des préliminaires essentiels de préparation et de maturation des esprits. Il convient, en effet, d'abord de changer les schémas mentaux, qui sous-tendent les pratiques organisationnelles et managériales courantes. Tant que la philosophie managériale de l'apprenance n'a pas été bien comprise et surtout correctement appropriée par les acteurs (au sens où ils comprennent clairement l'impact sur leurs attitudes et comportements quotidiens), il n'est pas opportun d'aller plus loin.

Ce processus de changement des schémas mentaux, malgré des efforts pédagogiques et de communication, peut prendre beaucoup de temps : de plusieurs mois à plusieurs années parfois. Les rythmes des changements humains, notamment dans leurs aspects psychologiques, sont toujours lents, comme le savent bien les psychologues du travail mais aussi tous les managers expérimentés.

On observe, que beaucoup d'organisations et d'entreprises, qui s'engagent dans une telle démarche, ont tendance à ne pas consacrer assez d'efforts, et surtout assez de temps, à ce premier volet, incontournable, relatif à la satisfaction des conditions préalables à un tel changement de paradigme de management. Elles vont concerner, essentiellement, l'évolution des schémas mentaux des acteurs. Il va s'agir, d'un travail de nature psychologique sur les représentations de l'entreprise, du management des hommes, des rôles des managers, des valeurs et des principes de *leadership*, des schémas organisationnels, des modes de gestion des hommes, etc. C'est le sens de la nécessaire construction préliminaire d'une vision partagée de ce modèle de management de l'apprenance. Remarquons, que cette vision est différente de la classique vision partagée de la stratégie qui figure dans tous les manuels de gestion stratégique depuis plus de vingt ans, et que les dirigeants doivent s'efforcer de communiquer, et de faire partager, à un nombre maximal d'acteurs, selon le schéma classique *top down*, typiquement néotaylorien. La vision partagée, en cause, est d'abord de nature managériale. Elle va résulter d'un ensemble de réflexions collectives des acteurs, quant au sens concret d'un management des hommes selon une philosophie d'apprenance et des pratiques quotidiennes qui devront en résulter... Un moyen pédagogique efficace pour son appropriation par les acteurs, pourra être de s'appuyer sur des expériences ou des démarches de changements déjà réalisées, telles que par exemple des démarches qualité ou de management par les compétences, etc.

En résumé, ces méthodes préparatoires préalables constituent des conditions *sine qua non* pour faire évoluer les processus-clés de management des hommes, qui permettront de transformer progressivement l'entreprise en une véritable entreprise apprenante.

TRANSFORMER CONJOINTEMENT LES PROCESSUS-CLÉS DU MANAGEMENT

Selon le modèle proposé, cette seconde phase ne pourra être utilement engagée que lorsque les conditions préalables de la phase préparatoire auront été clairement et résolument établies. À savoir des valeurs et des principes nouveaux, pour le management des hommes et des organisations, clairement inspirés par cette philosophie managériale.

L'impulsion et la conduite de cette transformation managériale est clairement de la responsabilité de la direction générale et de celle de l'ensemble de la hiérarchie de l'entreprise. Cette seconde phase du modèle va permettre de définir des pratiques de *leadership* et des modes d'organisation cohérents avec la logique managériale d'apprenance. Ils vont se traduire par d'autres processus de management et de gestion des hommes et de leurs compétences. Au total, ce modèle de développement de l'apprenance s'appuie sur l'évolution conjointe et cohérente de quatre processus-clés du management des hommes.

● Les pratiques managériales de la hiérarchie et de l'encadrement

Il va s'agir de mettre en œuvre dans les pratiques managériales quotidiennes de l'encadrement (à tous les niveaux hiérarchiques), la nouvelle vision du métier de manager-leader, les valeurs et les responsabilités qu'elle implique. L'exercice d'un tel management de l'apprenance requiert d'autres compétences managériales et profil de manager-leader par rapport à celui du traditionnel manager-gestionnaire. La maîtrise de ces compétences nécessitera des apprentissages spécifiques qui pourront être facilités par divers moyens pédagogiques, tels que la formation, le *coaching*, le *mentoring*, l'autoformation, l'exercice de responsabilités d'encadrement, etc.

Cette nouvelle ingénierie du développement managérial et de la professionnalisation des managers-leaders passe par la transformation de la culture de l'entreprise en une véritable culture d'apprenance.

● Les modes d'organisation et les procédures de travail

L'organisation générale de l'entreprise, ses structures organisationnelles et ses procédures de travail doivent, également, être cohérentes avec les principes du management de l'apprenance. Cela signifie qu'il conviendra de faire évoluer les structures organisationnelles et les procédures de travail vers des configurations nouvelles permettant d'une part, l'excellence et l'efficacité opérationnelle, et d'autre part, la création de contextes favorables et stimulants pour les apprentissages individuels et collectifs. Ces évolutions porteront, par exemple, sur la diminution des niveaux hiérarchiques, la mise en place d'organisations plus décentralisées, d'équipes autonomes ou semi-autonomes, la valorisation des apprentissages en équipe, etc.

Il est important également que tous ces aménagements progressifs de l'organisation soient discutés, élaborés et mis en place avec le concours actif de l'ensemble des acteurs concernés afin qu'il puisse y avoir appropriation des nouveaux modes d'organisation et procédures de travail par tous. Le processus d'apprentissage collectif qui interviendra nécessairement dans la construction d'une telle organisation apprenante est, en effet, un gage essentiel pour sa réussite.

● Le système de gestion et de développement des ressources humaines

Il convient également de repenser le système de gestion des ressources humaines, à la lumière d'une philosophie managériale d'apprenance. Les principes de management des hommes qui en découlent auront un impact direct sur les différents aspects de la gestion des ressources humaines. De nouvelles règles et procédures de gestion, cohérentes avec l'apprenance, devront être mises en place, notamment au niveau de l'encadrement (recrutement, intégration, évaluation, rémunération, promotion, etc.). Il s'agira d'instaurer une nouvelle politique de GRH dont toutes les composantes seront cohérentes et inspirées par le nouveau paradigme du management de l'apprenance.

Mais son incidence la plus déterminante concernera la politique de développement des ressources humaines. D'une approche classique en terme de formation, il conviendra d'évoluer vers la mise en place d'une nouvelle politique de développement professionnel continu, étroitement liée au travail quotidien, dont la responsabilité du suivi reviendra au responsable hiérarchique direct. Cette transformation de la politique du développement des ressources humaines devra s'appuyer sur une ingénierie de l'apprentissage professionnel qui concernera tous les métiers de l'entreprise.

● Le système de gestion des savoirs

La mise en place d'un management de l'apprenance, au sein d'une organisation, implique naturellement la mise en place d'un système adéquat de gestion des savoirs (*knowledge management)*, afin de capitaliser, gérer judicieusement, diffuser et mutualiser les savoirs individuels et collectifs de l'entreprise. Nous avons souligné dans un chapitre précédent l'importance d'une approche managériale pertinente de ce sujet. Elle doit, en effet, précéder l'approche instrumentale qui risque de présenter de sérieuses limites, comme nous l'avons montré. Les savoirs étant souvent synonymes de pouvoir au sein des organisations, il est évident que le problème du partage et de la mutualisation des savoirs doit, d'abord, être résolu par la pratique d'un nouveau système de management et de gestion des hommes.

Ici aussi, une ingénierie managériale de la gestion des savoirs permettra de mettre en place des systèmes performants, qui soient cohérents avec le paradigme du management de l'apprenance. La faiblesse de la plupart des systèmes de gestion des savoirs actuels tient au fait qu'ils sont plaqués sur des organisations et des modes de management néotayloriens où l'on croit naïvement, que par la seule vertu d'un outil on va pouvoir changer les attitudes et les comportements des hommes !

La mise en place opérationnelle d'un management de l'apprenance exige une démarche globale et cohérente et un travail simultané sur ces quatre processus selon une approche systémique. C'est la condition pour obtenir le plein effet des synergies recherchées, à savoir le développement d'une véritable culture d'apprenance au sein de l'organisation. Cette nouvelle culture créera obligatoirement un contexte favorable et stimulant pour les processus d'apprentissage continus des hommes, aux trois niveaux qui définissent en général la notion de l'entreprise apprenante : individuel, collectif (équipes, unités…) et organisation.

Ces apprentissages seront la source d'améliorations sensibles des performances globales de l'entreprise, de ses capacités stratégiques et organisationnelles et de son potentiel de créativité et d'innovation. Ce nouveau management de l'apprenance va se traduire par une plus forte valeur ajoutée humaine tant au niveau individuel que collectif : meilleure motivation au travail, mobilisation des compétences des individus et des équipes supérieures, niveau d'énergie plus élevé des hommes, meilleure ergonomie (notamment psychologique) du travail, créativité et prise d'initiatives élevées, etc.

Tous ces aspects pourront être mesurés et évalués précisément avec l'aide d'outils appropriés reposant sur des indicateurs spécifiques des paramètres que l'on souhaitera suivre.

MESURER ET ÉVALUER LES PROGRÈS DE L'APPRENANCE : CAPACITÉS ET PERFORMANCES

La pratique effective et généralisée d'un management de l'apprenance se traduira non seulement par de meilleures performances économiques (liées à un contexte de travail, notamment sur le plan psychologique, beaucoup plus favorable et motivant pour les hommes), mais aussi par le développement de nouvelles capacités de l'entreprise.

Un management de l'apprenance pourra contribuer efficacement à un processus de développement durable de l'entreprise, c'est-à-dire, à un équilibre entre les performances économiques, sociales et sociétales. Équilibre qui sera de plus en plus recherché par les sociétés occidentales développées. Ce concept fait référence à une vision nouvelle des performances des entreprises (par rapport à une vision traditionnelle trop exclusivement financière de la performance). La pratique d'un management de l'apprenance aura nécessairement un impact sur les dimensions sociales, humaines et environnementales de l'entreprise.

Remarquons, qu'il n'y a pas du tout opposition (comme tendait à le faire croire une vision taylorienne) entre, d'une part, la performance économique et financière, et d'autre part, la performance sociale et sociétale de l'entreprise. Au contraire dans les sociétés contemporaines, non seulement, ces approches sont complémentaires mais sont sources de synergies, par exemple, en matière d'image de l'entreprise.

Les processus d'apprenance individuels, collectifs et organisationnels (qui résulteront des changements de ces quatre processus de management) vont susciter de nouvelles capacités de l'entreprise en matière stratégique, organisationnelle et humaines qui auront de puissants effets de levier sur ses performances globales. Les progrès de ces capacités pourront être mesurés à l'aide d'indicateurs qualitatifs et quantitatifs, et faire l'objet d'une évaluation précise. Ces résultats seront utiles pour guider le pilotage de la stratégie de développement de l'entreprise.

● Des nouvelles capacités stratégiques

Les processus d'apprenance individuels et surtout collectifs seront à la source de nouveaux avantages concurrentiels et de nouvelles approches stratégiques, liées au développement du potentiel humain, à sa créativité, à son intelligence et à son énergie. Ces nouvelles approches de la stratégie se concrétiseront par d'autres démarches de nature stratégique centrées sur l'homme : dialogue, expérimentation, créativité, etc. visant à valoriser ses compétences et surtout ses apprentissages. En effet, les processus d'apprentissage individuels et collectifs, qui sont au cœur du management de l'apprenance, s'avéreront particulièrement propices à l'innovation et à la création de valeur. Par ailleurs, ils permettront de construire de nouvelles relations avec l'environnement de l'entreprise fondées sur des principes de coopération et de partenariat (y compris avec la concurrence), inspirées par une telle philosophie d'apprenance.

● Des nouvelles capacités organisationnelles

Le propre d'une organisation apprenante, c'est sa capacité à se repenser, à se reconfigurer face à un contexte extérieur évolutif ou du fait de nouvelles forces internes. Cela se traduira par une meilleure réactivité, flexibilité et proactivité que les organisations traditionnelles.

Par ailleurs, l'organisation apprenante offrira un contexte d'apprentissage particulièrement favorable aux hommes qui y travaillent. Elle deviendra génératrice d'apprentissages individuels et collectifs qui amélioreront ses propres capacités de changement. Le manager-leader, qui exercera une pratique managériale apprenante aura pour mission d'optimiser en permanence la configuration de son unité organisationnelle avec le double souci de porter à son maximum l'apprentissage professionnel de ses collaborateurs et la performance opérationnelle de son unité. Ces deux aspects seront d'ailleurs étroitement liés.

● De nouvelles capacités humaines

Un contexte managérial et organisationnel, résolument inspiré par une philosophie d'apprenance, va créer une nouvelle ergonomie du travail pour l'ensemble des collaborateurs de l'organisation. Cette nouvelle ergonomie de l'apprenance se caractérisera par un climat psychologique et des opportunités d'apprentissage particulièrement favorables et stimulantes pour le développement des compétences, la valorisation des talents et l'épanouissement personnel dans le travail. Par le confort et les *stimuli* qu'elle apportera à chaque personne, elle aura un impact important sur leurs motivations. Le travail en équipe bénéficiera également d'une forte impulsion, car il sera beaucoup moins l'objet d'enjeux de pouvoir, de rivalités personnelles et d'attitudes individualistes, qui sont largement le produit des organisations et des modes de management néotayloriens.

L'amélioration des capacités humaines qui en résultera aura, aussi, un puissant impact sur le niveau d'énergie des hommes au travail, sur leur créativité, sur leur imagination, sur la mobilisation de leurs intelligences individuelles et collectives pour le plus grand bénéfice du projet stratégique de l'organisation.

Ces trois catégories de nouvelles capacités, qui résulteront d'une démarche d'apprenance, pourront et devront être mesurées et évaluées de façon précise. En effet, s'agissant d'une dynamique de progrès, il est important pour les responsables de connaître les progrès réalisés et d'évaluer les efforts souhaitables à poursuivre pour atteindre les objectifs stratégiques fixés à l'organisation.

Chaque domaine sera mesuré à l'aide de batteries d'indicateurs (essentiellement qualitatifs) spécifiques, permettant de suivre l'amélioration des progrès résultant de la dynamique d'apprenance au sein de l'organisation. Comme dans les démarches qualité, il est souhaitable qu'un système d'autoévaluation et de notation par les acteurs puisse être mis en place, à l'image de modèle de développement de la qualité, tel que celui de l'EFQM. Ce processus de *self assessment* aura le mérite de contribuer à la dynamique d'apprenance recherchée et d'en faciliter l'appro-

Comme dans les démarches qualité, il est souhaitable qu'un système d'autoévaluation et de notation par les acteurs puisse être mis en place.

priation par les acteurs. De plus, il facilitera les ajustements et les efforts pour progresser de façon consensuelle sur la voie de l'apprenance.

Il reste qu'une évaluation, de nature extérieure, du développement des processus d'apprenance au sein de l'organisation pourra s'avérer pertinente et utile. Ce concept d'audit d'apprenance aura le mérite d'une prise de recul plus objective et, surtout, d'une analyse de la cohérence de l'ensemble des différentes dimensions de la démarche d'apprenance. Le modèle présenté pourra à cet égard constituer un cadre méthodologique utile. Un tel audit d'apprenance permettra, par exemple, d'élaborer avec les acteurs concernés un plan d'actions de progrès spécifiques pour développer les processus d'apprenance dans l'entreprise.

QUELQUES ÉCUEILS À ÉVITER DANS LA MISE EN ŒUVRE D'UNE DÉMARCHE D'APPRENANCE

L'observation de nombreuses et diverses expériences d'organisations ou d'entreprises ayant engagé depuis une dizaine d'années, selon des approches variées, des efforts dans le sens de l'apprenance permet d'identifier un certain nombre d'écueils à éviter dans la mise en pratique d'une telle démarche. Sans prétendre ici à une quelconque exhaustivité sur le sujet, il paraît utile d'évoquer les écueils les plus courants.

● Ne pas prendre le temps nécessaire et surtout investir les efforts managériaux suffisants dans la phase préparatoire (création des conditions adéquates pour s'engager efficacement dans une démarche d'apprenance)

La compréhension, l'adoption et l'appropriation du nouveau paradigme de management des hommes par l'ensemble des acteurs est indispensable. Or, il s'agit d'un processus souvent long, de nature pédagogique, dans lequel les dirigeants et l'ensemble de la hiérarchie doivent pleinement s'investir et surtout faire preuve d'exemplarité pour le rendre crédible.

Comme tout changement profond (de second ordre) touchant les schémas mentaux, les attitudes et les comportements managériaux habituels, il nécessite des apprentissages, une coconstruction par les acteurs, une grande clarté des règles du jeu, une éthique irréprochable, une exemplarité et une détermination des responsables.

© Éditions d'Organisation

● Croire que des initiatives ponctuelles, aux niveaux intermédiaires de l'organisation, peuvent être suffisantes pour créer une dynamique globale d'apprenance

Même s'il peut y avoir des expériences exemplaires et fort sympathiques à des niveaux intermédiaires, il est clair, qu'elles risquent d'être vouées à l'échec s'il y a blocage, ou même passivité, des dirigeants et de la hiérarchie supérieure, comme de nombreuses expériences l'ont montré. En effet, l'implication personnelle, la détermination et la persévérance des dirigeants constituent des ingrédients indispensables pour réussir la mise en place réelle d'un nouveau management de l'apprenance. La métaphore classique de la tâche d'huile aura, dans ce domaine, une portée limitée et procède d'un certain manque de réalisme, surtout dans des organisations où la culture est encore très marquée par les classiques schémas hiérarchiques. Nous sommes sur ce sujet moins optimiste que Senge dans ses ouvrages, (au moins dans le contexte français !) qui croit beaucoup au rôle moteur d'initiatives à des niveaux intermédiaires.

L'inertie du modèle néotaylorien traditionnel ne peut être sous-estimée, au départ, même si ultérieurement l'amorce d'une pratique managériale apprenante doit précisément atténuer les freins liés à ces aspects et enclencher le cercle vertueux de l'apprenance.

● S'appuyer sur des approches floues, partielles ou théoriques qui seront mal comprises et qui risquent de provoquer des phénomènes de rejet

On voit ainsi des entreprises vouloir initier la construction d'une entreprise apprenante, à partir de la seule mise en place d'un système de gestion des savoirs, d'un seul mode d'organisation en équipe ou d'une nouvelle politique de formation…, sans la vision globale et systémique qu'implique précisément le paradigme de management de l'apprenance. Aussi, ces initiatives ne débouchent que sur des changements limités et éphémères. Il est clair, que pour réusir, une démarche d'apprenance doit être construite avec l'ensemble des acteurs et, surtout, doit concerner l'ensemble des processus de management des hommes selon une perspective systémique, comme l'indique le modèle. Un travail de changement relatif à un seul processus de management des hommes ne pourra induire l'ensemble des évolutions nécessaires à la construction d'une entreprise apprenante. Si la compréhension des fondements conceptuels est naturellement nécessaire, il convient surtout qu'ils aient un sens clair pour les tâches pratiques quotidiennes de tous les acteurs.

● Se méfier des initiatives de changements organisationnel et managérial de type patchwork

Dans de nombreuses grandes organisations, on constate régulièrement la mise en place de nouvelles initiatives managériales ou de nouveaux outils de gestion des ressources humaines sans grande cohérence entre eux. De nombreux responsables se laissent, en effet, séduire par ces outils (au gré des modes de management et de l'influence des consultants !) qui sont ainsi empilés, telles des strates géologiques, sans fil conducteur. On verra, par exemple, consécutivement dans une même organisation : un système de gestion par objectifs, de nouvelles formations au management, un système de gestion des compétences par métier, des évaluations de type 360 degrés, un programme de *coaching*, etc. L'absence de vision globale, dans laquelle pourraient s'inscrire ces différentes initiatives, risque non seulement d'avoir un effet néfaste mais ne préparera pas l'organisation à devenir plus apprenante. Une vision globale et pertinente du changement managérial est nécessaire. Elle doit être initiée par la direction générale et relayée vigoureusement par la DRH. Or, il est clair que nombre de DRH, y compris dans de grandes organisations françaises, n'ont jusqu'à présent qu'un rôle et des capacités d'initiatives limités en matière de changement managérial et organisationnel, comme diverses enquêtes le montrent.

● Penser que la mise en place d'un outil peut suffire à générer une nouvelle dynamique managériale globale d'apprenance

Même si un outil, par exemple un nouveau logiciel de gestion des savoirs, peut être utile et contribuer à certains changements, il ne représente qu'une composante parmi d'autres du modèle de développement d'une dynamique d'apprenance. Et cela, contrairement à ce que peuvent penser, un peu naïvement certaines directions d'entreprises. Il convient d'observer ici encore que la propension à l'approche instrumentale (par l'acquisition d'un outil) est malheureusement plus forte que celle de nature managériale qui est la clé véritable d'une démarche d'apprenance. Or, il est clair que l'outil, quel que soit son degré de sophistication, est insuffisant en lui-même, pour engager véritablement l'ensemble de l'organisation sur la voie du changement de paradigme de management que représente le modèle de l'apprenance.

● Sous-estimer l'importance des préalables psychologiques, essentiels pour l'ensemble des acteurs

Une démarche d'apprenance va nécessiter, au départ, un changement profond des schémas mentaux habituels du management néotayloriens. Elle va exiger un travail important de remise à plat, d'adoption de valeurs et de principes d'action autres pour le management des hommes, par rapport aux pratiques traditionnelles. Aussi, conviendra-t-il de se préoccuper de façon attentive des préalables psychologiques à de tels changements, et cela, dans une perspective temporelle réaliste. Il conviendra à cet effet de :

• Rendre crédible l'impulsion et la volonté de changement des dirigeants, non seulement par des discours, mais aussi et surtout, par des actes (attitudes et comportements exemplaires qui auront un rôle symbolique fort).

• Faire adhérer, dès le départ, l'ensemble de la hiérarchie et des personnels d'encadrement qui auront un rôle essentiel dans la mise en œuvre de ces nouvelles pratiques de management des hommes et des organisations.

• Prendre en compte les freins à surmonter résultant des schémas mentaux néotayloriens du management des hommes profondément ancrés dans les attitudes, les réflexes et les comportements des différentes catégories d'acteurs de l'organisation et trouver les bonnes méthodes de travail nécessaires pour les éliminer.

● Ne pas s'appuyer suffisamment sur les efforts déjà réalisés et les expériences de l'organisation, en jouant la carte de la continuité et de l'évolution plutôt que celle de la révolution

Un bon exemple est celui d'une entreprise ayant mis en place une démarche de qualité totale qui, par divers aspects, procède d'une certaine logique d'apprenance. Il sera alors relativement facile de présenter la démarche du management de l'apprenance comme s'inscrivant dans la continuité d'efforts accomplis précédemment. La même observation concerne des entreprises ayant mis en place un management par les compétences.

La capitalisation sur de telles expériences est importante pour accréditer la démarche d'apprenance et en faciliter la compréhension et la mise en œuvre dans l'entreprise. Il est cependant capital que celle-ci puisse faire l'objet d'une expérimentation par les acteurs. Le fait de vivre collectivement une expérience innovante aura un impact fort sur les nécessaires processus d'appropriation par les acteurs de cette nouvelle logique managériale. Elle leur permettra d'en comprendre le sens et d'en faciliter la traduction effective dans leurs activités quotidiennes. Alors seulement la nouvelle culture d'apprenance de l'entreprise pourra s'imposer naturellement à tous et remplacer définitivement les vieux réflexes hérités des avatars du management néotaylorien.

Conclusion

Le management de l'apprenance est en mesure d'offrir des réponses particulièrement pertinentes aux défis économiques, sociaux et surtout managériaux des organisations du XXIe siècle. Il constitue un nouveau paradigme de management des hommes et des organisations, qui représente une véritable alternative au vieux modèle de management taylorien, non seulement obsolète mais source permanente de graves dysfonctionnements dans les entreprises et les organisations.

Contrairement à ce que pensent certains, le management de l'apprenance n'est pas une nouvelle mode éphémère lancée par quelques gourous du management. Il est, en réalité, l'amorce d'une lame de fond de la pensée managériale et d'une profonde mutation du management des hommes et des organisations, qui a toutes les chances de s'imposer progressivement dans les sociétés postindustrielles. Celles-ci seront, en effet, de plus en plus exigeantes en ce qui concerne la place de l'homme dans le monde économique.

La révolution managériale, que représente le management de l'apprenance, permettra aux entreprises de concevoir des solutions managériales et organisationnelles plus en phase avec les caractéristiques de la nouvelle économie du savoir, dont l'impact sur les modes de management des hommes va être considérable.

L'apparition de nouvelles pratiques managériales adaptées à cette économie du savoir est restée jusqu'à présent très timide, notamment en France, car freinée par les schémas mentaux néotayloriens des acteurs organisationnels (dirigeants, responsables hiérarchiques, mais aussi… salariés).

Or, sans changements préalables des schémas mentaux des acteurs, il n'est pas possible de construire de nouvelles organisations et entreprises apprenantes.

Cependant, il faut observer qu'aujourd'hui diverses entreprises prennent, à des degrés divers, certaines initiatives intéressantes qui peuvent

> Les sociétés postindustrielles seront de plus en plus exigeantes en ce qui concerne la place de l'homme.

s'inscrire, au moins partiellement, dans une logique managériale d'apprenance : nouvelles approches du développement managérial (*coaching*, universités d'entreprises, etc.), gestion par les compétences, démarche de qualité totale, etc.

Le modèle de développement d'une dynamique managériale d'apprenance, que nous avons présenté, a le mérite d'offrir un cadre conceptuel global pour guider la réflexion et orienter l'action des entreprises.

Ce modèle permet de positionner les initiatives des entreprises ayant fait le choix de se développer dans cette voie de l'apprenance. Il leur donne un fil directeur méthodologique, et surtout une vision cohérente d'ensemble, pour les efforts qu'elles devront déployer afin d'évoluer vers ces nouvelles configurations. Le management de l'apprenance apparaît donc comme un modèle particulièrement pertinent, pour la modernisation managériale et organisationnelle des entreprises dans les années à venir.

Il aura également un impact certain sur leur modernisation sociale et sur leurs relations avec l'environnement. Il permettra d'ouvrir d'autres formes de dialogue et de collaboration intelligentes avec les partenaires sociaux sur des sujets importants.

On peut citer à cet égard, les expériences d'entreprises qui mettent en place un nouveau management par les compétences. Elles impliquent de façon active les partenaires sociaux dans la démarche, ce qui débouche souvent sur des changements relationnels fructueux. Le management de l'apprenance permet, non seulement, de concilier mais aussi de mettre en synergie la poursuite de l'efficacité économique et l'amélioration des performances sociales (qui étaient souvent considérées comme opposées). De plus, il devrait contribuer à l'avenir à un nouvel humanisme organisationnel visant à réconcilier l'homme avec le travail en entreprise. C'est ainsi que les pratiques managériales, inspirées par une philosophie d'apprenance, répondront de façon pertinente aux aspirations des jeunes générations de salariés, qui rejettent de plus en plus les modes de management traditionnels néotayloriens.

D'une manière générale, si un management de l'apprenance contribuera efficacement à l'amélioration des performances économiques de l'entreprise, il aura également un impact très positif sur ses performances humaines, managériales, sociales et environnementales.

Remarquons, pour conclure, que si le concept d'entreprise apprenante a de fortes chances de renouveler à l'avenir les caractéristiques du travail dans les organisations, il ne constitue cependant qu'un aspect de la société apprenante qui sera le grand enjeu du XXIe siècle. En effet, la prise de conscience de l'importance des processus d'apprentissage permanent des hommes, pour le progrès de nos sociétés, va avoir un impact considérable sur la vision prospective de celles-ci. Tous les acteurs (institutions, collectivités locales, système éducatif, monde associatif, partis politiques, syndicats, etc.) seront concernés par ce défi.

C'est déjà le cas dans certains pays d'Europe du Nord (Grande-Bretagne, Pays-Bas, Suède, Danemark, Finlande, etc.) où se développent des mouvements concernant des villes ayant fait le choix de l'apprenance (les *learning cities*). La politique de ces villes est revue à la lumière d'un objectif de contribution aux opportunités d'apprentissage de tous leurs citoyens. Ces *learning cities* commencent à s'organiser en réseau, sur le plan européen, et disposent d'une charte. Cette initiative fournit un éclairage intéressant sur ce que pourraient être les villes de demain dirigées par des leaders politiques, dont l'action serait inspirée par une philosophie d'apprenance.

Mais il est clair, que c'est le système éducatif qui sera à l'avenir le plus concerné par la construction d'une société apprenante, tant au niveau de la formation initiale que continue.

> C'est le système éducatif qui sera à l'avenir le plus concerné par la construction d'une société apprenante, tant au niveau de la formation initiale que continue.

Une illustration dans le domaine de la formation continue a trait au concept d'apprentissage tout au long de la vie professionnelle (*long-life learning* des Anglo-Saxons) qui se développe de plus en plus dans de nombreux pays d'Europe du Nord, mais également en Amérique du Nord (il existe au Japon depuis longtemps). Il est, d'ailleurs, très probable que ce concept inspire la future loi qui réformera le système de la formation professionnelle en France.

À terme, l'entreprise apprenante s'intégrera dans une société où les considérations d'apprentissage permanent pour tous auront une importance croissante. Les nouvelles technologies de l'information et de communication offriront des outils de plus en plus conviviaux pour répondre à ces besoins croissants d'apprentissage.

Mais, à l'image de ce que nous avons montré pour les entreprises, ces outils ne suffiront pas à créer une véritable société apprenante. Il faudra une réelle volonté politique des responsables de tous les secteurs de la société : système éducatif, institutions, collectivités, médias, entreprises, organisations, associations, etc.

La construction de telles sociétés apprenantes représente un grand enjeu économique car les nations, ou les régions les plus en avance dans ce domaine, disposeront d'un net avantage concurrentiel et d'une capacité d'attractivité accrue sur les hommes, dans le contexte de la nouvelle économie du savoir.

Souhaitons que le XXIᵉ siècle voit émerger non seulement une nouvelle génération de leaders d'entreprises mais aussi de leaders politiques, suffisamment clairvoyants pour faire de la construction d'organisations et de sociétés apprenantes leur cheval de bataille.

Il est probable que la mondialisation croissante de l'économie internationale et de la concurrence, la pression des nouvelles exigences des salariés vis-à-vis de leur travail, ainsi que les demandes de la société contribueront à remettre en cause les schémas mentaux néotayloriens de management hérités du xxe siècle. Mais il faudra de nouveaux leaders volontaristes, inspirés par une autre vision managériale de l'entreprise pour accélérer la nécessaire métamorphose des entreprises et des organisations. Elle est indispensable pour permettre aux hommes de mieux valoriser et développer leur potentiel, source essentielle de création de valeur et de performances globales des entreprises. Souhaitons que le management de l'apprenance, présenté dans cet ouvrage, puisse contribuer utilement à l'évolution de la pensée managériale et inspirer un nombre croissant de dirigeants, pour leur permettre de faire face à l'immense défi de la nécessaire mutation managériale et organisationnelle des entreprises dans les décennies à venir.

Notes et Références

CHAPITRE 1

(1) Cette analyse est régulièrement confirmée par des enquêtes sur les résultats d'opérations de fusions/acquisitions et la mise en évidence des causes principales du taux élevé d'échecs. Par exemple :
Fusions : la guerre des cultures – Dossier Enjeux /Les Échos – Janvier 2001.

(2) D. Goleman – *Emotional intelligence* – NY – Bantam Books – 1995 et *Working with emotional intelligence* – NY – Bantam Books –1998.

(3) B. Dufour – *L'e-management : un changement de culture* – Les Échos – 30 août 2000.

(4) On observe que les schémas les plus propices à la créativité et à l'innovation sont souvent liés à des modes d'organisation ou de management chaotiques, mais qui ont le mérite de permettre aux talents individuels et collectifs de s'exprimer. Cette problématique est d'ailleurs au centre du concept d'entreprise individualisée présenté par S. Goshal et C. Bartlett dans leur ouvrage : *L'entreprise individualisée* – Éditions Maxima – 1998.

(5) Nous reviendrons ultérieurement sur le *knowledge management* ou gestion des savoirs qui est un aspect majeur des évolutions managériales récentes des entreprises, et qui porte un autre regard sur leurs actifs humains.

(6) Un ouvrage de synthèse de ces Journées internationales de la formation a été publié par le Medef en 1998, dans le cadre de la mise sur pied de son réseau Objectif Compétences qui s'appuie sur un réseau national de cabinets conseils.

(7) P. Senge – *La danse du changement* – First Editions – 1999.

(8) Il existe de nombreux articles sur ce thème qui reflètent les résultats d'enquêtes réalisées régulièrement auprès des entreprises. Citons par exemple : *L'art de retenir les jeunes cadres* – Le Figaro Entreprises – 14 janvier 2002.

(9) L'EFQM (*European Foundation for Quality Management*), dont le siège est à Bruxelles, a développé un modèle d'excellence de la démarche qualité, adopté par un nombre croissant de grandes entreprises européennes, qui devient aujourd'hui la référence dans ce domaine.

(10) A. Tonnelé – *Le nouveau rôle des DRH* – L'Expansion Management Review – n° 92 – Mars 1999.
J.-L. Viargues – *Manager les hommes* – Éditions d'Organisation –1999.

(11) S. Tjepkema, H.-M. Horst, M. Mulder et J. Scheerens – *Future challenges for HRD profes-sionals in Europe* – Université de Twente – Pays-Bas – Printemps 2000.
et *Ressources humaines* – Supplément – Business Digest – n° 100 – Septembre 2000.

(12) P. Bouffartigue – *Cadres : la grande rupture* – Éditions La Découverte – 2001.

(13) J.-P. Le Goff – *Les illusions du management* – Éditions La Découverte – 1996, et *Le mana-gement tourne dans le vide* – Conférence à l'Université de tous les savoirs – Cnam – Juin 2000.
C. Desmarais – *Les lendemains qui mentent. Peut-on civiliser le management ?* – Éditions Les Empêcheurs de Penser en Rond – Paris – 2000.

(14) R.-S. Kaplan et D.-P. Norton – *The balanced scorecard* – Harvard Business School Press – 1996.

(15) J. Carlzon – *La pyramide inversée* – InterÉditions – Paris – 1984.

(16) H. Bouchikhi et J. Kimberly – *De la libre entreprise à la libre personne* – L'Expansion Management Review – n° 94 – Septembre 1999.

CHAPITRE 2

(1) C. Blondel – *Si les patrons savaient...* – Éditions du Seuil – 2001.

(2) Cette distinction faite par G. Bateson a été reprise par le professeur Chris Argyris de la Harvard Business School dans ses ouvrages.

(3) On se réfère ici aux ouvrages des sociologues des organisations et notamment ceux de M. Crozier qui a fait d'excellentes analyses de ces phénomènes.

(4) Le concept de coût caché a été développé par le professeur H. Savall de l'université de Lyon III et le centre de recherche de l'Iseor qu'il dirige.

(5) M. Crozier – *La crise de l'intelligence* – InterÉditions – 1995.

(6) *The role of HRD within organizations in creating opportunities for life-long learning : concepts and practices in seven european countries* – Université de Twente – Pays-Bas – 1999.

(7) P. Senge met particulièrement l'accent sur l'analyse systémique du fonctionnement des organisations dans son ouvrage : *La cinquième discipline* – op. cit.

(8) Cette pratique est très répandue parmi les grands cabinets anglo-saxons d'audit et de conseil en systèmes d'information, qui ont développé des marchés considérables dans ce domaine. Mais avec des résultats pratiques souvent discutables !

(9) Les contacts de l'auteur avec plusieurs DRH de grandes entreprises montrent une conver-gence d'opinions dans ce sens, avec un sentiment fréquent de démarche de type patchwork, en matière d'utilisation d'outils de management, selon les modes (et l'offre des consultants) sans cohérence managériale globale...

(10) *Salariés, exprimez-vous !* – Dossier Management – Les Échos – 16 janvier 2000.

(11) A. Guilhon – *Le changement organisationnel est un apprentissage* – Revue française de gestion – n° 120 – Septembre-Octobre 1998.

(12) R.-S. Kaplan et D.-P. Norton – *op. cit.*

CHAPITRE 3

(1) P. Senge – *op. cit.*

(2) M. Pedler, J. Burgoyne et T. Boydell – *The learning company* – Mc Graw Hill – Ltd – 1991.

(3) P. Senge – *op. cit.*

(4) P. Zarifian – *La nouvelle productivité* – Éditions L'Harmattan – 1990.
P. Koch – *Entreprise qualifiante et entreprise apprenante : concepts et théories sous-jacentes* – Éducation permanente – n° 140 – 1999 – 3.

(5) B. Aubrey – *Savoir faire savoir* – InterÉditions – Paris –1990.

(6) P. Honey et A. Mumford – *The manual of learning styles* – Honey – Maidenhead – Berks – 1986.

(7) Cela est confirmé par les résultats de l'étude de l'université de Twente auprès de 165 grandes entreprises de 7 pays européens – *op. cit.*

(8) J. Swieringa et A. Wierdsma – *Becoming a learning organization* – Addison Wesley – 1992.

(9) R.-W. Revans – *Action learning* – Blond & Briggs – London – 1980.

(10) A. de Geus – *The living company* – Harvard Business School Press – 1997.

(11) L'Arese est une agence de notation des entreprises, filiale de la Caisse des dépôts et consignations, qui s'est spécialisée dans les approches éthiques et plus récemment de développement durable des entreprises.

(12) EFQM (*European Foundation for Quality Management*) – *op. cit.*

(13) L. Edvinsson et M. Malone – *Le capital immatériel de l'entreprise* – Éditions Maxima – 1999.
A. Mayo – *The human value of the enterprise* – Nicholas Brealey Publishing – 2001.

CHAPITRE 4

(1) Beaucoup des techniques et outils de management, proposés depuis une vingtaine d'années, ont en réalité pour objectif de compenser les faiblesses du modèle de management taylorien

de plus en plus obsolète… Mais la portée, limitée, de ces nouvelles techniques de management tient au fait qu'elles ne représentent que des changements de premier ordre, plaqués sur un modèle sous-jacent néotaylorien qui reste inchangé.

(2) D. Belet – *Éducation managériale* –Éditions L'Harmattan – Coll. Dynamique d'Entreprise – 1998.

(3) Une philosophie managériale d'apprenance met l'accent sur les processus d'apprentissage réels des individus, tant de nature individuelle que collective. Les approches pédagogiques classiques de la formation présentent de sérieuses limites dans une telle perspective d'apprentissage, notamment pour des adultes disposant d'une expérience professionnelle. C'est pourquoi nous avons proposé des approches andragogiques qui reflètent les modes d'apprentissage réels des adultes. Celles-ci conduisent à repenser en profondeur les politiques de formation professionnelle.

(4) Cette métaphore intéressante est utilisée par G. Theys – directeur général de Solvay-France dans le journal interne de l'entreprise, Catalyse – n° 50 – Décembre 2000 – Dossier Apprendre ensemble.

(5) D. Belet – *op. cit.*

(6) M. Mack – *L'apprentissage en équipe* – L'Expansion – Management Review – n° 92 – Mars 1999.

(7) Des recherches sur le thème des réseaux apprenants ont été réalisées par Sol-France, auprès de grandes sociétés, et en collaboration avec des chercheurs de l'École de Management de Lyon.

(8) Les aspects opérationnels de ce modèle, concernant le processus de mise en place d'une démarche pratique d'apprenance au sein d'une entreprise ou d'une organisation, sont évoqués de façon plus précise dans le chapitre 10.

CHAPITRE 5

(1) R. Greenleaf – *The servant as leader* – *The power of servant leadership* et autres documents publiés par The Greenleaf Center for Servant Leadership – Indianapolis.
On citera également dans la même école américaine du « servant leadership » :
R.-P. Neuschel – *The servant leader : unleashing the power of your people* – Visions Sports Management Group Inc. – 1998.

(2) L'exemple de Phil Carrol est cité par P. Senge dans son ouvrage : *La danse du changement* – *op. cit.*

(3) L'expérience de Volvo Cars Europe Industry est citée par J. Boremans et J.-Y. Mounsi dans leur article : *L'organisation apprenante de l'intérieur vers l'extérieur.* Actualité de la Formation permanente – n° 154 – Mai-Juin 1998 – Centre Inffo.

(4) L'expérience de Schneider Electric a été présentée lors d'un colloque sur l'entreprise apprenante organisé à l'automne 1997 à Paris par Euroforum. Depuis cette date, l'auteur a rencontré divers représentants de cette entreprise.

(5) Ces informations proviennent de contacts de l'auteur avec des représentants de la société Motorola semi-conducteurs, et plus particulièrement de la Motorola University, dans le cadre de la réalisation, en 1999, d'une étude européenne sur la politique de développement des ressources humaines des grandes entreprises.

(6) Le concept de structure organisationnelle circulaire a été présenté par H. Owen dans son ouvrage : *Unleashing leaders : developing organizations for leaders* – Éditions John Wiley & Sons – 2001.

(7) C. Marge et N. Eshaut – *Le manager équilibriste* – Dunod – 2001.

(8) C. Midler – *L'auto qui n'existait pas. Management des projets et transformation de l'entreprise* – InterÉditions – 1993.

(9) *Jack Welch, l'homme qui a réinventé le métier de patron* – Le Figaro Entreprises – 17 décembre 2001.

(10) Ce témoignage sur la politique de la société Roche a été présenté, en 1998, à l'auteur par un ancien haut responsable des ressources humaines de l'entreprise.

(11) J.-M. Hiltrop – *Qu'attendra-t-on des cadres demain ?* – L'Expansion Management Review – n° 91 – Décembre 1998.
D. Goleman – *What makes a leader ?* – Harvard Business Review – Novembre-Décembre 1998.
D. Goleman, R. Boyatzis, A. McKee – *Primal leadership : the hidden driver of great performance* – Harvard Business Review – Décembre 2001.
W. Bennis – *The end of leadership* – Organizational Dynamics – 1999.

(12) J.-L. Badaracco – *Leading quietly* – HBS Press – 2002.
K. Cloke et J. Goldsmith – *The end of management* – Jossey-Bass – 2002.
J. Collins – *Good to great* – Harper Business – 2001.

CHAPITRE 6

(1) M. Crozier – *L'entreprise à l'écoute* – InterÉditions – Paris – 1989.

(2) M. Thévenet – *Le plaisir de travailler* – Éditions d'Organisation – Paris – 2000.
Lire également sur le thème des motivations et du contexte de travail :
A. Duluc – *Leadership et confiance* – Dunod – 2000.

(3) Présentation du professeur Richard Dealtry à la conférence internationale d'Eclo (*European consortium for the learning organization*) à Munich en mai 2000.
M. Buckingham et C. Coffman – *Manager contre vents et marées* – Éditions Village Mondial – 2001.

P. Dionne et J. Roge – *Le stratège du XXIe siècle, vers une organisation apprenante* – Gaëtan Morin Éditeur – 1997.

(4) P. Honey et A. Mumford – *op. cit.*

(5) M. Marquardt – *Building the learning oganization* – The Mac Graw Hill Companies Inc. – 1996, et divers documents internes du groupe Rover fournis à l'auteur par des responsables de cette société.

(6) B. Duffau – PDG d'IBM France – *L'enseignement doit former à penser l'entreprise autrement* –Les Échos – 30 août 1999.

(7) Cités par P. Senge dans son ouvrage : *La danse du changement – op. cit.*

(8) Ces expériences ont été présentées lors de la sixième conférence européenne sur le *mentoring* qui s'est tenue à Cambridge (G-B) en novembre 1999.
L. Borredon et C. Roux du Fort – *Pour une organisation apprenante : la place du dialogue et du mentorat* – Revue internationale de gestion – Printemps 1998.
R. Hale – *The dynamics of mentoring relationships : how mentoring supports learning* – Virtual University Press – website – 1999.

(9) L. Gratton – *La stratégie à visage humain* – Éditions Village Mondial – 2002.
Lire également sur ce thème :
S. Davis et C. Meyer – *Future wealth* – Harvard Business School Press – 2000.

(10) D. Belet –*Comment construire l'entreprise apprenante* – L'Expansion Management Review – n° 99 – Décembre 2000.
Lire également sur le développement du potentiel humain des organisations :
R.-S. Zander et B. Zander – *The art of possibility* – Harvard Business School Press – 2000.

(11) On se reportera sur ce sujet au rapport de l'EFMD, illustré de nombreux exemples :
Unleashing the power of learning : executive education and development in Europe – EFMD – Bruxelles – Janvier 1999.

CHAPITRE 7

(1) A. de Geus – *op. cit.*

(2) P. Morin et E. Delavallée – *Le manager à l'écoute du sociologue* – Éditions d'Organisation – 2000.

(3) D. Ettighoffer – *La clé, c'est l'innovation organisationnelle* – L'Expansion Management Review – n° 104 – Septembre 2001.
M. Kalika et *alii* – *Décloisonnée et transversale, l'organisation change* – L'Expansion Management Review – n° 98 – Septembre 2000.
J.-W. Bennett et *alii* – *Organisation et stratégie : le paradoxe de l'alignement* – l'Expansion Management Review – n° 100 – Mars 2001.

(4) S. Ghoshal et C. Bartlett – *L'entreprise individualisée* – Maxima Éditeur – 1998.
E. Albert et D. Nguyen Nhon – *N'obéissez plus* – Éditions d'Organisation – 2001.

(5) *Travail en usine : oui aux équipes autonomes* et *Responsabilisation tous azimuts chez Toshiba* – Dossier Management – Les Échos – 21 novembre 2000.
L.-I. Glassop – *The organizational benefits of teams* – Human Relations – Février 2002.
A. Godard et V. Lenhardt – *Engagements, espoirs, rêves* – Édition Village Mondial – 1999.
C. Argyris – *Empowerment : the emperor's new clothes* – Harvard Business Review – Mai-Juin – 1998.

(6) M. Mack – *Coévolution – dynamique créatrice* – Éditions Village Mondial – 1997.

(7) On citera également sur ce thème la conférence de M. Frielander – directeur général d'Altran à l'Université de tous les savoirs du Cnam sur le thème : *Management : de la pyramide aux réseaux* – Printemps 2000.

(8) D. Ettighoffer et P. Van Beneden – *Met@-organisation* – Éditions Village Mondial – 2000.
D.-A. Garvin – *Learning in action* – Harvard Business School Press – 2000.
G.-J.-B Probst, B. Buchel, B. Uchel – *Organizational learning* – Prentice Hall – 1997.

(9) Témoignages de représentants de la société Solvay-France dans le cadre de Sol-France.

(10) Expérience de la société GSK Biologicals – Magazine interne – Trait d'Union – n° 159 – 2000.

(11) Cette grille a cherché à évaluer les caractéristiques des processus d'apprentissage survenant au sein des réseaux internes de quatre grandes entreprises membres de Sol-France.

(12) D'après les témoignages d'un cadre dirigeant responsable du développement du management de la société France-Télécom, et de documents internes de l'entreprise sur ce sujet.

(13) *L'esprit start-up souffle sur les grands groupes* – Le Figaro – Dossier Management – 5 juin 2000.

CHAPITRE 8

(1) Conférence de K. Stephenson – professeur à l'université de Californie – *Institute of personnel development* – Harrogate – Octobre 1998.

(2) *De l'information à la connaissance* – H. Davenport et D. Marchand – Supplément Les Échos – L'art du management de l'information – 5 et 6 novembre 1999.

(3) R. Frei – Responsable management de la connaissance – Swiss Reinsurance – Colloque Valoris-Andersen-Trivium des 16 et 17 juin 1998 à Paris.

(4) *Axa mise sur Atlas* – Supplément Management – Le Figaro – 23 octobre 2000.

(5) *Un remodelage des fonctions* – Supplément Management – Le Figaro – 23 octobre 2000.

(6) *Savoir faire, faire savoir* – Dossier Management – Les Échos – 19 mars 2002.

(7) Inspirée par l'article de L. Fayey et L. Prusak : *The eleven deadliest sins of knowledge management* – California Management Review – Printemps 1998.

(8) J.-F. Ballay – *Un autre knowledge management* – L'Expansion Management Review – n° 101 – Juin 2001.
C. Trimble – *Quand croissance rime avec connaissance* – L'Expansion Management Review – n° 111 – Décembre 2001.

(9) W. Bukowitz et R. Williams – *La gestion des connaissances en action* – Éditions Village Mondial/Les Échos – Paris – 2000.
L. Prusak et T. Davenport – *Working knowledge* – Harvard Business School Press – 1998.

(10) GSK Bio, une société apprenante – Magazine interne – Trait d'Union – n° 162 – 2000.

(11) Expérience présentée par les représentants de Solvay-France dans le cadre de Sol-France.

(12) *Pour le partage du savoir* – Enjeux/Les Échos – Novembre 2001.
Gestion des connaissances – Management – Les Échos – 30 septembre 1997.
Technologie et Organisation – Dossier Les Échos Industrie – Les Échos – 19 mai 1999.

(13) G. Chastenet de Géry – *Réussir le management de la connaissance* – L'art du management de l'information – Les Échos – 8-9 octobre 1999.

(14) J.-Y. Prax – *Le guide du knowledge management* – Éditions Dunod – Paris – 2000.
G. Pör – *Management education and knowledge ecology* – Association to Advance Collegiate Schools of Business – Novembre-Décembre 2001.

CHAPITRE 9

(1) Université de Twente – *The role of HRD within organizations in creating opportunities for life-long learning : concepts and practices in seven European countries* – op. cit.
L. Gratton – *La stratégie à visage humain* – op. cit.

(2) A. Thomas et C. Roberts – *La stratégie en tant que conversation* dans P. Senge : *La danse du changement* – op. cit.

(3) H. Mintzberg – *Grandeur et décadence de la planification stratégique* – Éditions Dunod – 1994 et également son article intitulé : *La stratégie et l'éléphant* – L'Expansion Management Review – n° 88 – Mars 1998.

(4) P. Senge – *La danse du changement* – op. cit.

(5) Présentation de G. Carstedt à la conférence internationale d'Eclo (*European consortium for the learning organization*) – Munich – Mai 2000.

(6) H. Maturana est un biologiste, cybernéticien et scientifique, chilien réputé, qui collabore régulièrement avec Sol-USA et publie dans sa revue *Reflections*. Il anime des séminaires pour de grandes entreprises américaines, comme Hewlett-Packard, et présente des idées et approches innovantes du management et de la stratégie, issues des travaux et concepts les plus avancés de la biologie.

(7) A. de Geus – *op. cit.*

(8) Un certain nombre d'animateurs de Sol-USA – dont P. Senge et B. Isaacs – ont développé des techniques de dialogues et de conversations à caractère stratégique, inspirées par une logique d'apprenance, dont le sens profond est plus fort que celui que traduit le vocabulaire français…

(9) C.-A. Bartlett et S. Ghoshal – *Building competitive advantage through people* – MIT Sloan Management Review – Hiver 2002.
P. Plagnes et D. Giffard-Bouvier – *La nouvelle place du facteur humain dans la stratégie* – L'art de la stratégie – n° 9 – Les Échos – 18 mai 2000.
R.-A. Thietart – *Gérer entre l'ordre et le chaos* – L'art de la stratégie – n° 12 – Les Échos – 8 juin 2000.

(10) R.-S. Kaplan et D.-P. Norton – *The strategy focused Organization* – HBS Press –2000.
J. Camillus – *Shifting the strategic management paradigm* – European Management Journal – Février 1997.